峥嵘岁月 往事记谈

庆祝新中国成立70周年
燕达长者讲述过去的故事

燕达金色年华健康养护中心 编
YANDA GOLDEN AGE HEALTHCARE CENTER

新华出版社

前　言

他们，曾为国浴血奋战；

他们，与新中国共同成长；

他们，见证了祖国的发展与繁荣昌盛。

在他们的故事里，有前线战场的烽火硝烟，也有科学救国的钻坚研微，有严谨治学的实事求是，也有建设祖国的无私奉献。他们的一生，见证了中国的成长荣光；他们的故事，看似平凡，背后却有着一代国人不屈不挠的坚定信念。

2019年是中华人民共和国成立70周年，70年风雨兼程，几代人筚路蓝缕。时间的车轮向前迈进，回首往事，总有一些模糊的身影闪现，他们燃烧青春的热血照亮革命的道路，将个人的成长与国家的命运紧密相连，他们丰富的学识修养和不屈的民族气节如同燎原之火，点燃了新中国希望的火把！

截至2019年，燕达金色年华健康养护中心在住宾客3000多人，平均年龄达到80岁以上，大部分都是国家建设与发展过程中重要岗位上的亲历者，值此中华人民共和国成立70周年之际，燕达金色年华健康养护中心邀请24位在住长辈，用口述的方式撰文记录他们的光辉岁月。

历史不容遗忘，我们有责任去挖掘峥嵘岁月背后那些鲜为人知的往事，告诫我们每一个人，今日的幸福有多么来之不易，每一个中华儿女都应当怀抱热情和责任，在实现民族复兴梦想的伟大征程上奋力前行！

从故事中搜集历史，在岁月中见证辉煌。

燕达金色年华健康养护中心

2019年8月

目 录 | CONTENTS

烽烟往事

人·物·简·介

齐立强，83岁，曾经工作于北京师范学院（现为首都师范大学，下同）、北京四季青农业生产合作社、北京原崇文区东花市街道办事处。齐立强出生在河北保定高阳县，这是一个历史悠久的老解放区，他只有七八岁的时候就参加过儿童团，护送过情报。高中毕业后，齐立强考取了北京师范学院并在毕业后留校工作，曾作为教育系统的民兵代表，参加了1960年4月在人民大会堂举办的全国民兵代表会议，并受到了毛主席的接见。1968年之后，齐立强被调入四季青农业生产合作社，后又被调入原崇文区东花市街道办事处，他发挥聪明才智，用自己的方法和农民以及街道“小脚侦缉队”打成一片，带领团队取得了不错的成绩。

齐立强

24岁被毛主席接见
表彰奖品居然有枪

1960年4月23日的那个下午，是齐立强这一生的高光时刻。作为当时北京市教育系统的民兵代表，年仅24岁的他和一批优秀老民兵一起，在中南海接受了毛泽东等国家领导人的接见。虽然只是短短的一个下午，却足够让他回味一辈子；虽然是高光时刻，但他并未因此沾沾自喜，而是带着毛主席的鼓励一路向前，如他的名字一样，在工作岗位上自立自强、发光发热。

为八路军送信儿　差点儿被日本人抓走

1936年，齐立强出生在河北保定高阳县，一个历史悠久的老解放区。在20世纪40年代，高阳县村村都有“堡垒户”。什么是“堡垒户”？其实就是普通村民。为了掩护党的干部、游击队员、八路军战士、伤病员，“堡垒户”主动承担起保护和转移他们的任务。“如果有八路军住到了‘堡垒户’的家里，家长就会把全家人聚在一起，介绍互相认识，或者根据年龄排个辈分儿，比如兄弟、姐妹、儿子或侄子，然后教大家怎样互相称呼，万一敌人突然闯进来搜查，八路军来不及转移，就可以以家人的身份应付敌人了。”

除了村里有“堡垒户”，村民还在家中偷偷挖了很多地道，电影《地道战》里上演的华北平原抗日军民利用地道打击日本侵略者的作战方式，就发生在他的家乡。在村民的家里，锅台、炕席下都是地道入口，如果敌人来了，一掀炕席或者锅盖儿，人“滋溜儿”就能钻进去，顺着地道往前走，不仅可以走到隔壁家，还能走到隔壁村。“日本鬼子怎么都想不到，炕底下、灶台底下还会有洞。”那时候的齐立强只有七八岁，他也曾经跟着大人一起挖过地道。“我个儿小，灵活，带个小筐钻进去，一点点儿把土掏出来，再转身出来倒土都没问题。”

在齐立强看来，抗日战争就是一场全民参与的战争，有堡垒户、地道战、妇救会、儿童团等一系列的群众组织。年幼的齐立强，也是儿童团成员之一。当时，儿童团为八路军传递了不少重要信息。儿童团里有十几岁的大孩子，也有齐立强这样七八岁的小孩儿，如果上级需要传递信息，一两个大孩子就会带上小孩子一起出发完成任务。送信儿的时候，要穿过日本人或者汉奸把守的“卡子”，在“卡子”前，孩子们训练有素，心里都知道在“卡子”前该怎么“演戏”。

有一次，八路军计划炸掉村里一个日本人修建的炮楼，送信儿的任务落在了儿童团的身上。齐立强把“情报”在衣服缝儿里藏好，跟着大孩子出发了。走到“卡子”前，一个汉奸问孩子们：“小兔崽子，你们干吗去？”“我干吗去？我去看我姥姥啊，我姥姥病了，你不能不让我看姥姥啊。”齐立强简直是一秒入戏，前一秒还特别的平静，后一秒就用哭腔嚷嚷了起来，虽然已经事隔70多年，只要回想起这个场景，他依然还能清晰地记得并模仿当时的腔调。他这么蛮横不讲理的乱嚷嚷，谁都受不了这样的噪音，驻守“卡子”的汉奸也一样，“小兔崽子，瞎啼哭什么？赶紧滚蛋！”齐立强一听“滚蛋”这俩字儿，非但不生气，还偷偷乐了起来，从地上一骨碌爬起来，穿过“卡子”一溜烟儿就跑了。过了“卡子”，到了之前约定的地点，他们不需要跟接头的人碰面，趁人不注意从衣服缝儿里掏出纸条交给大孩子，塞进预定的树皮里或墙缝儿里，或者交给当地的“堡垒户”，再由他们交给八路军，就算完成任务了。

但是有一次送完信儿后，齐立强被抓了。“当时日本兵进了我们村，把我和几个大孩子从家里给抓去了他们的中心炮楼。”别看齐立强年龄小，但他心里清楚，不管他们对自己做什么，啥都不能说。“我还用原来那招儿，瞎哭瞎嚷嚷，把他们给弄烦了，也没对我怎么样。”后来齐立强才知道，其实日本兵并没有抓到什么确凿的证据，但他们知道村里有给八路军帮忙的儿童团，所以只是吓唬吓唬他们而已 。

好在后来有亲戚知道齐立强被抓，赶到中心炮楼，好说歹说把他给救了出来。“要不然真的会被日本人抓走的，而且听说是要被抓到日本去的。”平安回家之后，齐立强虽然有些后怕，但也没怎么受影响，还打算继续在儿童团工作，可这事儿却吓坏了他奶奶。原来，当时齐立强的父亲正在北京学徒，不在河北老家，老太太心想万一孙子要是出点儿什么事儿，自己可担待不起。于是，奶奶让人连夜把他送到了北京，跟着父亲避了一阵风头。

齐立强现在都还记得日本人侵略中国杀人放火的恶行，“我就亲眼见过，曾经有一个村民被日本人泼了油，整个人都烧起来，打滚儿的时候，连我姥姥家的房子都给燎着了。”所以，在齐立强幼小的心灵里，深深地埋下了发奋图强的种子，长辈之所以给他起名叫“立强”，也是希望他能自立自强，未来的中国独立富强。

来京求学受排挤 儿童团经历帮他树立威信

新中国成立前的苦日子，让齐立强至今还记忆犹新。在农村，经常会有庄稼收成不好，青黄不接的时候，尤其在抗战时期，很多粮食要输送去前线，农民不得不节衣缩食。到了秋天，如果家里没粮食了，齐立强就会钻到高粱地里，寻找早熟的高粱穗。“找那些尖儿有点儿变红的，掐下来装在兜里，凑个半斤八两拿回家，用碾子磨成细面儿攒着，等秋收之后再拿出来熬粥填肚子。”在那个时候，村民们经常是饥一顿饱一顿，日子不好过，齐立强的爸爸当时在北京的工作还算不错，就打算接他去北京。

北平解放后的第一个暑假，父亲决定让齐立强到北京来上初中。那个年代，考初中是可以跨省的，因为是解放区，齐立强的老家可以收到来自北京的报纸，那个暑假，他几乎每天都趴在报纸上寻找招生信息。最后，他锁定了北京的一所中学，在一个下雨天，齐立强从老家一路走到了保定，从保定再坐上火车到了北京，以优异的成绩考上了北京的学校。

刚进学校的时候，齐立强有比较浓重的河北口音，总是被北京的同学追着喊“小怯子”，在北京话里，“怯口儿”指的是北京话以外的方言，“怯”还有闹笑话、没见过世面的含义，同学们觉得齐立强口音重，总是欺负他。

要强的齐立强只用了两个月就把口音改了，但同学们还是不买账，结果有一次班里发生了一件小事，居然一下子扭转了局势。原来，齐立强所在班级的班主任曾经是地下党，也去过解放区，所以这位老师一看齐立强是解放区来的孩子，学习不错人品也好，就让他当上了班长。可是在北京同学们的眼中，班长是个“小怯子”，都不听他管。有一回，有个淘气的同学上自习老说话，影响别人，齐立强就以班长的身份提醒他：“你注意点儿啊，要是老捣乱，赶明儿可拿你当典型。”结果这位同学不明白典型是什么意思，以为齐立强在骂他，扭头儿就找班主任告状去了。班主任一听就乐了，反问这位同学：“你知道典型是什么意思么？这个词儿只有人家老解放区才用呢，你们啊，都好好跟人家齐立强学学吧。”从那以后，同学们知道了齐立强的“背景”，再也不管他叫“小怯子”了。

高光时刻 在中南海见到了毛主席

带着老解放区吃苦耐劳、奋发图强的精神，高中毕业后，齐立强考取了北京师范学院，并且在毕业后留校工作。民兵就是不穿军装的武装组织，是国家一支非常坚定的后备力量。在20世纪50年代，毛主席发出了“大办民兵师”的号召，北京师范学院响应号召，很快就成立了民兵师。然而当时没有专职人员负责民兵训练，正巧齐立强刚刚留校，学校领导就把这些工作交给了他。然而，对于齐立强来说，在训练民兵方面他是“门外汉”，但他是老解放区来的，最不怕的就是困难。于是，齐立强专门跑到当时的北京卫戍区教导队学习，还去连队当了“编外兵”接受训练，边学边干地挑起了这副担子。训练结束之后，齐立强被卫戍区任命为基层人民武装工作干部，回到学校开展民兵训练工作。

年轻时的齐立强

齐立强喜欢动脑子，他并没有简单地对学生进行民兵培训，而是把民兵工作和教学、体育、节假日相结合，为学生们举办国防教育讲座，建立射击、跳伞、摩托、舢板等国防体育运动队。他还在学校首创了“当兵一日”活动，并结合“五一”“十一”天安门游行仪仗队任务，进行队列训练，训练中还专门请来最专业的三军仪仗队来队列示范。暑假期间，他还专门组织学校的民兵骨干，到坦克一师、69军及北海舰队长山岛基地进行军事野营。通过这些活动，学校师生非但没把民兵训练当成负担，反而都很愿意参加，齐立强让民兵训练成了培养全面发展的人民教师和学生队伍的重要环节。

在学校的民兵训练领域如此“折腾”的齐立强居然干出了名堂，作为教育系统的民兵代表，他参加了 1960 年 4 月在人民大会堂举办的全国民兵代表会议。这可是齐立强第一次参加这么高规格的会议，对于当年只有 24 岁的他来说，还是有些忐忑和紧张的。

1960 年 4 月 18 日下午 3 时，全国民兵代表会议在人民大会堂隆重开幕，当时的主要国家领导人出席会议、致辞，并做了民兵建设工作报告，大会后，齐立强和所有参会代表以省、市、自治区代表团为单位还进行了讨论。到了 4 月 23 日上午，代表们突然收到通知，说下午毛主席要接见全体代表。“哎哟，给我们乐的，饭都舍不得吃了，赶紧扒拉了两口，就坐在那儿开始等车了。”

来到中南海怀仁堂门前，代表们都列队站着等候毛主席。很快，毛主席走出怀仁堂来到代表们中间，向大家挥手致意，代表当中立刻爆发出了热烈的掌声，齐立强也跟着一起使劲儿鼓掌，后来才发现，两个手掌已经被他拍得有点儿发木了。在代表当中，24 岁的齐立强是年轻人，队伍的最前排自然留给了元帅、将军、老赤卫队员、老民兵等人，他则站在最后几排，虽然没能跟毛主席握上手，但他依然能感受到毛主席给予他的那股强大的力量。

跟毛主席一起合完影，齐立强和代表们就回到人民大会堂了。4 月 27 日下午，这场隆重的全国民兵代表会议正式闭幕，但代表们的活动一直持续到 5 月 1 日，参加完当年“五一”天安门观礼和联欢晚会之后，齐立强和代表们才正式返回各自的工作岗位。齐立强现在还记得，回单位之前，每位参会的民兵代表都获赠了一些纪念品和奖励，包括纪念册、钢笔和枪。齐立强说，那是一把“五六”式半自动步枪一支，除了发枪，国家还给代表们配备了 100 发子弹。齐立强回忆说：“这可不是给个人的，那时候很多大单位的民兵组织都有枪库，我拿回去之后就放在单位的枪库了。”

回到单位，齐立强久久不能平静，他暗下决心，一定要做一名能文能武的新式民兵，用实际行动落实大会精神，搞好民兵训练工作。“我作为一名学生出身的基层干部，能与身经百战的元帅、将军、老赤卫队员、老民兵和其他青年民兵会聚一堂，而且受到了毛主席的接见，那种幸福感是难以用语言来表达的。”齐立强决心要把这一经历变为动力，全心全意地为人民服务。

用自己的方法 跟农民打成一片

1968年，齐立强被调到北京市海淀区的四季青农业生产合作社，任副书记副主任兼武装部长，走上了领导岗位。工作环境从高校变成了公社，同事从教师变成了农民，这么大的转变，对于有些人来说，可能需要一段时间来适应；对于当地的农民来说，公社突然“空降”一位领导，能不能干？管不管事儿？有没有官腔？心里也都打着问号呢。但是，这可难不倒齐立强，他轻轻松松出了一招，就立马跟农民们打成一片了。

跟农民们第一回见面，齐立强已经做好思想准备了，但是他还是没想到，农民说话特别直截了当。“大齐，我们也跟着党干了好多事儿，怎么我们都没混出个人样儿，你来就能当我们的头儿，来管着我们呢？”说话的是公社的一位妇女主任，看上去年纪比齐立强大不少，长得一副不好惹的样子。原来，当时的四季青公社已经远近闻名了，是富裕公社的典型，“四季青”有四季常青的含义，四季青公社是当时北京市重要的蔬菜生产基地，它既是一个行政区域的名称，也概括了当时这个地区的农业经济特点。早在1952年，当地农民李墨林成立了“李墨林温室生产合作社”，在简易温棚里生产出新鲜的黄瓜、西红柿，结束了京城百姓冬天只能吃到萝卜白菜的历史，这里成了北京重要的“菜篮子”，所以这里农民的腰杆儿要更硬气一些。

说老实话，谁听到这样让人下不来台的话，都得有点儿心慌，齐立强听完也是一样，不过他很快稳定了一下情绪，拿起桌前的水杯递到嘴边，喝了一口水。“我那哪儿是真口渴啊，就是在拖延时间想应对措施呢。”齐立强慢慢把水杯放回到桌上，“王大姐说得好，我初来乍到，的确是得好好教育教育我。”王大姐二话没说，现场就找了两个大队的妇女主任，准备散会之后就一起跟齐立强说道说道。齐立强见王大姐这么认真，也突然认真起来：“王大姐，算上您已经有仨了吧？可不能再找了啊。”“为什么啊？”王大姐被他这突如其来的问题问住了。“您再找第四个，你们四个组成沉鱼落雁、闭月羞花，四个人把我给‘腐蚀’了可怎么办啊？”全场的人听到齐立强这么说，一下子就乐开了花，王大姐也被他这个不着边儿的说法给逗乐了。一句玩笑话，一下子拉近了齐立强和公社农民的距离，以至于后来齐立强因为工作关系调离了四季青，很多老同事现在仍保持着联系。

放弃“甜头儿”单位　下沉街道干实事儿

说是四季青，其实是四季累。四季青公社的工作非常繁重，工作日里，齐立强根本没有时间回家，只有周六晚上才能回到位于崇文区（现为东城区）的家里，跟老婆孩子团聚，到了周日晚上，为了不影响周一早上的工作，他又要返回四季青，因为回家和离开家的时间差不多都是晚上十点半，爱人李若楠干脆给他起了一个外号叫“十点半”。

“十点半”就这样在四季青公社兢兢业业地工作了几年，然而，有一段时间由于爱人生病较重，四季青又离家太远，为了照顾老婆孩子，齐立强不得不申请调动工作。“当时有几个工作选择，领导征求我的意见，是去工交财贸系统？还是去街道办事处？”“上街道！”齐立强丝毫没有犹豫，因为他听说，街道办事处没人报到，“工交财贸有甜头啊，街道没甜头啊，但是毛主席教导我们，得为人民服务，走群众路线，当然要去街道。”

有了之前在四季青的经验，这次齐立强来到街道，也用了相似的“招数”，让大家一下子就熟络了起来。1976 年的街道办事处和社区里，有很多“小脚侦缉队”，她们大都是一些没工作的家庭妇女，年纪也都不小了，但是对社区工作积极性非常高。和比自己年纪大的大姐们打交道，齐立强有的是高招。

去原崇文区东花市街道上班的第一天，齐立强主动开口："各位大姐好，我来这儿工作，对这里不熟悉，全靠你们帮忙啦。"看对面的大姐们没啥反应，齐立强接着说，"我工作能力不强，就算强，那也强不过孙悟空。"大姐们一脸懵，不明白眼前这位新来的领导为啥说起了孙悟空。"你们看过西游记吧，里面的孙悟空一个跟头能翻十万八千里，但是他翻了跟头下来先找谁啊？肯定找土地爷对吧。但是我不找土地爷，我找土地奶奶，你们这些土地奶奶可得好好帮帮我啊。"齐立强这么一说，大姐们就嘎嘎乐，有人说："嘿，还给我们封官儿了，还成了土地奶奶了。"齐立强跟"小脚侦缉队"都成了好朋友。

齐立强和老伴李若楠

在20世纪70年代末，有不少回京知青没有工作，为了帮助这些人找到合适的工作，齐立强在街道开展了一次全面调查，谁会织毛衣、谁能照相、谁有绝活儿，全都被他给调查出来了。为了帮这些手艺人找到工作，街道牵头办起了企业，天安门广场上，街道将摄影好的人组织成摄影组，专门给游客拍照；前门街道的，20多位待业青年办起了“青年茶社”，摆摊儿卖起了大碗茶。齐立强还发现，街道里的手艺人特别多，在他的努力下，珐琅厂的掐丝、点蓝等景泰蓝制作技术也在这个时期有了较大的发展。后来，齐立强还把街道里会织毛衣的女青年发动起来，联系外贸单位，这边儿织毛衣，那边儿打销路，甚至在北京都打出了招牌。那几年，在齐立强和同事们的努力下，原崇文区东花市街道连续三年在北京的企业发展数、就业人数、利润数排名中都排在前列。

齐立强和老伴李若楠

如今，已经退休多年的齐立强和李若楠在燕达金色年华健康养护中心安享晚年，每每回想起这几十年的历程，就好像放电影一般，但每次“放电影”，都能找寻到幸福的回忆，能亲眼见证国家的富强和昌盛，两位老人觉得这是最幸福的事儿。

文 / 叶晓彦

人·物·简·介

吴兴中，89岁，曾在国家经贸委系统工作，参与过我国东南沿海一场著名战役。吴兴中出生在鱼米之乡浙江嘉兴的一个普通家庭里，青年时期参与过地下党组织活动，参军后前往东南沿海参加过一场著名战役。在战役开始前，吴兴中曾经与战友拍摄过一张合影，但战争之后，除他之外，合影中的战友全部牺牲。而这张照片也成了吴兴中日后每天的随身物品，当遇到困难的时候，他就会拿起照片，看看照片上已经牺牲的战友，就会不自觉地回想起那场惨烈的战役，什么困难都不是困难了。将战友带在身上，好好地活着，是他对战友们的承诺。

吴兴中

一张老照片
承载 70 年的思念

2019 年的 4 月，天气乍暖还寒，燕达金色年华健康养护中心宾客吴兴中的家里，感觉稍微有些凉，老人都怕冷，已经 89 岁高龄的他套上了一件夹克。这件夹克的款式跟普通的男士夹克差不多，贴近胸口的位置，设计了一个内侧口袋。别人的夹克口袋里可能放着钱包、手机，但吴兴中这件夹克的口袋里，只放了一张黑白老照片，他认为，这个口袋是离心脏最近的地方，他要永远把那张照片放在自己的心上。

这是一张什么样的照片？照片 6 寸左右，塑料薄膜把整张照片塑封起来，吴兴中又在外面多套了一个薄塑料袋，可见照片的主人是多么想好好保护它。塑料袋的边角处已经出现了磨损，但放在里面的老照片完好无损。这张照片分上下两部分，下半部分是一张合影，画面中有 8 名身穿解放军军装的年轻战士，5 名战士站在后排，3 名盘腿坐在前排，每个人都静静地注视着镜头，脸上透着青涩，但又能看出表情并不轻松。照片的上半部分印着用毛笔写成的两行字“挥泪继承先烈志，誓将遗愿化宏图”，这是吴兴中亲手写下的。

吴兴中和他的战友们

这张照片背后又有什么样的故事？吴兴中说，这张老照片的拍摄时间是1949年9月，后排右数第二个战士就是他，跟他一起合影的，是共同参加同年10月我国东南沿海一场战役的战友。自那场战役打响，照片上除他之外的7名战士作为第一梯队冲锋陷阵，全部壮烈牺牲。为了纪念他们，从那时开始，吴兴中每天都会将这张照片随身带在身上，穿夹克的时候就放在暗兜里，身上没兜的时候就放在公文包里，他去哪儿，照片就去哪儿，他在哪儿，战友就在哪儿。

美国作者大卫·伊格曼在《生命的清单》中曾写道：人的一生，要死去三次。第一次，当你的心跳停止，呼吸消逝，你在生物学上被宣告了死亡。

第二次，当你下葬，人们穿着黑衣出席你的葬礼。他们宣告，你在这个社会上不复存在，你悄然离去。

第三次死亡，是这个世界上最后一个记得你的人，把你忘记。于是，你就真正地死去，整个宇宙都将不再和你有关。

庆幸的是，照片上的这些战士们没有死，在这个世界上，还有一个叫吴兴中的人无时无刻地在怀念他们。

吴兴中在燕达金色年华健康养护中心

学生运动积极分子　到革命最需要的地方去

1930 年，吴兴中降生在鱼米之乡浙江嘉兴的一个普通家庭里，也许是因为嘉兴这个城市对中国共产党的成立和发展有着极为重要的历史作用，不知不觉中，吴兴中的身体里也注入了革命的基因。十几岁时，吴兴中来到距离老家 80 多公里外的浙江湖州上中学。学校里，反对执政政府的学生运动此起彼伏，拥有先天革命基因的吴兴中自然加入“反内战反饥饿”的学生运动中。也许是因为表现太突出，吴兴中很快被当时的执政政府列入了黑名单。“国民党正在抓人，黑名单上有你，你赶紧走。”现在的吴兴中已经记不清当时是谁提醒了他，但他清楚地记得，得到消息之后，他连家都顾不上回去看一眼，就连夜辗转去了上海“躲风头”。“不仅仅是顾不上，其实也是不敢，怕万一自己身份暴露了，把家人连累了。”

好在当时只有十几岁的吴兴中在人群中并不显眼，背上包袱、穿着便装，看上去就是一个普普通通、正在赶路的学生。从湖州到上海的路并不好走，先要乘船，再倒火车，最后还要转汽车，经历了差不多一整天的时间，他才到达了上海。

到了上海，在湖州地下党的帮助下，举目无亲的吴兴中在上海联系上了一个地下党的同志，之后很快被介绍到一所小学里当教员。吴兴中当时还不是党员，只能算是一名进步学生积极分子。在当教员的日子里，他白天上课，晚上就住在学校里。“当时的东吴大学法学院里有不少地下党，他们离我们学校不远，有的地下党就会跑到我们学校来物色好苗子。”吴兴中从小就是个老实本分的孩子，当教员的日子里他下班之后就回家，不像有些同龄人总喜欢出去吃喝玩乐。

就这样，老实人吴兴中被一位地下党“盯”上了，这位地下党时常跑到他的职工宿舍里找他聊天。当时的形势非常复杂，吴兴中也不敢多说，聊了几次之后，发现这位同志还是十分可靠的，于是就主动交代，自己是因为在湖州闹学潮被国民党列入了黑名单才跑来上海的。一听这个，这位地下党的心里一下子有谱了，知道吴兴中就是自己要找的人。于是，在这位地下党的介绍下，吴兴中加入了当时的人民保安队，正式成为了地下党组织的一员。

那一年是 1949 年，吴兴中刚满 19 岁。然而，吴兴中还没来得及以地下党的身份开展工作，1949 年 5 月 27 日，上海市正式解放了。正巧，吴兴中在湖州闹学潮时的一个同学当时已经进了解放军的部队，他给吴兴中写了一封信，邀请他来苏州参加革命。收到信件之后，年轻的吴兴中直奔苏州，与同学碰上头之后，正式参军了。

战争打响前集训　练的是划船和游泳

在苏州正式参军之后，吴兴中听从组织的派遣，出发去了福州，同年 8 月参与了解放福州战役，并且被分配到了当时所在部队的政治部保卫部。政治部保卫部是做什么工作的？吴兴中说，他当时是政治部保卫部的一名侦察保卫队员，在战争打响之后，如果有俘虏被抓回来，他就会对俘虏进行审问，了解敌人的军力部署、兵力情况等，为战争的发展和走势提供信息支持。

1949 年 9 月的一个晚上，他所在单位的上级突然通知他："晚上有任务，你赶紧收拾收拾出发。"任务指的就是参加战斗，年仅 19 岁的吴兴中一听说上级要派他到前线，摩拳擦掌兴奋异常。但他当时并不知道，十几天后，他亲历的这场战争，将在未来影响他的一生。

当天晚上，吴兴中简单收拾了一下包袱，披着夜色，跟着七八个战友一道出发了。从福州出发，先要坐卡车南下，连夜徒步过江，到达晋江附近，再转乘卡车前往同安，最后经历一天一夜的长途奔波，吴兴中和战友最后抵达了一个紧挨东南沿海的小村子。

到达小村子的时候，天刚好蒙蒙亮，跳下卡车的吴兴中见到了他此前从未见到过的景象：太阳刚刚从海平线上露出了一点光芒，靠近岸边的海域里，到处是正在练兵的解放军，战士们练的不是列队，不是身体对抗，也不是举刀冲刺，而是游泳和划船，他们卖力的动作激起的层层浪花，一下子点燃了吴兴中的兴奋之情，他一心想着赶紧加入战斗，赶紧赢得胜利。

根据作战部署，在这个小村庄东南方向 10 公里外，有一座小岛，国民党已在岛上设防，有军队驻守，而解放军计划在十几天后"拿下"这座小岛。为什么要练游泳和划船？吴兴中说，当时的人民解放军缺乏海战经验，又没有飞机大炮、军舰这样的先进装备，只能靠向村民征集来的船只渡海作战，所以划船和游泳是训练的重要内容。"当时很多战士都是北方来的，不擅长划船也不会游泳，作战的时候万一掉到海里或者沉船，至少游泳能够自救。"

一场战斗即将打响，吴兴中加入了训练的队伍。一个在水系发达的地方长大的南方孩子，吴兴中最擅长的当然就是游泳。战士们都是20岁上下的花样年华，同龄人自然聊得来。很快，吴兴中就跟同吃同住的战友们熟悉起来了，在一次训练间歇，正巧负责宣传的战士扛着照相机走过他们，包括吴兴中在内的8个战士，赶紧摆好姿势，整理一下有些褶皱的军服，看着镜头，拍下了这一张珍贵的合影。

战斗打了三天三夜　他却站在对岸空望跺脚干着急

1949年10月24日晚，吴兴中所在作战部队的上级下达了登岛命令。大约晚上7点多，三个团9000多名战士在岸边集结完毕，即将投入战斗。吴兴中回忆，当时天色已经完全暗了下来，只见大小不一的渔船从附近的小河或者隐蔽处缓缓聚到海边，“很多船都是从当地渔民家里征集来的，有些渔民还当起船工，载着解放军渡海作战。”

面对一场马上打响的战斗，吴兴中和战友们极度兴奋，“大家都争先恐后地上船，都想第一个上船，赶紧打到前线去。”当时的场面甚至一度有些混乱，“我虽然之前参加过解放福州的战争，但是这次是一场真刀真枪的战斗，浑身跟打了鸡血一样兴奋。”

如果赶上的是大船，一个连的100多个战士就能同时坐上一条船，中等船只能坐下一个排，如果正巧来的是最小的船，就只能一个班大约8到10个战士挤一挤。在争先恐后登船冲向战场的战士当中，当然还有吴兴中，“当时我的一只脚都已经踏上船了，结果又收回来了。”吴兴中缓缓抬起自己的右脚，试图还原当时的场景。船满员了？突然害怕了？其实都不是。作为一名解放军战士，吴兴中当然想第一时间冲锋陷阵，但是作为一名侦察保卫队员，他的主要任务是对俘虏进行审问，向他们获取信息。所以，他们只能作为第二梯队的战士，暂时按兵不动，等待第一梯队的战士押回俘虏，开展审讯工作。

在队长的指令下，吴兴中和几位战友退了回来，目送着第一梯队的战友们乘船出发，自己则留在岸边等待。

这一等就是三天三夜，这是一种怎样的煎熬，也只有当时站在岸边空望的人才能知道，吴兴中就是其中一个。在战斗结束之后，吴兴中才得以了解这场战斗的全过程。

晚上 7 点多开始，三个团的战士乘船向小岛出发，那时候可没有快艇，全是靠船工徒手划船，速度很慢，直到第二天凌晨 1 点多，船只才陆续抵达。如果从空中看，小岛呈中间细、两头宽的哑铃状，第一批战士登陆的地点就在小岛西北位置一带。随着一声炮响，解放军陆续登岛，有的战士甚至等不及船只靠岸，自己就跳入海里，在齐胸的海水里，扛着机枪往岸上冲。“他们已经坐了整整一宿船，真的都不知道什么是累，就是一心想要战斗，这种忘我的革命精神，直到今天都应该被铭记和传承。”

战士们纷纷上岸前进突击，但同时也遭到了对方的猛烈轰击，直到第二天天亮的时候，在岸边翘首以盼的吴兴中也没有等到返回的船只，隔海空望，搓手跺脚干着急。在等待的过程中，吴兴中曾经听到前线报话员与指挥部的对话，报话员说战场上敌人增兵我方伤亡很大，希望后援部队前来支援。然而，回望身后，所有渡船已被国民党飞机炸毁，后援部队早已集结完毕，却有心无力，因为前方没有船只归来，第二梯队的战士们无法渡海，只能干着急。

发生战争的小岛距离指挥部只有 10 公里左右的距离，寂静的夜空下，站在岸边的吴兴中能真切地听到岛上枪炮的声响。回想起战士们出发前的场景，吴兴中心里如刀割般的疼痛。“战士们出发的时候，被子都叠得整整齐齐的，自己的包裹和家当也都放在宿舍里，心里想的都是很快就乘胜归来。炊事班也计划着等战士们回来，给他们准备好吃的庆祝。”结果又等了两天，一只船都没有回来。出战时，每人只带上三天的干粮和弹药。

到了第三天，枪声炮声渐渐弱了下来，报话员回传了一段声音，每每回想起这段话，吴兴中的鼻子就会一阵发酸，泪水在眼眶里打转。“肖军长，我们不能再见面了，告别了。”最后三个字刚刚说完，报话机里突然响起“啪”的爆炸声，就一点儿声音也没有了。很多战友都牺牲在了这场战役当中，吴兴中能留下的，就只有那一张练兵时偶然拍下的合影。

参与剿匪 老乡手缝 18 双布鞋表达谢意

这场战争结束后，吴兴中留在了福建，参与了长达 6 年的剿匪工作。新中国刚刚成立的时候，社会远没有想象中的安宁，尤其在边远地区和山区，土匪聚集，在新中国的土地上搞破坏活动，给生产恢复和人民生命财产安全造成极大的危害。

虽然吴兴中是后来在北京认识的妻子胡容，但两人在交流的时候意外发现，彼此都曾经参与过福建地区的剿匪工作，因此两人认识之后，还经常交流彼此的剿匪经历。和吴兴中相比，作为一名女性参与剿匪，胡容的经历更是惊心动魄。

胡容说，福建武夷山可能是当时全国土匪最多的地方，而且很多都是惯匪，非常难对付，甚至对前来参与当地建设的革命同志都紧追不舍。1950 年，为了躲避土匪，胡容和同志们要跟土匪打迂回战。由于土匪一般都晚上出来活动，胡容和同志们白天在区委办公，晚上就藏在庙里躲避土匪。“当时我们的区委书记跟我说，胡容，你一个上海来的年轻女同志，千万不能暴露了，一定要躲好别出去。”对于性格刚毅、一心革命的胡容来说，参加革命工作要远比个人安危重要，性格刚强的她虽然没有战斗经验，但是照旧每天跟着同志们来回转移。

有一天晚上，当所有人都进了庙里躲避，土匪真的来了。“我记得那个庙墙上还有洞，可以从洞里看到外面的情况，土匪扛着枪在朝我们打，但是庙有点儿像个碉堡，子弹打不进来。”对于一个 18 岁的姑娘来说，这是她与子弹离得最近的一次。后来，军队的战士赶到了当地，赶走了土匪，胡容和同志们才得以解困。

在参与剿匪的日子里，胡容和吴兴中都发现，新中国成立之后，当地百姓对共产党员和革命同志的态度都特别的好，感情也非常深。后来从事文字工作的胡容，就曾经写过一篇专门记录她在武夷山见闻的文章，名叫《武夷山的水乳情》，里面记录了一段跟当地老百姓告别的场景，她至今仍记忆犹新。

这篇文章记载，完成剿匪工作之后，胡容被上级调回省里，在离开之前，胡容对谁也没有提。当天凌晨 4 点，胡容早早起床收拾好行李，准备趁着天还黑着，在没人看见的情况下赶紧离开。没想到，院子的大门一开，她发现门口乌压压地站了几十个挑着担子的老乡，有好几个都是她平常工作时打过交道的。"这么早，你们大伙儿都在这儿干吗呢？""我们等你啊，我们去县城赶集，正好陪你一道去。"站在前头的一位大娘用不太标准的普通话回答。

看着眼前这个场景，胡容一下子就明白了，老乡们其实就是来为胡容送行的，因为谁都不知道她计划几点走，所以干脆半夜就到门口来等了。就这样，在乡间小道上，出现了一支有点奇怪的队伍，胡容走在中间，几十个老乡挑着扁担走在旁边，四五公里的路一直从早上走到了晌午。进了县城之后，明明已经路过了集市，但老乡们依然没有进去赶集的意思，"我们再送送你，再送送你，不差这几步，不差的。"一行人很快走到了县委门口，可老乡们还是没有散去的意思，反而把肩上的担子都卸了下来，开始从筐里往外掏东西，瓜子、花生、水果，还有 18 双布鞋，这些都是送给胡容的。胡容见状，赶紧让老乡们把东西放回筐里，她不好意思收，可老乡们就是不肯。看到那 18 双老乡亲手缝制的布鞋，胡容的眼泪一下子就掉下来了，"你们什么时候把我的脚给量好的？"这句话逗乐了在场的老乡和迎接胡容的县领导，胡容觉得，其实老乡们当时想要回馈的，并不是她一个人，而是对共产党给他们带来新生活的由衷感谢。

吴兴中和老伴胡容在燕达金色年华健康养护中心

带着战友精神 为新中国的建设继续奋斗

说回吴兴中，参加了六年的剿匪工作之后，他因为表现良好，被组织调到北京，参与军工建设，后来他还走进了大学校园，接受大学教育。大学毕业之后，他被分配到经贸委系统工作。只有经历过挫折和磨难，才会知道幸福的生活有多么的来之不易，每当遇到困难的时候，吴兴中就会拿起照片，看看照片上已经牺牲的战友，就会不自觉地回想起东南沿海那场惨烈的战役，什么困难都不是困难了。如今，别看吴兴中已经快90岁高龄了，在养老院的日子特别忙碌。早上起来，他在家里稍微活动一下身体，就骑着他那辆整个养老院独有的三轮车出门了，在院子里转上几圈，见到老朋友还会打个招呼，聊上两句。中午，他去食堂吃口饭，回家休息一会儿，拿上游泳装备又出门了，在游泳池里游上1小时再回来。晚上，他吃完饭，看会儿电视、读读书，结束充实的一天。“我们的国家能发展得这么好，我能住进条件这么好的养老院，我们能在这儿开心地聊天，这些都是我们的战友用生命换来的，我只有好好活着，才是对他们最好的告慰。”吴兴中说。如果青春再来一次，他依然会选择回到19岁，拿起那顶军帽、扛起那把钢枪，头也不回地往战场走去……

文 / 叶晓彦

人·物·简·介

张希贤，90 岁，15 岁参加革命，参与过解放战争、抗美援朝，亲眼看到排长在自己的眼前中枪牺牲，战场上子弹从自己的耳边嗖嗖飞过……张希贤的家乡在河北省保定地区任丘县（现为河北省沧州市下辖的任丘市，下同）蔡村，他从小就亲眼看见过日本侵略者的恶行，盼望和平，毅然参军。在参加漕河战役的时候，张希贤所在的部队曾冒着敌人的枪林弹雨冲在最前面，打垮敌人一个连，俘敌 100 多人，缴获机步枪 100 多支。在抗美援朝战场上，因为形势复杂，当时张希贤甚至已经抱着为国牺牲的思想准备入朝作战。他还曾自己跑到县城的照相馆，拍了一张身穿军装的半身像，给家里寄去，而且他在信中写道："万一我要是牺牲了，这个就作为遗像吧。"

张希贤

当子弹在耳边嗖嗖飞过时

1930 年生人的张希贤个头很高，尽管已经快 90 岁高龄了，从背影依然能看出他年轻时挺拔的身姿，从正面更是能看出他年轻时帅气的模样。张希贤很低调，很少和人提起自己曾经的峥嵘岁月：15 岁参加革命，参与过解放战争、抗美援朝，亲眼看到排长在自己的眼前中枪牺牲，战场上子弹从自己的耳边嗖嗖飞过……

从小看到日军侵华劣迹　发誓逃离恐惧日子

张希贤的家乡在河北省保定地区任丘县蔡村，现在这里已经被改名为任丘市了。1937 年 7 月 7 日，日本发动了卢沟桥事变，日本侵略军很快就占领了中国冀中大平原的乡村和城镇。在这一年的秋天，日寇的一支小部队也侵占了任丘县城，并在距离县城 20 公里的蔡村设立了据点，也就是张希贤的家乡。

蔡村在当地是个比较大的村，有五百多户人家，总共人口达几千人之多，它紧靠津保公路，而这条公路是冀中大平原东西交通要道，而且在那个年代，蔡村是附近比较富有和繁华的村庄。1938 年秋的一天，一队头戴钢盔的日本鬼子兵气势汹汹地进入蔡村，他们一进村，就强占了大街上两户张姓的砖房大宅院。这两户人家的大宅当中，其中一户在大街东头，前后有几个院子，成了日本鬼子营房据点。“鬼子兵们进院后，就在北房顶上设立了岗楼，昼夜站岗放哨，向四周瞭望。”在院子北门外的街边，日本人还设了半圆形小屋，当作街边岗哨，通过瞭望窗口日夜监视路过的行人。站岗的日本鬼子兵手握钢枪，盘查过往行人，凡是过往此岗哨的行人，必须向日本鬼子兵大鞠躬，否则不准通行。这些日本兵甚至还会骂过路行人，并举刺刀吓唬他们。

张希贤在燕达金色年华健康养护中心

自从日寇进占蔡村之后，家家户户男女青年基本都逃命去了，只留下老人和孩子。张希贤那时还小，留在了家里，但是留下的人总是在日本鬼子和汉奸的监视下生活，人们越来越透不过气来。日本鬼子兵和汉奸横行霸道，常常在街上大喊大叫，打人、杀人的事情经常发生，老百姓不知何时，也不知何故就遭了殃。村里的人夜间闭门不出，白天也不敢乱走动，在恐惧中度日如年。有一天，张希贤经过日本鬼子一个岗亭，鬼子兵身穿黄呢子军装，脚蹬大皮靴，腰扎皮带，皮带上挎着装子弹的皮盒子，肩膀上还扛着三八枪，枪上有明晃晃的刺刀。这个日本鬼子来回走动，当他朝东走的时候，张希贤想偷偷溜到他身后，就省得鞠躬了，结果，他一扭头就发现了他，大喊道："小孩的，八格牙路的……"张希贤吓得撒腿就跑，跑了一段路才停下来，幸好日本鬼子没追上，也没开枪。张希贤快步走进学堂，坐下后心里怦怦直跳，心想这些日本鬼子真可恨，不给鞠躬就把我们当坏人。从这天起，张希贤上下学再也不敢走这条路了，只能绕道而行，但对日本鬼子的仇恨更深了。

村民们被迫逃难，孩子无法上学，张希贤也因此失去了上学的机会。冬天，日本鬼子为了过冬取暖，还曾经把蔡村周围许多高大茂盛的树木伐光，蔡村成了个光秃秃的村庄。

张希贤还说，那时候，日本鬼子和汉奸经常骑着高头大洋马，在大街上奔驰，吓得村民纷纷躲避。一次，有个当官的汉奸骑马在街上飞跑，马一扬蹶子，把街边卖水果的摊子踢翻了，香蕉、橘子、苹果、鸭梨滚落在地上。"这是我生平第一次看见橘子和香蕉，一般的老百姓根本吃不起香蕉和橘子，从此再无人敢在街上摆水果摊了。"

村里有个汉奸去外村征粮，这天张希贤看到这个汉奸骑着高头大马，端着步枪，身后边押着一辆驴车，车上躺着一个身着青色衣服的小伙子。小伙子满身血迹，着实吓人。张希贤有些好奇，尾随其后，只见汉奸把小伙子扔在了维持会院内的地上，"肠子都流到外面了，那人疼得直打滚，实在是太惨了，但是他居然咬着牙一声不吭。"张希贤站在第二道门口看了很长时间，想过去帮忙，但鬼子兵在旁边监视，他又不敢过去，很快他就被日本鬼子赶出去了。后来张希贤才知道，原来这个汉奸去蔡村南边的锁井村征粮，半途遇到这个抗日青年，汉奸开枪把他打伤了，抢了百姓的大车拉着抗日青年回到蔡村据点，关在了维持会院里。再后来，这个抗日青年被汉奸和鬼子害死了，埋在村北梨树院里。

还有一件日本鬼子残害中国百姓的事件让张希贤记忆犹新。这件事发生在割麦子的季节，那天许多老百姓正在村北场上晒麦子，只见一队日本鬼子从外村扫荡回到蔡村据点。他们从西北方向走过来，走在队伍前头的是一个身穿绿呢子军服，腰挎战刀，骑着高头大马的日寇小队长，他旁边还有一个手举“膏药旗”的鬼子兵。张希贤看见，在日本鬼子队伍后边，跟着 12 个五花大绑的男人，还有一个妇女坐在两轮车上，怀里抱着一个小孩。

原来，日本鬼子为了杀一儆百，把各村老百姓赶到村子中心广场去观看。日本鬼子把村民赶到一起，围成一个圈，鬼子兵在圈外架了两挺机关枪，被抓来的 14 个人背手站成一排，其中就包括抱着小孩的妇女。日本鬼子开始杀人，先用刺刀刺杀第一个人，当鬼子要刺第二个人的时候，队尾一个男青年突然向东北方向跑去，他刚跑了 20 米，眼看就快要跑到一个道沟了，一个日本鬼子举枪射击，“啪”地一枪，紧接着又是“啪啪”两枪。可是没有打中，男青年还在跑，只见日本鬼子小队长朝举枪的鬼子兵踢了一脚，一把夺过枪来，“啪”地又是一声枪响，男青年应声倒在地上。此时的他已跑出三四十米了，但最终还是没有逃过日本鬼子的“魔掌”。在男青年逃跑的同时，那名妇女吓得晕倒在地上，她怀里两岁多的孩子趴在她身上哭着喊“妈妈，妈妈，俺吃包包。”日本鬼子小队长刚放下枪的手又再次举起，朝着母子俩“啪啪”两枪，俩人顿时都不动了。围观的老百姓大气不敢出，张希贤也吓得脸变了色，有的老人和妇女甚至吓得瘫坐在地上，有人咬紧牙关，紧握双拳，怒视着日本鬼子……因为人们知道，必须要克制着自己内心的愤怒，当时人群里只要有一点骚动，日本鬼子的机枪肯定就会向人群开火的。

在解放战争的战场上
九连二排高排长就牺牲在眼前

1945 年 8 月 15 日，日寇正式投降，中国的抗日战争取得了伟大胜利。在日军铁蹄下生活的老百姓，总算盼到了太平日子。1946 年，年仅 15 岁的张希贤参了军，让他印象深刻的，是位于河北易县附近漕河的一场战役。

当时战场位于漕河镇，张希贤所在部队打击国民党反动军队。1946 年秋的一天，九连二排高排长来我们班，告诉战士们说："从保定出来一股国民党军，已经到了附近，上级要求我们狙击敌人。"当天下午，张希贤所在部队急行军到了前线，黄昏时分就与敌人展开了交火。激战一阵后，敌人撤退，逃到了漕河镇。当夜张希贤所在部队把敌军围困在该镇，他和战友们在单人工事里趴了一夜，监视镇里的敌人。上级通知我部第二天向敌人发起总攻击。当第二天早晨东方亮，只听冲锋号一响，战士们就一鼓作气往前冲，高排长手握驳壳枪冲在前头，嗖嗖的子弹就从身边飞过。冒着敌人密集的子弹，在二排高排长的带领下，大家冲到敌人前沿阵地，在战士们手榴弹和子弹的射击下，敌人纷纷逃跑，一直逃到一个四合院里。在我连队大火力打击和缴枪不杀的喊声中，敌人很快投降了。但是院子北边的还有敌人，张希贤跟着排长一起顺着梯子爬上高墙，瞄准敌人射击。"我们排长一直在喊：'缴枪不杀，缴枪不杀。'"现在回想起来，张希贤觉得这样的举动有些大意了，结果一个不注意，他发现高排长突然趴下了，"我都傻了，还在拍他大腿，问队长你怎么趴下了，怎么趴下了。"结果没过多一会儿，鲜血哗哗从排长的身子底下流了出来，高排长就这样在张希贤的眼前牺牲了。

在那次战斗过程中，张希贤所在的排在高排长带领下冒着敌人的枪林弹雨冲在最前面，打垮敌人一个连，俘敌 100 多人，缴获机步枪 100 多支。这场漕河战斗，打了一天一夜，我军全歼这股国民党反动军队。

随后，部队稍作休整，又参加了一个大战役，重创了国民党五十三军的一个师，此战役之后，张希贤所在的野战八旅二十三团一营，荣获了“钢铁第一营”称号。以上几次战役，打破了国民党进攻晋察冀解放区的企图。由于张希贤作战勇敢、不怕牺牲，并且经受了生死的考验，上级通知他去受训，之后很快被分配在军区刚成立的炮兵旅集训。有一天，班长找到张希贤，问他愿不愿意参加共产党。“当时部队里共产党员的身份是不能公开的。”张希贤内心非常激动，因为加入党组织是他盼望已久的愿望，于是立即表示愿意。几天后，按照组织程序，张希贤填写了入党志愿书，老同志告诉他，虽然填了表，但还要经受组织的考验，要按共产党员的标准要求自己，努力奋斗不怕牺牲，英勇作战。

之后，张希贤又参加了一系列的战斗，包括攻打徐水县城的战役、全歼国民党第三军的清风店战役。1947 年 10 月 28 日，张希贤冒着数架敌机的扫射轰炸去执行任务返回后，排长找他谈话，告诉他组织上已经正式批准他成为中共预备党员了。当时的张希贤激动得说不出话来，暗暗下定决心一定为党的事业努力奋斗。

直到后来张希贤又参加了几场战斗，正式成为了党员。从此以后，革命理想一直激励着还不到 20 岁的张希贤，激励着他参加了平津战役、解放太原战役，以及进军大西北，解放兰州、银川等城市的战役。他在进军大西北的行军途中，还迎来了新中国的成立。

在抗美援朝战场上
“万一我牺牲了，这张照片就是我的遗像吧”

1950 年七八月份，美军侵入朝鲜，朝鲜爆发战争。很快，战火烧到我国的东北鸭绿江边，新中国受到前所未有的战争威胁和领土安全。当时，中共中央毅然决定出兵朝鲜，抗美援朝，保家卫国。听到党中央的号召时，张希贤所在的部队正在陕西临潼县少华山下搞生产，“我们热血沸腾，全体战士一起写下请愿书，要求入朝作战，保卫祖国。”

抗美援朝初期，是著名的第四野战军率先进入了战场。1950 年 11 月，张希贤所在部队接到上级命令，要求全体战士乘火车到山东地区更换冬装，集结待命，随时投入战斗。在山东集结了很短的一段时间，张希贤又跟着部队转战到辽宁省凤凰县城，与当地的部队会合，做入朝前的准备。“当时朝鲜战场美国飞机狂轰滥炸，战场伤亡也较大，我们都是抱着为国牺牲的思想准备入朝作战。”当时的张希贤听到了先前入朝的战士带回的消息，“听说美国兵的飞机大炮很厉害，伤亡率很高，指不定去了还能不能回来呢。”当时只有二十来岁的张希贤想到家中还有老人，心中不免有些伤感。于是在凤凰县城集结的空闲时间里，自己跑到县城的照相馆，照了一张身穿军装的半身像，给家里寄去，而且他在信中写道：“万一我要是牺牲了，这个就作为遗像吧。”

年轻时候的张希贤

抱着誓死的决心，1951 年 1 月初，全师召开了誓师大会后，张希贤跟着部队跨过鸭绿江进入了朝鲜，投身到抗美援朝战斗中。进入朝鲜之后，张希贤跟着部队一开始是白天行军，但是由于每天都会遭遇敌军飞机的轰炸和扫射，后来不得不改为夜间行军。“敌人的飞机飞得特别低，晚上总能看到他们从空中投下来的照明弹。”张希贤回忆，朝鲜山多树多，敌人从半空投下的照明弹经常把山上的树干烧焦。

通过几天的连夜行军，张希贤和战友们抵达了朝鲜战场的前线，立即投入了战斗。参加第五次战役，上级对张希贤所在部队的下达的任务是，突破临津江，过江后插入敌人后方，切断敌人的退路，计划将敌人英 29 旅全部歼灭。1951 年 4 月初的一天深夜，张希贤所在的部队突然发起总攻击。“一开始，先是我们的炮兵发动攻击，朝着江对岸敌人的工事进行炮轰。然后，步兵出发，突然冲到江对岸，追击并歼灭敌人。”

张希贤说，他们师的炮兵团过江的时候已是半夜时分了，敌人的炮弹不时投射过来，在江面爆炸，水被炸弹溅起之后形成巨大的水柱，打在战士们的身上。“根本顾不上，浑身都是水，那也要继续往前冲啊。”张希贤和战友们继续往江对岸冲，“那个对岸是一个很陡的高坡，我记得我冲了好长时间，才爬上了坡，好不容易上了岸。”

过了江之后，就是一片开阔地带了，张希贤和战友们继续前行。地形太开阔了，四周都是大路，没有什么可以隐蔽的，炮弹就这样在张希贤和战友们的周围爆炸，但他们依然勇敢地往前冲。走在快进到山口的地方，不知是谁突然在地上踩到了一颗没有爆炸的照明弹，突然一道贼亮的闪光在张希贤的眼前出现。“可能是这枚照明弹暴露了我们的行踪，我觉得也就过了几分钟，炮弹突然就在我们部队的后面开始猛烈爆炸，烟雾到处都是。”当时的张希贤所在部队，遭到了敌人的群炮袭击，当时部队的损失实在不小。

天亮之后，张希贤所在部队进入山口后看见右前方高山坡上摆着一排排轻型坦克，他仔细数了数，有十多辆。“后来才知道这是敌人在半山腰设置的突袭坦克，但当时已经被我军给抄了，还抓了不少俘虏。”张希贤和战友们奉命继续前行，走了很长一段路程之后，他们进入了一座高山，他们在山坡上耐心地等待上级下达命令。这时张希贤才有空仔细看看四周的风景，原来这座山的松树茂密，站在山坡上，有一种居高临下的感觉，远眺南方，还能隐约看到远处有一座大城市。这时候的张希贤和战友们才突然感觉到饿，原来他们已经一天一夜没有吃饭了，实在饿得受不了了，才用压缩粮充饥，也很难找到水源喝水。这场战斗重创了当时敌方的英 29 旅，俘虏了大批英军俘虏。

后来，张希贤所在师的炮兵团的副营长，带一个炮兵连和几个电话员配合步兵在铁原地区打击美骑一师。“当时任务是封锁一个山口要道，阻击敌军及坦克。”张希贤回忆，他所在部队的阵地设在山腰地带，听从步兵团指令才能行动。然而等到了半夜，月光明亮，清风习习，一片安静，殊不知步兵已撤出阵地。“多亏我发觉得早，立刻告诉副营长撤出阵地。”“结果，战士们走到山沟口时，一个步兵班的战士正在当地埋地雷，如果我们晚撤出五分钟，就算当不了俘虏，也得被自己的地雷炸伤。”

在抗美援朝战争当中，张希贤利用近三年的时间，参加了突破临津江五次战役、铁原阻击战、开城保卫战等一系列战役。在守卫开城板门店地区 159 高地的战斗中，张希贤所在的师一个排的兵力，居然还阻击了敌人一个营的进攻。张希贤说：“当时，敌人先后动用数架飞机和大炮，狂轰滥炸我军的阵地，敌军步兵在大批坦克的掩护下，向我军阵地发起猛烈攻击。战争打得特别残酷，在兵力相差悬殊的情况下，中国人民志愿军凭着视死如归的英雄气概，打退了敌人一次又一次的轰炸、进攻，让我军阵地巍然屹立。”

战斗结束后，排班长和战士们都立了大功，李排长立特等功。中国人民志愿军在武器装备和美军相比呈劣势情况下，在物资供给相当贫乏的情况下，依靠一不怕苦、二不怕死的革命精神，迫使美国侵略军不得不在停战协议上签字，抗美援朝取得全面胜利。

张希贤说，抗美援朝的胜利保卫了新生共和国的安全，提高了中华人民共和国的国际地位，更是显示出中国人民和中国人民解放军的强大，也为世界和平做出了重要的贡献。1953 年朝鲜停战后，张希贤和战友们在朝鲜博川郡三峰洞集结，准备返回祖国。同年 9 月，全体战友在曾经战斗过的土地上合影留念，之后乘坐火车回国。“这张照片我一直珍藏着，它记载着抗美援朝、保家卫国的历史，能够参加这场伟大的战斗，尽到一名军人的职责，是我一生的光荣和宝贵的财富。”

文 / 叶晓彦

人·物·简·介

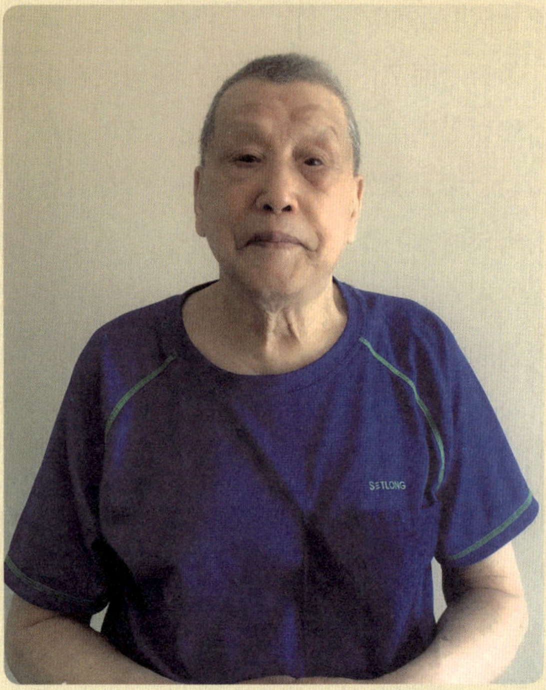

任来印，94 岁，原抗日老兵，曾就职于中国地质科学研究院。抗日战争时期，任来印隶属晋察冀军区，曾荣立一等功。1943 年 10 月，年仅 18 岁的任来印参加了抗日游击队，12 月底，被编入华北中区第一分区一团，归杨成武将军管辖。抗日战争时期，他先后参加了大良岗反扫荡、抢渡滹沱河行动、延安大生产运动，并在抢渡滹沱河中承担最后收容工作，在敌军飞机和重炮轰炸中，护送全团安全过河。解放战争时期，他参加爷台山战役，以少胜多打败胡宗南的外围部队。从 1943 年参军到 1949 年新中国成立，任来印将最好的青春年华奉献给了解放全中国。

任来印

信仰，是最伟大的力量

“没事，不用扶，我能自己起。”燕达金色年华健康养护中心里，任来印推开了试图扶他的护理员，颤颤巍巍地从沙发上站了起来。经历过抗日战争、解放战争，今年 94 岁的抗战老兵任来印依旧有些当兵的“倔脾气”，什么事都喜欢“自力更生”。

谈起自己的人生经历，任来印用“特别简单”四个字来概括。“18 岁参加八路军，打跑了日本鬼子，打跑了国民党反动派，最后到转业，我一直都在部队生活。”直到今日，任来印身上还流露着战士的气息，似乎心从未离开部队。

1943 年，在抗日战争的攻坚时刻，任来印参加了县里游击大队，从此开始了自己的抗战之路。那些穿梭在枪林弹雨中的记忆已经过去了 70 多年，有些故事却没有因为时间的推移而褪色。他清楚地记得，初次参加县游击大队，没有武器，就背着四个手榴弹吓唬敌军，每天与日军周旋作战四五次；也能想起，抢渡滹沱河和黄河时的种种细节，在日军的机枪扫射中，蹚水过河如履平地，“也不知哪里来的力气”；更记得日军投降时，整支部队的欢欣雀跃，不懂跳舞的战士们，抱着脸盆敲打，手舞足蹈。

任来印经历了一个最有信仰的年代。“那个时候，我们都不怕死。当兵的也不懂大道理，谁欺负我们就打跑谁。”任来印说，当时唯一的信念，就是跟党走，听党的话，取得胜利。

20 世纪三四十年代，像任来印这样的老一辈共产党人放下个人的爱与憎，扛起家国情怀，在年轻时做出的人生选择和价值选择，成就了新中国，也为当代留下了宝贵的精神遗产。什么是真正的穷和富？什么是人生最大的快乐？什么是革命者的伟大信仰？人到底怎么活着才有价值？任来印把记忆的指针拨回 70 多年前，向我们娓娓道来。

当了兵就别怕死

时间带走了太多故事的亲历者，当年的战争故事，如今大部分都是从史料、影视剧中看到的。有时候，在影视剧中看到战士们无惧死亡，穿梭在枪林弹雨中，很多人会认为是影视剧的艺术化。或许，部分影视剧为了博人眼球，对效果进行了夸大处理，但任来印说，信仰是真实的。“那个时候，我们真的都不怕死，每天枪林弹雨里走，也是正常，前仆后继英勇杀敌。”

1941 年 12 月至 1943 年底，抗日战争进入了战略相持阶段的后期。这时，太平洋战争爆发，美国对日宣战，世界反法西斯阵营正式形成。中国战场成为世界反法西斯战争的重要战场，牵制了日军的大量兵力，使其不能北上进攻苏联，亦不能西进进攻印度。但同时，在国内，国民党坚持一党专政，大发国难财，统治日趋腐朽。共产党领导敌后抗日军民正在经历抗战中最困难的阶段，这时，许多小县城都会组建自己的游击大队，迂回抗日。任来印就是在这样的背景下，坚定地加入了八路军。誓死杀敌，把日本侵略者打出中国去！

1943 年 10 月，任来印所在的县城游击大队征兵，年仅 18 岁的任来印主动报名参加了县游击大队。县城的游击大队多为自发组织，武器装备落后。“我们就是腰间别着四个手榴弹，吓唬敌军，和敌人周旋，从他们手里夺取武器，充实游击大队的武器库。”任来印说。

到1943年12月底，任来印被编入华北中区第一分区一团，归杨成武将军管辖。此时，长达5年的战略相持阶段结束，盟军在太平洋战场转入反攻，中共中央计划开展局部反攻，夺取抗日战争的最后胜利。1944年1月，中央军委发出调令，晋察冀地区的大部队开始向延安行军。

“那时候，就是整天行军打仗。”任来印说，“我们都是战士，不明白为什么这边鬼子没打跑就让我们去延安的原因，但是一切行动听指挥，组织让去哪里，我们就去哪里。”任来印回忆，当时虽然吃不饱，穿不暖，所有的战友们都有着坚定不移的革命信念，斗志昂扬，跟随着大部队，往延安出发，没有一个掉队的。

前往延安的旅途并非一帆风顺。“要一边打仗，一边往延安走。”延安会军的消息传到了敌人耳朵中，日军在行军路线上设下了重重包围圈，在重要关卡围追堵截。“敌人进攻，我们就突围，击退他们。来一个排，来一个方队，都被我们打回去了。”一路上，许多战友都牺牲了，其中包括著名的狼牙山五壮士。

在当时，日军依仗的是先进的武器装备，而八路军依靠的却是军事战略，所以总能以少胜多，以寡敌众。“上层领导，通过分析，每次都能预料到敌军的围追路线，然后我们伏击，造成他们的大量伤亡。”

一路走走停停，打仗的次数比吃饭的次数都多。任来印所在的部队辗转来到河北易县的大良岗。大良岗被称为“一路十八岗”，地势起伏，易守难攻。日军和伪军组成的扫荡队伍经常来到这个小山村扫荡。任来印所在的部队在大良岗驻留了20多天，与当地老百姓一起，进行了20多天的反扫荡战斗。“这里离北京近，我们的地下情报人员深入敌营，给我们带来消息，依靠着他们的情报，我们取得了反扫荡战斗的胜利。”部队最终突围大良岗，随即转移至如今河北省保定市涞源县的上碾盘村和下碾盘村。

年轻的军人：任来印

进入上碾盘村和下碾盘村时，部队受到了大波敌军的围困，敌我力量悬殊太大，怎么打也没有办法突围。“我们没有放弃，始终坚守，没有办法突围，也不能让敌军打进来，但还是对老百姓造成了很大的伤亡。”回忆起这段故事，任来印有些哽咽。

被围困的时候，吃饭是最大的难题。“军民吃饭都是相当困难的，一天2两小米，2两黄豆，再饿了就用野菜充饥。”任来印说，那时候，经常和老百姓一起采野菜、熬粥喝。就这样跟敌军僵持了一个多月，“再苦再累，我们始终相信，最后胜利属于我们。即使我们这个部队都牺牲了，也会有其他的人及时赶来，保护老百姓。”任来印说。

终于援军到来了。杨成武率领大部队从后方赶来，与任来印所在部队，前后夹击，打退了敌军。“我们在这个地方就彻底站住脚了。”

两次有惊无险的渡河

1944年2月底，杨成武带领大部队从易县出发，用了两个多月的时间，到达了阜平。阜平是聂荣臻的老根据地，也是中国第一个敌后抗日民主根据地，日本入侵中国八年，却从来没能侵入阜平。“到了阜平，我们才喘了一口气。部队进行了短暂的休整。”任来印回忆，到达阜平时，部队早已衣衫褴褛，“那时候只要衣服能遮体，能保暖，就足够了”。

说是部队休整，其实任来印在阜平也就待了一晚。第二天，16个团继续往延安出发。这一路上，任来印所在部队经历了两次惊心动魄的渡河大战。

第一场战斗发生在滹沱河。滹沱河音通“呼驼”，当地人俗称葡萄河，是海河水系子牙河的上游支流之一。抗日战争时期，日军曾多次进攻滹沱河周边，被当地游击队击败。对于滹沱河的印象，任来印说：“河水湍急，水深过腰。”为了抢夺时间，不能用船过河，16个团全部蹚水过河。但是，滹沱河河底全部为细沙组成，踩下去很软，稍不留神，就会旋入流沙之中。“我们把衣服脱下来顶在头顶，手榴弹搭在脖子上，防止弄湿，顶着湍急的流水，左右摇摆着往下走，防止被流沙吞噬。”任来印所在的一团三连是最后一批过河的队伍。

抢渡滹沱河行动开始时，总部对一团三连下的指示是：“做最后收容工作，护送全团安全过河。”前期进行得很顺利，大部队全部安然通过。正当一团三连掩护家属和重炮过河的时候，敌军追了上来。飞机在头顶轰炸，机枪在背后扫射，一些战士倒在了河水中，随着水流远去。任来印和一团三连的战士们一边迎敌，一边拼命往对岸走。“估摸着有一顿饭的工夫，我们就快速渡过了滹沱河。”

渡河后，全军不敢歇脚，徒步行军10多公里，这时候，天刚蒙蒙亮。“这个时候，我们才发现，都还光着屁股，没穿衣服呢。”任来印说。部队稍一歇脚，就让全体战士把衣服都穿上，然后又继续行军走了15公里，才稍微摆脱了敌人的追击。

部队一路跑到了阳明堡附近，却发现，敌军早已经占领了同普路整条铁路线，在这里等待堵截我军。后有追兵，前有强敌，大部队陷入了一个危险的境地。“我们的团长叫邱瑞，这时他想到了一个主意。”部队开始四处散播消息，称大部队的目的不是为了穿越同普路，而是要在三天内拿下阳明堡机场。“敌人一听，害怕了，同普路上的军队全部撤回了阳明堡。我们一枪也没打，顺利通过同普路。”任来印说，其实当时的目的很明确，就是为了赶到延安，多亏了这个策略，我们只用了半天时间，没有任何损失，就躲过了敌人的堵截。

五六天后，大部队到达了壶口。壶口是山西和陕西交界处的一个地方，毗邻黄河。“只有渡过黄河，才能到达延安。”部队刚刚到达黄河时，天色尚早，连日的战斗，早就饥肠辘辘。这时候，附近的老百姓就送来了粥，“每人喝几口，马上就开始渡黄河。”敌人一直紧随其后，大部队一刻也不敢耽搁。早上开始渡河，直到晚上，大部队才全部渡过了黄河，而敌人没有预料到部队的渡河速度，只能在黄河对岸，望河哀叹。“过了黄河，就彻底摆脱了日军的追击。”回想这场赶往延安的旅程，任来印印象最深刻的就是“没有吃过一顿饱饭”。“直到过了壶口，才算吃了一顿饱饭，我们也不知道那时候哪里来的力气，如果非要说，那就是坚定的信念。”

打得了仗　开得了荒

如今说起延安，都会想到延安精神。延安是中国共产党和人民军队的根据地，勤劳勇敢的老区人民用生命和鲜血哺育了中国革命；延安是中国抗日战争的总后方，在物资极其短缺的情况下，广大军民开展了自己动手、丰衣足食的大生产运动，为夺取革命胜利奠定了物质基础。而任来印就是延安这一切的亲历者，作为一名抗日战士，他打得了仗，也开得了荒。

1944 年，任来印所在大部队到达延安时，刚好是延安大生产运动的生产高潮期，解放区军民发扬自力更生、艰苦奋斗的精神，毛泽东、周恩来、任弼时等中央领导同志亲自动手开荒种菜，学习纺纱，更加激励了解放区军民生产的热忱。

任来印和战士们到达延安后，部队被安置在王家坪。王家坪位于延安市西北部，1937 年到 1947 年期间，这里曾是中共中央军事委员会和红军总司令部的所在地，毛泽东、朱德、彭德怀等党和国家领导人也曾在这儿居住。王家坪没有房，周边全是窑洞，但由于各大部队齐聚延安，窑洞的数量已经不能满足居住需求。“我们这支只打过仗的队伍，刚到就接到了挖窑洞的命令，加入到大生产运动中。”一个个扛过枪的战士，二话没说，扛起锄头，整整挖了四个月的窑洞。

“一边挖窑洞，一边积蓄力量。经过这四个月，我们也休息过来了，想着应该马上要去打鬼子了。”任来印开始想念他的三八大盖枪，渴望立马冲上战场，作战杀敌。在晋察冀地区，任来印所在的部队赫赫有名，从没有武器装备，到有了整体的军服、机关枪等重型武器，都是一点点杀敌夺过来的。“没有武器，我们打仗从敌人手里夺；没有衣服，我们也能打仗从敌人手里夺。”任来印所在的部队第一次到达王家坪的时候，老百姓对他们产生了质疑，被当地老百姓当成国民党，并报告到了旅部。

“八路军都是土包子，哪里有这么好的武器，哪里有这么好的装备，我们不相信。”部队向当地老百姓解释自己是八路军的时候，得到了老百姓这样的回应。最后，是旅部派了宣传员过来，把这支队伍在晋察冀英勇作战的故事传达给当地老百姓，并把武器和衣服的来源解释给老百姓听，才化解了误会。

一支打硬仗的队伍，在休养生息完毕后，想想远方日军依旧在中国的国土上肆意妄为、残害同胞，一颗颗年轻的心，早就飞向了战场。“想去打跑日本鬼子。”任来印坦言，当时所有的战士都枕戈待旦，就等着上战场。可是，这时候，部队却命令战士们把枪都放到窑洞里。“给了我们每人一个大镐、一个大箩筐、一把镰刀，给我们指一片荒山山头，去开荒，去生产。”面对这样的命令，一些战士们的思想开始起了变化：“我们是参军打日本鬼子的，不是来种地的。”

这样的错误思想并没有蔓延，不久后，部队向战士们解释了开荒的原因，解决了吃饭问题，才能放心地去打仗。“就一句话，我们扛起大镐和镰刀，背起箩筐，上山开荒去。”打仗的队伍，开起荒来，也是一把好手。在当时，一头牛一天大约能开荒五亩地，而部队里的战士们一天也能开五亩。

"在一次延安劳动竞赛中，中央警卫团的战士杜林森在一次开荒比赛中，创造了一天开荒6.3亩的好成绩，毛主席接见他时说，你的功劳很大，一天开荒六亩多地，称得起劳动英雄。大家都叫你'气死牛'，我看你还是气死人，气死蒋介石。"任来印回忆，那时候，从领导到战士到老百姓，都秉承艰苦奋斗的精神，人人都平等。任来印依旧记得，当时的领袖毛泽东主席常常坐在路边和老百姓聊天，一块石头，坐下来就是凳子，膝盖就是桌子，就这样在路边写东西。"战士们经常会说，我们是来保卫党中央、保卫毛主席，但毛主席告诉我们，不要保卫我，你们是来保卫陕北人民的。"

一个多月的时间，荒野开成了平原，战士们与当地老百姓一起，在地上播种，就如同种下了希望的种子，寄托着美好的愿望。春去秋来，到了7月，麦子已经长到了半人高，麦穗子压低了头。"看到这样的成绩，我们像打了胜仗一样高兴，自给自足，自力更生，我们靠自己的双手，解决了吃饭问题。"现在想起延安精神，任来印依旧激动和感慨。

以少胜多击退胡宗南

1945年8月15日，日本宣布无条件投降，持续了多年的抗日战争正式结束。整个中国陷入了一片喜悦之中。"我们就敲着脸盆，跳舞，高声喊着：'日本投降了，日本投降了。'"任来印说。曾经的铮铮硬汉，全都高兴成了孩子。"胜利了，要回家了。"所有人的心都在期盼着新生活。

全国人民都在庆祝抗日战争胜利之时，毛泽东主席正在重庆与蒋介石谈判。重庆谈判是中国共产党和中国国民党两党就中国未来的发展前途、建设大计在重庆进行的一次历史性会谈。1945年8月29日至10月10日，经过43天谈判，国共双方达成《政府与中共代表会谈纪要》，又称《双十协定》。重庆谈判及达成的《双十协定》给中国人民带来了和平、民主、团结的希望和曙光。

可惜，好景不长。1946 年 6 月底，国民党统治集团违背全国人民迫切要求休养生息、和平建国的意愿，全面撕毁《双十协定》，胜利的喜悦被国民党打破，也打破了像任来印这样战士的回家梦，一场新的战斗即将展开。任来印从抗日战争走向了解放战争。

1947 年 3 月，在解放战争中，国民党对陕北、山东地区进行了重点攻击，当时胡宗南率领 20 万人的军队占领了中国共产党的中央所在地延安。“这是一个策略，大部队都撤出了延安，我们部队接到命令，要在爷台山，打击胡宗南部队。”爷台山是陕西一个不出名的小地方，后来发生了著名的爷台山战役而被人熟知，任来印就是参加爷台山战役的战士之一。

他回忆，当时爷台山驻扎着国民党的一支主力部队。“我们一个团，在这里打了一天多，把胡宗南的外围部队都打跑了，胡宗南吹嘘部队有多好，结果被我们打得落花流水。”任来印说。据史料记载，胡宗南进攻延安一事，最终成为战争史的一个笑话。本来，胡宗南共有 25 万人占领了延安，可是没承想最后被仅仅两万人的西北野战军打得落花流水，不仅延安这个地方被收了回去，还损失了不少士兵。最终胡宗南也只能灰溜溜地撤走。

从 1943 年参军到 1949 年新中国成立，任来印最好的青春年华献给了祖国，献给了拯救人民于水深火热的战斗中。为什么会有这样的勇气和觉悟？任来印现在想想，只是说：“没多想，觉得这就是应该去做的事。”他说，在抗日战争和解放战争的年代，每一位中国人民都是英雄。他们中有人默默无名，有人壮烈牺牲，但是都有着同一个坚定的信仰：解放全中国。

“敌人只能砍下我们的头颅，决不能动摇我们的信仰。因为我们信仰的主义，乃是宇宙的真理。为着共产主义牺牲，为着苏维埃流血，那是我们十分情愿的啊。”1935 年 8 月，方志敏在就义之前的慷慨陈词诠释了一个时代的精神。像任来印这样的战士，心中有信仰，全身就有力量。

文 / 魏昕悦

人·物·简·介

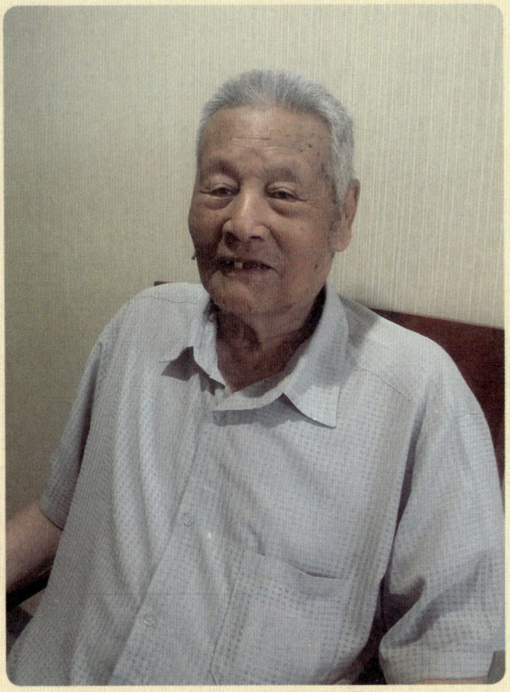

李平芳，91岁，曾就职于外交部招待所、新疆哈密地区卫生局，参加过抗日战争、解放战争、抗美援朝等。李平芳是东北抗日联军的战士，这支部队也是后来解放战争时期著名的第四野战军。1944年，穿上了军装，扛上了机枪，李平芳开启了他历时六年南征北战的岁月。在战场上，人高马大的李平芳曾背起受伤的战友，一路躲避着枪炮到达了安全地带，救了战友的命。他曾跟着部队从东北三省开始一路南下，征战北京、天津、武汉、长沙、广西、广东、海南岛。新中国成立后，李平芳成为外交部招待所的一名工作人员，曾经亲眼见过毛主席等中央领导。1955年，新疆刚刚解放，一切百废待兴，急需建设，李平芳被调到新疆卫生系统工作，一直到离休。

李平芳

带着四枚手榴弹八发子弹去战斗

91 岁的李平芳跟老伴儿住在燕达金色年华健康养护中心的一间套房里，两个房间之间隔着一道玻璃门，每天早上，谁先起床谁就先打开这道门，开启他们一天的养老生活。因为二老的年纪都已经很大了，儿女为他们配备了一名护工，护工负责端饭、洗衣、洗浴、提醒吃药等日常生活起居工作。每次护工伸手要帮，李平芳总是摆摆手，“我自己来，这点小事算什么，想当年，我带着四枚手榴弹、八发子弹、一把刺刀就去革命了……”每次说到这里，李平芳的目光就会转向摆放在电视柜上的那个相框，手不自觉地指向相框里的那张照片。照片上，白发苍苍的李平芳端坐在沙发上，脖子上，挂着一个闪着亮光的金色奖牌，左胸前，挂着几枚珍贵的奖章。这些奖章，是他革命岁月的记录，更是他一生的荣耀。

16 岁偷偷离家去当八路军

李平芳是山东泰安人，他这一生，从南到北辗转过无数地方，后来在新疆还工作生活了 30 多年，但始终乡音未改，说话依然还是一口地道的山东音。在抗日战争时期，山东泰安是非常活跃的抗日根据地，基层抗日民主政权和工、农、青、妇、儿各抗日群众团体普遍建立，主力部队和地方武装不断壮大，群众抗战热情持续高涨，年少的李平芳也在其中。

当时，日本鬼子在村外驻扎，隔三岔五就进村扫荡，少则几个人，多则几十人，杀人、放火、掳掠食物。李平芳也曾受到过日本人的欺负。有一段时间，日本鬼子在村子附近建碉堡，抓走了村里好多大人小孩当壮丁，李平芳也跟着大人一块去了。“当时也不知道为啥，日本人拿着这么粗的棍子，上来就朝我们几个小孩儿的脑袋上连敲了三棍子，当时就感觉晕头转向的。”李平芳用手比画了一下，棍子大约有小孩儿胳膊粗细，“幸亏当时戴了草帽，那草帽还真起作用了，要不然我当时真的就完蛋了。”

日本鬼子的劣行让李平芳从小就对他们恨之入骨，他当时已经听说过八路军了，知道那是老百姓的兵，打日本人的，所以对八路军无比崇拜，对这支队伍更是无比向往。在当时的山东泰安，人民抗日情绪高涨，村子里，能当兵的都去当兵了，李平芳还小，还当不了兵，于是他就跑去申请参加了儿童团。他很机灵，也听大人话，经常帮着大人们送个信、放个哨，为大人们做掩护。“才不像电影上演得那么惊险呢。”李平芳说，他“执行任务”的时候，大多是假装和小伙伴在村口玩耍，玩的时候话也不多，边玩边查看四周，随时提防着日本鬼子的行迹，一见情况不对劲，撒腿就跑，第一时间通知屋里开会的大人从后门撤离。

随着年龄的增长，李平芳从儿童团团员变成了少先队队员，后来又加入了青年团当上了团员，从小一直协助上级组织开展革命工作，这也为他后来参加革命奠定了坚实的思想基础。李平芳记得，为了躲避日本鬼子的骚扰，村民合力在村子四周筑起 1 米多厚、5 米多高的土夯围墙，围墙很厚，一般的枪弹根本穿不透。村民自己组成自卫队，拿着从敌人手里夺来的少量钢枪和土炮，一起守卫村子的安全。作为儿童团成员的李平芳也曾经加入其中，跟着大人们爬上土夯围墙，站在墙上巡逻，站岗放哨，十分威风和自豪。

直到1944年的一天，李平芳听说隔壁村来了八路军，他无比兴奋，甚至想赶紧“飞”去看看八路军长什么样，可他又担心家人不让他去。原来，李平芳的父母是当地最普通的农民，父亲是一个聋子，姐姐已经出嫁，家里只有他和弟弟。但是，打败日本鬼子、一心向往革命的李平芳还是难耐内心的激动，决定追随八路军。在一个天还没亮的早晨，他简单收拾一下行囊，踏着月色离开了家。徒步走了4公里路到了隔壁村，李平芳一路询问，最后找到了八路军的驻地，让他更兴奋的是，当时八路军正在征兵，他毫不犹豫地就排队报名了。

当上八路军的第三天，李平芳领到了一支套筒子枪、八发子弹、四枚手榴弹、一把刺刀，然后就跟着部队出发了，离开他生活了18年的山东泰安老家。他离开的时候，嘴里还唱着当时最流行的《参军光荣》歌：“八路军来独立营，谁参加来谁光荣。骑着马儿披着红，你看光荣不光荣，杀鬼子、当英雄，为国立功真光荣，快来参加独立营……”直到今天，李平芳还能记得这首歌的全部歌词。

六年部队生涯　从北到南征战沙场

李平芳当时所在的部队叫东北抗日联军，也是后来解放战争时期著名的第四野战军。1944年，穿上了军装，扛上了机枪，李平芳开启了他历时六年南征北战的岁月。李平芳参军后的第一场战役，就是在山东附近的一个战场上，“那场战斗好多战友都牺牲了，我真的是命大，要不然我可能也就不会坐在这跟你聊天了。”因为时间太久远了，李平芳对那场战斗的印象已经不深了，他只记得战役是在山林里打的，跟他一起从老家出来当兵的一个哥哥也在同一场战斗当中。“他受伤了，这儿挨了一枪，这儿也挨了一枪。”李平芳对这个场景倒是印象深刻，这位哥哥的肩膀和大腿上各被打中了一枪，身上淌着血，但神智还比较清醒。在一片混乱的战场上，根本找不到卫生员，更别提担架、止血绷带了。这位哥哥正巧看见了李平芳，用虚弱的声音对着李平芳说：“小李子，赶快把我背下去。”人高马大的李平芳啥也顾不上，慌忙地背起战友，一路躲避着枪炮到达了安全地带，救了战友的命。从1944年到1950年，在这六年的时间里，李平芳跟着部队，参加了抗日战争、解放战争；在这六年的时间里，李平芳跟着部队，从东北三省开始 一路南下，征战北京、天津、武汉、长沙、广西、广东、海南岛；在这六年的时间里，李平芳跟着部队，身份由东北抗日联军的八路军变身成了第四野战军的解放军，再到后来的抗美援朝志愿军。虽然这六年用简简单单的几句话就能概括，但这其中的磨难和吃过的苦，只有经历过战斗的人才最清楚。

李平芳说，身在战场的时候，面对枪林弹雨，根本顾不上害怕，心里一心想的只有战斗。“有的战士身上受了伤，自己流着血都不知道，还在往前冲，就是靠着一心要取得胜利的精神支撑着的。”征战东北的日子里，本来李平芳所在的部队要在沈阳与国民党兵展开战斗。当年，在部队中流传着这样的顺口溜：“吃菜要吃白菜心，打仗要打新一军”；“吃菜要吃白菜心，打仗专打新六军”。新一军和新六军是国民党五大主力中的两个，都基本驻守在沈阳，装备精良，作战凶悍，士兵素质高，并且经历过与日军战斗的实战磨炼，因此战斗力很强。

但一开始，解放军曾一度不是新一军和新六军对手。“国民党兵占领了沈阳，我们就没进去，一直在外围兜圈子。”当时，解放军的条件非常艰苦，平常只能吃到高粱米、酸菜、粉条等简单的食物，睡觉也没有驻地和帐篷，就是随便找个隐蔽的地方眯一觉。战士们更没有衣服可以换洗，一年不洗澡是经常的事儿，身上的虱子一抓就是一把，浑身痒痒也没有办法。直到后来到了南方，遇到小溪或者河流，看着没什么人，就赶紧冲进去洗一洗。

从北到南再到北，在行军的路上，战士们时而坐车，时而步行，但绝大多数都是以步行为主，李平芳到了晚年依然喜欢走路，和当年大量的行军锻炼是分不开的。“那时候一天能走百十里路，一整天都在不停地走路。”

李平芳记得，有一次部队派他去执行任务，来回一共走了75公里，没有带水和干粮，在路边看到有小溪就蹲下捧着喝两口。

六年间，凭着自己的聪明才干和吃苦耐劳，李平芳从一个普通的通信兵，最后成为一位他所在师部的政治部主任的警卫员，这位首长成了日后改变李平芳命运的人。

短暂外交部工作经历　曾亲眼见过毛主席

1950年的一天，这位首长突然找到李平芳，问他愿不愿意跟着他去北京，到外交部去工作。“嘿，我当然愿意啦，调到北京当然好。”新中国刚刚成立，每个人都有新气象，这位首长给李平芳打开了一条新前景。很快，一纸调令到来，李平芳就从部队转到了地方，成为外交部招待所的一名工作人员。

新中国成立后，外交部指定的招待所在位于北京东交民巷附近的华风宾馆。这是一座历史悠久，闻名海内外的饭店，这座饭店修建于1905年，当时是日、美、英、法、德、俄六国集资合办，因此取名为六国饭店。新中国成立前，这里是当时北京最高的洋楼之一，饭店主要有各国公使、官员及上层人士在此住宿、餐饮、娱乐，形成达官贵人的聚会场所。1949年北平解放，中国人民解放军入城时，曾在六国饭店面前通过。这是一幢富有历史意义的建筑，新中国成立后，因为这里豪华的装修以及设施，成为外交部的指定招待所，用来接待来访的高级外宾，可惜20世纪80年代发生了一场大火，烧毁了整个招待所，后来这里被改扩建为现在的华风宾馆。

李平芳在外交部招待所主要负责接待，如果有大使从国外回来，他就要安排车辆将大使接来，安顿住宿，如果大使马上出国，他也要负责联系好车辆送到飞机场。在这些迎来送往当中，李平芳也见到了不少大人物，甚至还有机会亲眼见到了毛主席。有一次，他负责接待一位大使，这位大使归国之后，在招待所稍作调整，就要马上去中南海办事了。李平芳立刻帮他联系好车辆，并陪同他一起进入了中南海。第一次走进中南海的李平芳兴奋得不得了，但是他又不敢乱跑，一直站在大使的身后，直到最后，毛主席亲自出来接见大使，站在旁边的李平芳有幸见到了毛主席本人。

在外交部工作了几年之后，李平芳还差点去了印度尼西亚工作。当年，外交部计划派十几名工作人员常驻印度尼西亚，其中包括李平芳。从中国到印度尼西亚的路程很长，经过了很长时间的乘车和坐船，本来李平芳一行人都已经到了新加坡，眼看就要到达印度尼西亚了，结果对方突然变卦，不同意中国派人入驻。最后，李平芳还没来得及下船，就又掉头坐着船回来了。

虽然没去成印度尼西亚，李平芳的老首长却给他带来了一个好消息。有一次，这位老首长特意把李平芳叫了过去，递给他一个兜子。李平芳打开一看，哇，里面全是闪着亮光的奖牌和奖章。原来，新中国成立后，这位老首长一直跟部队有联系，国家为每一位参加过战争，为祖国的和平做出过贡献的军人都制作了奖章。但当时李平芳已经从部队转到了地方，无法获知部队发奖章的信息，好在这位老首长帮他一次性把所有的奖章都领了回来。否则，李平芳那六年的征战岁月就不知道用什么来证明了。

新疆哈密　一去就是 37 年

在外交部工作的同时，李平芳还参加了文化补习学校。原来，新中国成立后，共产党和政府十分重视对干部的科学文化教育，开办了不少文化补习学校，开展语文、数学、自然、历史等基础知识课程，帮助干部摘掉文盲帽子。从小就参加了革命的李平芳没上过几天学，于是被组织安排上了文化补习学校。半年后，1955 年，文化补习学校毕业的时候，李平芳又接到了一纸调令，到新疆支援工作。

那时候的新疆刚刚解放，新疆维吾尔自治区刚刚成立，当地一切百废待兴，急需建设。李平芳当时所在的文化补习学校的同学大都是新中国成立前参加革命时首长们的警卫员，是一批政治过硬、能力不错的年轻人，这纸调令不仅仅调走了李平芳，上级把整个文化补习学校都调去了新疆。“就连老师、食堂的大师傅，都一块给调了过去。”

李平芳那时候就意识到了，新疆的建设实在是太需要支援了。当时，国家采取一系列措施，给新疆以强力支持：一批批知识分子和复转军人，源源不断地充实到新疆各行各业；一批批教学科研人才，充实到新疆的高校和科研队伍中；一批批来自四川、安徽、河南等地农村青壮年，充实农业生产一线……李平芳被分派到了新疆哈密地区的医疗领域。

新中国成立时，新疆只有54个医疗机构，600多张病床，医生非常的少，农牧民缺医少药的情况比较严重。李平芳就听说，有人从内地被分配到了新疆，连坐几天车到了新疆之后，带着领导给他的1900元钱在当地买了药品，就搞起了医务所，可见当时的医疗机构是极度缺乏的。

当时的医疗设备也是极度匮乏，当地最先进的医疗设备就是一台进口250毫安X光机和5架普通显微镜，仅能诊治一般疾病。卫生防疫更是无人问津，环境卫生状况恶劣，多种传染病、地方病肆虐流行。农牧民求医无门，生老病死听天由命，孕产妇备受封建迷信和旧法接生的折磨。婴幼儿死亡率高达400‰—600‰，人口平均期望寿命不到30岁。

虽然是被调到如此艰苦的地方，但李平芳还是决心要好好干一场，尽自己最大的能力，去帮助新疆当地人搞好医疗卫生工作。从北京去了新疆，人生地不熟，饮食习惯和宗教信仰完全不同，李平芳一开始非常不习惯。但是他发现，只要尊重对方的习俗，少数民族的同志还是非常好打交道的。

李平芳在哈密地区的医疗卫生领域开展工作的37年里，目睹了当地的医疗卫生事业一步步发展的全过程，他说，当地医疗卫生事业的发展，与多年来内地源源不断地支持是密不可分的。李平芳说，他在哈密的这些年，几乎每年都有大量从全国各地到新疆支援的医务工作者，他们当中有拥有先进医学知识、先进医疗技术和崇高医德的教授、专家，也有在全国各地医疗系统从业的普通医生和护士，还有全国各地学医的大学毕业生，这些人为新疆医疗卫生事业做出了很大贡献。

李平芳说，尤其到了改革开放以后，新疆的医疗卫生事业迅猛发展。新疆维吾尔自治区及地州的一些大医院已装备了核磁共振、颅脑及全身CT、彩色多普勒超声仪、大型X线机、遥控胃肠专用X线机等现代化诊疗设备，A型、B型超声诊断仪和心电图机已在全疆医疗机构普遍使用。很多地区还建设了专科医院，一些大医院甚至已经可以施行断指再植、体外循环心内直视手术、颅内外动脉吻合术、异体肾移植等高难度手术。“除了特殊的疑难杂症，一般都在当地就医，连地州县市的病患者一般也不往乌鲁木齐跑了。”1992年，李平芳在哈密离休，他跟老伴在新疆整整工作了37年。

半辈子支援新疆建设 忽视了对家人的陪伴

1992年离休之后，李平芳决定到北京来养老，主要是因为老伴是北京人而且岳母和大女儿居住在北京，来北京能够多陪伴母亲和孩子。

李平芳与老伴的姻缘开始于他还在外交部工作的时候。一次，他的老首长想找他帮忙找保姆，李平芳阴差阳错地就找到了老伴的家里，原来当时要找的保姆是老伴的亲戚。这一找不要紧，李平芳不仅找到了保姆，还找到了那个和自己共度一生的人。1955年李平芳被调到新疆，老伴也就跟着一起到了新疆生活。

大女儿是老伴特意回北京生下的，“当时新疆太苦了，我们一合计，还是把孩子留在北京吧。”于是，大女儿出生后，就一直留在北京跟姥姥一起生活。大女儿稍微大一些的时候，李平芳曾想接她来新疆一起生活，但女儿已经适应了北京的生活，不愿意去。这样一来，我们分开了三十多年。

后来李平芳的老伴又生了一个儿子和一个女儿，这两个孩子都在新疆跟他们一起生活，但是李平芳心里，还是希望能跟大女儿多亲近亲近。所以离休之后，李平芳就提出来回到北京，弥补之前因为工作原因对亲人缺少的陪伴。

李平芳在燕达金色年华健康养护中心

李平芳说，我和老伴现在生活得很幸福，国家给了我们优厚的条件，在这样好的新时代，我们由衷地感谢党和国家对我们这些老同志的关怀。

文 / 叶晓彦

人·物·简·介

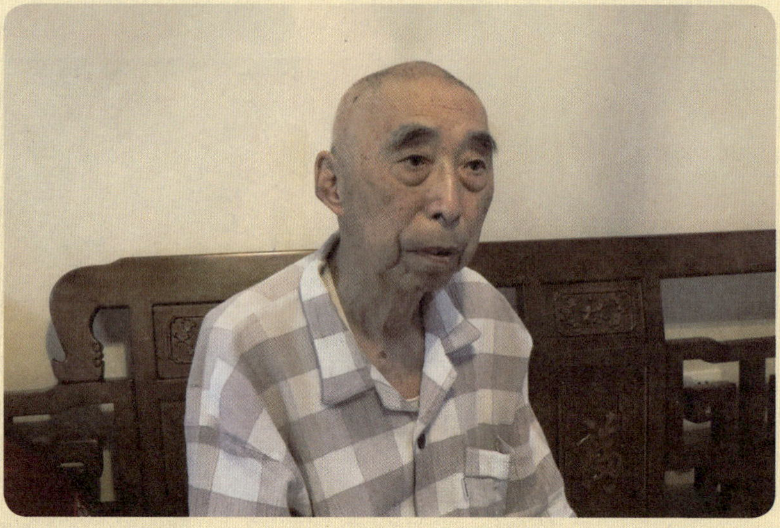

张大林，90 岁，曾就职于中国外交部。1945 年 12 月 23 日，张大林加入中国共产党，入党刚刚不到一年，就参加了辽南游击战。期间，他作为学生“侦察兵”深入敌方卧底侦查，为部队传送有利情报；张大林所在的县游击大队接到任务，牵制新六军，游击队以百人军力，制衡住国民党新六军的一个团的兵力，从 1946 年 10 月至 1947 年 10 月，国民党军队被游击队伍绊住了脚，迟迟无法北上。辽南各游击大队的出色表现，有力地配合了四保临江战役的胜利进行，从战略上，打破了东北国民党军先占南满，然后夺取北满的“先南后北，南攻北守”的战略企图，改变了东北战场的敌我态势。

张大林

辽南游击战中的张大林

抗日战争时期，东北在日军的铁蹄下，接受着奴化教育；到了解放战争时期，东北又成为国民党军队抢先攻占的区域，战火持续蔓延。岁月如梭，这段东北往事似乎被渐渐遗忘，但参加过解放战争的张大林却记忆如昨。

1929 年，出生在大连市郊区庄河县（现为庄河市，下同）的张大林，看到了东北如何被日军蹂躏，幼时的他悲愤却无力。后来他参加了解放战争游击战，经历了枪林弹雨的日子，迎来了东北的和平。“那时候我们跑着找弹坑，躲避炮弹，一旦找错了，就没命了。”如今，住进燕达金色年华健康养护中心、已经鲐背之年的张大林回忆起往事，每一个细节，如走马灯般，在脑海中闪过。

聊起东北，他就打开了话匣子，向我们细细讲述这段被人遗忘的东北往事。

“国语”是日语，中文成了“外文”

1931 年 9 月 18 日夜，在日本关东军安排下，铁道“守备队”炸毁沈阳柳条湖附近日本修筑的南满铁路路轨，并栽赃嫁祸于中国军队。日军以此为借口，炮轰沈阳北大营，这就是震惊中外的“九一八事变”。“九一八事变”

拉开了日本对华战争的序幕，次日，日军侵占沈阳，又陆续侵占了东北三省，不久东北全境沦陷。

“我上小学的时候，学的‘国语’居然是日语，中文反而成了外文。”从小，张大林就不得不接受日本的奴化教育，“明明是中国人，却要被迫学习日语。”

儿时被压迫的经历对张大林产生了深久的影响。由于日语中对于很多名词的称呼与汉语中不同。“日本人说医院，说的是病院，在东北，大家都这么说，可是1954年我到了北京后，就发现了问题。”他发现自己说“病院”会遭到讽刺，便决定把儿时形成的很多习惯性说法，改正过来。

同时，这段幼时的经历，也给张大林心中种下了革命的火花。1945年，日本宣布无条件投降，1945年12月23日，张大林正式加入了中国共产党。那时，他刚刚满16周岁。“我还是一名中学生，在国民高等学校读书。”张大林虽然没有机会亲自把蹂躏中国的日军赶出东北，却对带领全国赢得抗日战争胜利的中国共产党充满了向往。

1946年10月，他入党刚刚不到一年，国民党就从沈阳一路打下来，占领了庄河县。

1945年8月29日至10月10日，以毛泽东为首的中国共产党代表团与国民党政府代表在重庆举行谈判，经过43天的谈判，在10月10日签署《政府与中共代表会谈纪要》，即《双十协定》。不久后，国民党单方面撕毁《双十协定》，并于1946年6月向中原解放区大举进犯，发动了全国规模的反革命内战。

至今，张大林都清楚地记得，庄河县沦陷的日子为1946年10月23日。“来到东北的是国民党的新一军、新六军，是从缅甸回来的远征军。”张大林说，“除了人是中国人，武器装备、衣服，吃的罐头，全都是美式。占领我们庄河县的是新六军的一个团。”

17 岁的学生"侦察兵"

国民党占领东北后，为了与之抗衡，东北地区开始了轰轰烈烈地游击战争。作为一名共产党员，张大林自然就成了一名游击战士，同时，他还是个会乔装打扮的"侦察兵"。

县城被国民党占领后，县游击大队就撤回了山中。张大林还是国高的一名学生，国民党不会对学生设防，于是，他就成了最适合侦查情报的人选。第一次当起卧底，张大林一点也不紧张，他慢悠悠地走在长岭村附近，在国民党正规军行军路旁观看。"就看最高长官的军衔，判断部队的规模，是团还是营。"张大林说，"上校就是团，少校就是营，卫官就是连，很好判断。"

在侦查过程中，张大林被一名国民党士兵叫住了："过来。"张大林先是心中一惊，后来才明白，原来是顺手抓壮丁，要他帮忙抗炮弹箱。"太好了，我给你抗。"张大林心想，正好刺探一下情报。

张大林跟随国民党军队来到了庄河县的长岭村，刚进村，张大林就有些慌张了。"一进村口，我就远远望见了我中学的同学，他知道我是共产党啊。"张大林紧张了，放下炮弹箱，赶紧跑了。

适时，国民党在占领东北后，就派兵到各个区、县、乡围捕中共党员，试图瓦解中共在东北的组织力量。而中共则在敌后发起了大规模的游击战争，粉碎了国民党的阴谋。"我就带着情报回去了，然后游击战争就开始了，整整打了一年。"张大林回忆，他们做的第一件事就是把沿途公路全都破坏掉，减缓国民党的行军速度，随后就在山中，不断扰乱敌军后方，使其不能再继续往北满进军。

拽住敌军北上的"尾巴"

东北解放战争时期，南满根据地的辽南游击队赫赫有名，而张大林所在的县游击队就是辽南游击队旗下的一支小队，主要在庄河县附近打游击作战。

庄河县临海，再往里走是丘陵，再往北走就是高山。“我们从县城撤入了高山，利用山势险要，建设了自己的根据地。”张大林说，县游击队的队长是县长，队员都是本地人，对周边环境十分熟悉。“我们就变着法子去扰乱国民党军队。”

一年的游击战争，如果按枪响就算一次战斗的话，张大林曾经算了一下，大概有 34 次战斗，而其中有 5 次，张大林遭遇了生命危险。“这个危险到什么程度呢？”张大林回忆起其中一次被国民党军队围困在山沟里，敌方人多、武器装备精良，而我方在人员和武器上都远远落后，不突围出去就等于死亡。

“但是你得突围，不突围就会被俘虏，不能被俘虏。”张大林记得，他们看到了山沟旁边的玉米地，玉米已经长到半米高。“冲过玉米地，敌军就抓不到我们了，可是玉米地离山沟还有一两百米呢。”

玉米地是游击队员唯一的出路。“我们就只有往前冲，敌人就在后面朝我们开枪。”张大林说，当时没想过自己能活下来，看到身边的战友一个个倒下，不敢回头，只能往前跑。“跑到玉米地，就过关了。类似这种情况还有五六次呢。”

战争也不全是惊心动魄的故事，也有我们意想不到的事发生，两军对骂一整天。国民党军队为了打击游击大队，追踪到山里来，于是演变成我军和敌军各占一个山头的局面。“庄河县的山很奇怪，国民党占那个山头，我们占这个山头，相互对骂能听得见。”

国民党军队来到山中的目的是为了打击县游击大队，可是进山了，就再也不敢往前走了。“他们就躲在山头，不敢下来，下来我们就打他。”听张大林描述这段故事，仿佛看到了两个孩子在吵架。他说，那时候，每天上午十点左右，国民党军队就来了，然后两个山头的人就开始对骂，也不开枪打仗。到了下午三四点，天刚摸黑，国民党军队就撤退了，第二天又接着回来了。

“我们人少，打不退国民党正规军，但是也不能撤退。”张大林所在的县游击大队接到任务，牵制新六军，绝对不能让他们撤离庄河县。从 1946 年 10 月至 1947 年 10 月，国民党的军队被游击队伍绊住了脚，迟迟无法北上。

1947 年 4 月，张大林和战友摄于辽南根据地

据史学家分析，东北解放战争时期，南满根据地的辽南游击队，进行了艰苦卓绝的游击战，有效地消灭、牵制了国民党军队，有力地配合了四保临江战役的胜利进行。从战略上，打破了东北国民党军先占南满，然后夺取北满的“先南后北，南攻北守”的战略企图，改变了东北战场的敌我态势，巩固并发展了南满根据地，对东北民主联军转入战略进攻，进而夺取整个东北起到了重要作用。在当时，陈云前往辽东时，曾经形象地描述：国民党就像一头牛，它的头在长春，马上就要占领哈尔滨，而南满根据地的军民却狠狠

地拽住了这头牛的“牛尾巴”。

跑来跑去躲炮弹

要拽住“牛尾巴”一点也不轻松。国民党新六军的一个团的兵力大约有3000人，而一个县游击大队的人手不过百人，在武器装备上也不占优势。新六军刚刚占领庄河县时，就开始对山里的游击队伍“狂轰滥炸”，企图一举消灭后顾之忧。

“国民党的作战策略是美国人培养的，他们开炮的规律早就被我们发现了。咣、咣、咣。”张大林比画了一个三角，“就是这样，三角的打炮方式，而且打过的位置，不会重复开炮。”游击队伍的战士们了解到轰炸规律后，就开始了“跑来跑去躲炮弹”的游戏。

“咣、咣、咣……”张大林有节奏地重复着声音，似乎又回到了那个年代。国民党用这样的方式，不断轰炸，而此时游击队员们就开始寻找已经轰炸过的炮坑，顺着炮坑奔跑，躲开炮弹的伤害。“不能瞎跑，否则就会碰上炮弹的行走轨迹。”

那时，刚好是冬天。一次，他们在刚刚刨过一茬玉米的地里，遭到了敌军的轰炸。张大林在奔跑卧倒时，一脚踩在了地里残留的玉米根茎上。冬天被冻成“铁棒”硬度的玉米根茎刺穿了他的脚背。

在东北，把玉米茎部以上拿镰刀砍掉后，留下根部在地中，让其自然风干，等来年春天当柴火烧。“我们管地里那个叫玉米碴子，冬天气温一低，上冻，它就硬邦邦的。”张大林回忆，当时根本没有意识到自己的脚受伤了，一心只想着躲避炮弹，等到轰炸结束，他才突然发现满脚是血，三个脚指头失去了知觉。

“意识到受伤的时候，脚已经不能下地了，回忆一下，应该是被玉米碴子戳穿了。”两个人搀扶着张大林，来到了村里的卫生室，处理伤口。

但由于血液凝固，鞋子已经和脚皮连在一起，无法脱下。卫生员拿剪刀将鞋从中间剪开，才能给张大林处理伤口。如今看张大林的脚部，中间三个脚趾能看到一条很深的伤疤，“走路久了，到了冬天，还会疼”。

张大林轻描淡写地描述着这段故事。伤口处理好后，张大林的鞋已经被剪成两半，不能穿了，可是，张大林只有这一双鞋。“卫生员聪明，又给我缝了起来。我又有鞋穿了，又能上阵杀敌了。”

“雪花配玉米饼”充饥的日子

小米加步枪，是人们对最早八路军武器装备的认知。张大林参加游击战的时候，用的就是日本造的七九步枪，他现在还记得“枪座是粉色的”。“十字交叉，这边一排子弹带，这边一排粮食袋，背上一把七九步枪，就去打游击了。”与武器同样简陋的是衣食。整个冬天，游击队员只有一套御寒衣物：棉大衣、棉裤、胶底棉鞋、棉帽子。饿了，就拿玉米饼子充饥；满地的雪花，就是游击队员宝贵的“饮用水”。

东北的冬天，气温可降至零下几十度，放在粮食袋的玉米饼子早已被冻成了“冰块”。“啃一下，咬不动，就放在口里哈哈气，再咬，然后抓一把雪花，一起咽下去。”张大林说，为了活下去，当时也只能这样了。

一件棉大衣、棉裤、棉鞋穿一个冬季，到了春夏，就叠成了“大衣包”，用于行军途中休息，准备明年再穿。“唉，”张大林叹口气，“八路军的老兵真是聪明，大衣包很有讲究的，当时我们这些学生兵，都不会叠。”

老兵开始教学生兵怎么叠大衣包，慢慢地，张大林也学会了，但却始终没学会一件事：系一个漂亮的绑腿。绑腿又称护腿，是一种腿部防护措施，主要作用是保护腿部，可在行军过程中减少腿部受伤可能性，也可以防治长时间行军腿部充血。当时老兵漂亮熟练的绑腿方式，让张大林印象深刻。“绑好了还有一个花，很好看，我始终没学会。”张大林说，“你看当时，我们学生兵真是无能啊。”

衔枚疾走穿越封锁线

1946 年 10 月，游击战争开始。到 1947 年 6 月，国民党正规军就撤离了。在国民党正规军撤离之前，游击大队就接到了命令，要偷偷穿越国民党的封锁线，撤离到苏联军队在海岸设立的岗哨的村子附近。

第二次世界大战后期，斯大林确定了战后苏联在远东的两个战略目标：把外蒙古从中国的版图中独立出来，形成广阔的安全地带；恢复沙皇俄国在中国东北的势力范围，以确保苏联在太平洋的出海口和不冻港。为了迫使中国国民党政府接受苏联的条件，美国和苏联两面夹击，软硬兼施。在苏联红军已经大举进入中国东北之后，蒋介石终于被迫同意签订了这个城下之盟，于 1945 年 8 月在莫斯科签订的不平等的《中苏友好同盟条约》。苏联军队占领大连时，从大连东海岸到西海岸，每隔 200 到 300 米，就设立了一个岗亭，这些岗亭也成了最好的庇护所。“国民党军队不敢对岗亭区域内开枪，只能在离岗四五里地的区域建设碉堡。我们要利用一夜的时间，突破封锁线，进入‘岗边’。”张大林说，在岗边，有四五个相对安全的村子，而部队的任务就是安全到达那里。

从张大林队伍所在的区域到岗边，还有几里路，当行进至靠近封锁线区域时，“突围计划”被国民党发现了。“国民党不出碉堡，就整夜放照明弹，朝外面打枪。”

最终的突围时间定在了新年第一天，阖家欢乐的时刻。村子里的老乡们给战士们准备了饺子，但没有一个战士吃。“老乡们也都困难，一年到头，也就这时候能吃一顿好的，部队下了命令，所有人都不准吃老乡的饺子。”战士们在“突围计划”开始前，一人一小碗棒渣粥，六七个人依偎在一个小炕上，靠着墙睡了一会儿，天黑之后，开始向敌人的碉堡出发。“出发前，团长讲话，谁也不准出声，谁也不准点火，谁要出声，谁要是有亮光，就以叛徒论处。一定要在今天穿越封锁线。”张大林说，突围时，部队要求每个战士口中含着一个木棍，称之为“衔枚疾走”。

东北有一个习俗，叫“发纸”。新年第一天的凌晨，人们焚香烧纸祭天祭祖。大部队刚刚靠近敌人碉堡，突然火光冲天，四周的老百姓都开始“发纸”了，加上敌人抛出了照明弹，黑夜瞬间变成了白天。大部队一点也不恋战，国民党朝部队开枪也不回击，就是一路往前跑。“照明弹让敌人看到了我们，其实也为我们照亮了前行的路，我们就这样，扛着敌人的子弹，穿过了封锁线，进入了岗边的村子。”

到了6月，国民党正规军撤退了，各个游击小队回到了各自的县城里。“在一个路口，跟隔壁岫岩县的游击队分开时，发现他们的队伍就只剩七八个人了。”张大林说，这支队伍出县城的时候有150多人，期间有叛逃的，有牺牲的。“意志不坚定，就跟不上。”

1947年4月，张大林和战友摄于辽南根据地

国民党正规军撤退后，也为庄河县留下了一个隐患：土匪出身的王宝绪。王宝绪的存在，将庄河县的游击战争拉长到 1947 年 10 月。“前八个月我们在山里，跟国民党打游击；后四个月，国民党进山了，跟我们打游击。”

王宝绪的家族是世代土匪，从清朝时起，就喜欢占山为王。他常年拥有自己的武装力量，喜欢把武器装在棺材里，埋在东北的乱葬岗之中，等需要时就取出来使用。起初，王宝绪是县参议会的参议长，但国民党占领庄河县时，他投靠了国民党，并帮助国民党打击共产党。国民党正规军撤退后，他集结了四五十个曾经的属下，退回山中，与县城里的游击大队经常发生武装冲突。

从 1947 年 7 月开始，全国范围的解放战争已经由战略防御阶段转入到战略进攻阶段，连续进行了辽沈、淮海、平津三大战役，将战争引向广大国民党统治区，基本上消灭了国民党军主力。“王宝绪其实早就知道，国民党必败，但一直到 10 月，都在后方抵抗、扰乱。”张大林和县游击大队的战士们多次让王宝绪吃到了苦头，到 1947 年 10 月，彻底拔除了这块后方的“毒瘤”。

游击战中的救命恩人

张大林参加游击战时，只有 18 岁。由于年龄小，部队安排了一个年龄相对大点的战士陪同张大林。“这个人叫王明玉，25 岁，不仅照顾我，还是我的救命恩人。”

游击战行军时，王明玉就跟在张大林后边。他的枪背不动，王明玉就替他背；日夜行军，张大林走着走着就困了，王明玉就在背后提醒他。“他就拿枪把戳我一下，不然我就掉队了。”

最危险的一次是冬季在山顶行军，张大林在山顶回望普兰店车站，看到了熟悉的红房顶，一瞬间就走了神。这时候，王明玉突然狠狠拽了他一把，他回过神，低头一看，脚下有一根麻绳，而麻绳旁边就是地雷。“那时候国民党军队在山上埋地雷，为了防止看不见，就把埋好的地雷用麻绳穿起来。”

现在想起来，张大林依旧心惊，再往前一步，不仅张大林会牺牲，就连整个小队伍都要埋葬在这雪山之中。等穿过大山后，张大林便一屁股坐到了地上，一步也走不动了。

新中国成立后，张大林回庄河县，遇见了王明玉。这时候，他深深地向王明玉鞠了一躬："谢谢你，当年没有你的话，我打游击是打不成的。"

文 / 魏昕悦

科学兴国

人·物·简·介

张全，92 岁，曾任职于原水电部，退休后曾担任二滩水电开发有限责任公司董事长。张全为国家水电事业奉献终身，曾先后参加安徽佛子岭水库截流、梅山水库施工组织设计工作，以及 1954 年长江大洪水、安徽无为段的防汛工作，创造性提出电力人防工作“十五字方针”。还曾支援三线建设，奋战陕西石泉水电站、四川二滩水电站等多项重要工程，曾直接向时任国务院副总理的朱镕基汇报工作。在其兢兢业业的一生中，张全对我国水电站的管理、建设等工作提出了诸多重要建议。对于他的突出贡献，国家给予他相应的评价和鼓励，从 1994 年起享受政府特殊津贴，1999 年被中央组织部评为全国离休干部先进个人。

张全

攻坚克难　改革创新
开发水电　奉献毕生

张全在回忆录的封面上写道：“往事并不如烟，这些所见所闻，所思所干，它不仅反映了我人生的主要历程，同时也从一个侧面彰显了这个急剧变革的伟大时代。我这一生，无不打上了时代的烙印。”正是这样的一群人在默默奉献着，一点点铸就了共和国的辉煌。

军阀混战　孤苦伶仃过童年

1927 年 12 月 28 日，张全出生于四川南充的一个普通家庭。“1 岁丧母，继母又连生 6 个弟妹，人多钱少，难以照顾，一个冬天，连脚都不洗，臭气熏天，冬天尿裤子，冷的发颤，无人管照，吃饭夹菜，还要看继母的脸色行事，不堪忍耐，离家出走，衣食无着，找到原来的奶母，她劝我万般忍让，自立自强，领我回家跪地求饶，得到原谅。没有享受到大爱无边的母爱，有了自立自强意识的萌芽。”张全说。

当时的社会，军阀混战，社会混乱，苛捐杂税很多，据 1935 年 3 月 26 日，

《大公报》报道四川南充农民，一年要交八年的田赋，在民国二十二年时，南充已经把至民国三十年的粮食提前征收完，再加上连年天旱，人民生活在水深火热之中，民不聊生，不堪重负，人心思变。

救亡图存 振兴民族 大力搞抗日宣传

张全10岁由私塾进城上学堂，学习成绩优良，家庭着重培养，考上四川省立南充中学，校园环境优美，学习气氛浓厚，正如校歌所唱的那样："莲池泠泠，嘉陵汤汤，清泉右绕，舞凤左翔，巍巍我校在水云乡，硕士学子汇聚一堂，教学不倦相扶将，亲爱精诚道日彰，莲池乃忠义之邦，敢奋兴起图自强，自强，自强，自强不息，前途无疆，无疆，无疆，为诚为勇为民族争荣光。"70多年过去了，至今他还能哼能唱，其影响之深不难想象。

可是好景不长。"我初二年级的一个星期天，南充被日本飞机狂轰滥炸，三天大火烧了半个城，这座闻名遐迩的'丝绸之乡'，也是盛产柑橘的'果城'毁于一旦。我们同班的四位同学，本来家财万贯，结果顷刻之间，连人带产全部毁完，现实的悲惨，激起了好多人救亡图存，毁家纾难的情怀。"

2012年1月张全摄于北京

当时正在全面抗战时期，华北华东大片国土沦陷，大批知识青年涌入四川，到学校当了教员，他们以流离奔波，亡国奴的亲身感受，在课余时间，组织各种抗日宣传队，宣传救亡图存，振兴民族。这边的讲演队，站在茶馆的凳子上，慷慨激昂地讲："日本帝国主义掠夺我国领土，肆意残杀无辜平民，抢夺财物奸淫妇女，虐待儿童，实行残忍的三光政策……”有时直讲得声嘶力竭，声泪俱下，十分动人。那边的歌咏队在唱：“工农兵学商一起来救亡，拿起我们的铁锤刀枪，走出工厂田庄课堂，到前线去吧！走上民族解放的战场，脚步合着脚步。肩膀并着肩膀，我们的队伍广大强壮。全世界被压迫兄弟的斗争都朝着一个方向，千万人的呼声，高呼着反抗，千万人的歌声，为争取民族解放而歌唱，要收复失地，打倒日本帝国主义！”接着，啦啦队也呼吁道：“有钱出钱，有力出力，抗日救亡，在所不惜。”由于张全声音洪亮，口齿清楚，胆大心细，能讲会唱，中小学校都是宣传骨干，既锻炼了自己的演讲能力，又培养了自己的爱国热情。

1943 年，张全初中毕业，家道中落，无法继续学业。失学又无业，一个大男人在家白吃饭，苦闷彷徨又无奈。成天手不释卷，不是《水浒传》《三国演义》，就是看《精忠说岳》。每逢初一和十五就进城赶集，寻找就业机会，翻看民教馆的书报杂志，关心时事政治，求学之心十分迫切。幸得老师支持，任教本乡小学三年级。于是他节衣缩食，抓紧自学，积累资金，考上了新成立的育才高级职业学校，可以免交学杂费，还能学有专长，读上了水利专业，因为这是国民政府水利部托办的野外工作队伍，毕业后还能分配工作。

得道多助　坎坷复杂的求学路

1947 年 7 月，张全从育才学校毕业。“同班毕业的两位马氏兄弟是我的好友想去重庆考大学，经过身体检查，其中一位有肺结核，他们的父亲是一位思想开明的商人，怕马某一个人没有出过远门，人生地不熟，怕上当受骗，看我有点像‘穷人的孩子早当家’的味道，就让我陪他一起去重庆攻读大学，互相有个照应，我当然求之不得。”

“考试的结果，我考上了国立重庆大学，与此同时，国民政府水利部已把我的工作分配到扬子江水利委员会。”去工作还是上学？就成为张全一个较难的抉择。“同学们大多数都认为我们两个班七十多人，就你一个考上了国立重庆大学，很不容易，机会难得。而我呢？哪来的钱上学？同班的七位好友都是单身汉，由王某某好友出头，组成‘协力储蓄会’自愿资助我上学，鼓励我继续深造，再加上学校和亲戚的鼓励资助，就这样我竟然上了大学。”

1947 年夏秋之交，人民解放军从战略防御转入战略进攻，资助张全的同学们的工作地点由蒋管区换成解放区，两区之间不通邮，他的生活费也因此断了流，但求学的愿望依然充满心头，生活十分困难。

在这紧要关头，张全的一个表妹，不知从哪里得知他的处境。给他寄去几个月的生活费，张全当即回了一封长信:“感激她的鼎力相助，我将终生不忘，但一直联系不上。后来得知，她是卖掉了所有值钱的东西，把钱全部寄给了我。”她后来参了军，1952 年牺牲在抗美援朝战场。此后张全每次出差过重庆，都要去看望她的妹妹，以寄托对表妹的哀思，以及感恩之情。

1949 年秋，张全没钱交学费，进城借钱又要花路费，于是拜托进城办事的同乡兼同学侯某某替他向熟人借钱，这同乡很热心，找到在复兴面粉厂工作的老同学李某，李某二话没说慷慨解囊。“我十分感激，新中国成立后找他多次，都不知去向。”

这期间，他也曾多次自寻出路，卖过饭、挑过担、拉过纤，吃过混饭。东拉西欠，凑凑合合度过了近两年，迎来了新中国成立后的自助，圆满完成了大学学业。

通过老师们的循循善诱和谆谆教导，社会环境的磨炼和熏陶，造就了张全自立自强的性格，以及那不可磨灭的爱国情怀和敬业精神。

迎接新中国成立 参与组织波澜壮阔的“四二一”学生运动

1948 年，随着辽沈、淮海、平津三大战役的节节胜利，国民党用以发动内战的精锐部队基本被歼灭，解放战争取得决定性胜利，蒋介石被迫“引退”，两党开始国共和平谈判。

在国民党的大后方，物价飞涨，经济崩溃，民不聊生。1948 年 8 月 19 日，国民党政府实行“币制改革”，用金圆券代替旧法币。当时，国民党政府以 1 金圆券兑换 300 万法币的比价收兑法币，强迫人民把手中持有的金、银、外币兑换成金圆券，同时限制物价。从 1948 年 8 月底到 1949 年 4 月底物价指数竟上升 13 万多倍。金圆券的发行额原限定为 20 亿元，到 1949 年 5 月竟达到 679458 亿元。仅仅几个月，金圆券就同法币一样形同废纸。然而，公教人员的薪金，与 1949 年新兑换金圆券时期只增加了 12 倍。

张全回忆，当时教他们微积分课的周教授，拿的是教授的最高工资，月薪 1600 元金圆券。到 1949 年 2 月，他的薪水只够买 4 支绘图铅笔。有的教授没有办法，只好让子女辍学。在忍无可忍的情况下，教授们宣布从 1949 年 2 月 24 日起罢教，同时发出紧急呼吁，强烈要求国民党政府保障教职工的最低生活。教授们的罢教行动，立即得到了学生们的声援，他们还发表了一份致重庆各报的公开信，呼吁政府重视这一问题，并以各种形式义务募捐为教授募集生活费。

国共两党经过在北平的多次谈判，最终国民党代表团都同意共产党提出的八项和平协议，但蒋介石不同意。南京各大专院校，于 4 月 1 日，举行大游行，要求国民政府签订和平协议，国民政府武装镇压，死伤学生 120 多人，激起了全国学生的无比愤慨。重庆 30 多所公私立大中学联合成立了“重庆市学生‘四一’血案后援会”。后援会派代表到绥靖公署请愿，要求严惩南京血案的凶手，保证重庆地区不发生类似事件，但却遭到国民党政府的拒绝。随后，全市各校总罢课三天，并决定在 1949 年 4 月 21 日举行大规模游行示威。这个 1949 年 4 月 1 日，正是“百万雄师过大江”的同一天，两条战线齐努力，赢得全国解放的早日实现。

国民党当局得知情况后十分紧张，一方面他们一反常态设宴款待教育界知名人士，要他们劝阻学生游行，还派出要员前往学校游说，想让学生放弃游行；另一方面，国民党当局又颁布了特别戒严令，成立了特别军事法庭，甚至以密令的方式向全市军、警、宪、特颁发了《阻止各校学生“反动”游行实施办法》17 条。更让人意想不到的是，他们还采用血腥残暴的方式威吓学生。在沙磁区上演了一场鸣枪追捕所谓“逃犯”的丑剧，用卡车押来两个人，并把他们枪杀在重庆大学到四川教育学院之间的公路旁，以此威吓学生。同时借口“军演”，十步一岗，五里一防，部署军警布防，国民党政府决心镇压正义学生运动的嘴脸暴露无遗。

面对这样严酷的现实，重庆的广大学生迎难而上。“四二一”运动如期举行。张全回忆，当天早上，7000多名学生分别从各校向重庆大学团结广场集中，各校之间互相拉横幅以壮行色。这个学校喊：“三月里，桃花开，政府哪能这样歪？学生要吃饭，他说不应该，老师要罢课，他说故意闹，这个政府要不要？”那个学校就会对接：“民国成立三十八，除了一批大王八，国家搞得稀巴烂，民穷财尽没办法。”

上午9点，游行队伍按照既定的路线和顺序出发。“暴风雨，已来临，黑暗尽头是光明。”“手臂挽手臂，脚跟跟脚跟，此去很危险，路上要小心。”喊着这样那样的口号，游行队伍与荷枪实弹的军警擦肩而过，游行队伍从容行进。

张全说，这次“四二一”学生运动影响非常深远。学生们的英勇斗争，由反饥饿发展到争温饱，由反迫害发展到争生存，矛头直接指向国民党反动政权。这次由中共地下党领导的第二条战线上的大规模革命群众运动，不仅充分揭露了国民党政府的腐朽，策应了解放大军胜利渡江，更重要的是空前提高了蒋管区群众的政治思想觉悟，为迎接西南和平解放奠定了广泛的群众基础。而张全作为这次运动1952级的主要负责人，也在斗争中经受住了进一步的锻炼和考验，被吸收加入地下党的外围组织“民主青年联合会”。誓词是：“为共产主义奋斗终生。”

准备打仗　调查研究　创造性提出电力人防工作“十五字方针”

1952年9月，张全从重庆大学顺利毕业，由国家统一分配到中央水利部工作，任水利部工务司技术员，先后参加大伙房水库施工一年，安徽佛子岭水库截流，梅山水库施工组织设计工作，以及1954年长江大洪水，安徽无为段的防汛工作。这一系列的实际工作让张全积攒了大量的工作经验，丰富了阅历，锻炼了工作本领。

1964年9月到1965年5月，当时国家的第三个“五年计划”的方针任务调整为“备战备荒为人民”。为了适应形势的需要，中央要求以水电部为主组织各有关单位组成联合工作组，对已建成的大型水库进行深入的调查研究做出人民防空能力的技术鉴定。当时，张全参加鉴定的全过程并负责与各有关方面的联络工作。

电力工业人民防空技术鉴定的主要任务是考虑大坝承受敌人轰炸的能力有多强，用什么炸弹能够炸垮，大坝若是被炸造成溃坝后，对坝址下游有多大的影响等。从1964年9月到1965年5月，工作组对国家一些重大水库的防空能力进行了技术鉴定，同时也提出了暂时性的补救措施，从而摸清了大型水利水电工程的防空能力和应该采取的具体措施。

“技术鉴定的工作完成后，在1965年全国电力工作会议期间，当时参加会议的基建司司长朱广林让基建司的郑君衡同志带口信给我，要求我在三天之内起草一个电力工业的人防报告，上报中央。我在家苦战了两天起草了电力工业人防工作的‘十五字方针’，即‘坚决打、积极抢、分散建、重点防、适时泄’。”

张全解释，“坚决打”，是根据朝鲜战争和越南战争的经验，那时美帝国主义欺负我们缺乏防空能力，所以轰炸目标时都是低空飞行、低空轰炸，我们则抓住一切机会，用机枪和迫击炮积极射击，取得一定成效，所以首先要坚决打。

“积极抢”，战争期间要炸水电站，首先选择薄弱环节，如输变电设备等容易摧毁的关键地方，这样会导致电站不能发电，所以提出我们要事先准备好备用的输变电等易损设备，以便炸后积极抢修，尽快恢复发电。

“分散建”，则指在一个流域内最好要分散建造电站，不要一个一个挨着密集建造，避免被破坏时的连锁反应。

“重点防”，即每一个工程或工程中的每一台机组都要防范，费用太过昂贵，所以我们要挑选重点防护。

“适时泄”，就是在适当的时候把水库的水位通过各个高程的泄水孔放水，让水位降下来，如果一旦溃坝，这样可以把损失降到最小，但若是太早泄水又会发不了电，所以要掌握好火候，一定要“适时”。

会后朱司长告诉张全说：“你写的这份人防报告很有用，对你这个‘十五字方针’我们一字未改，只对阐述的内容做了少量的修改，然后就直接上报中央了。” 经彭真、李富春等领导批准，这就统一了当时国内对电力工业人防工程的一些认识，对以后的工作也起到了很大的作用。这次报告的通过也让张全对自己的专业能力有了一定的信心。

临危受命　艰苦奋斗　苦战陕西石泉水电站

1966 年，国民经济调整基本完成，国家开始执行“第三个五年计划”。当时张全担任水电部基建司水电处的副处长，经常被派往各水电工地去“抓投产”或“促生产”。1971 年，中央决定，要从中央国家机关里抽调处级以上干部 200 人，支援三线建设，也就是当时的陕南地区。

当时在水电部“青铜峡”五七干校的张全首当其冲，并限定三天之内到西安报到。这时张全一家四口兵分四处：女儿响应上山下乡号召，到云南当知青，1994 年按国家政策辗转回到北京；爱人有先天性心脏病，心力衰竭，留在北京；儿子因无人照应，只能送到四川峨眉他二姨家寄养。

紧张准备行李邮寄，背上小包，准时到西安报到，小包未放，张全就被石泉水电站军管会接到了石泉工地，担任生产指挥部唯一的副主任，主任是军代表。

张全回忆，石泉水电站的筹备工作十分艰难。水电部特意调来一位留苏的高级工程师负责筹备工作，但由于他没有施工经验，筹备期间事务繁杂，头绪众多，又要啥没啥，真是困难重重，弄得他一筹莫展。同时又面临三线建设要抓紧，要按时发电的紧迫要求。在巨大的压力下，他跳汉江自杀了。

这时石泉水电站刚刚开工，由张全临危受命，来挑这副重担。“我是石泉水电站生产建设指挥部唯一的副主任，几乎所有生产上的工作都集于我一身。”当时的张全既缺乏施工经验，更没有领导经历，其压力之大就可想而知。

更让人揪心的是，那时的生产生活条件都十分困难。建混凝土坝，每天都需要大量的“三材”——钢材、水泥、木材，在当时的那个年代，各单位的生产都不正常，根本保证不了材料的供应。就是有了材料，也一律需要从西安翻越秦岭运过来，尤其是到了冬季和雨季，材料的运输更是难上加难。秦岭一到下雪天或雨季，因山高路陡，本就难走的路面变得更难行了。生产单位停产，道路停运是经常发生的事情。但大坝浇筑混凝土不能说停就停，导致他们每天都在焦急万分的境况中度过。

生活上的困难也不少，房子没住的，做饭没烧的，食用油没供的，而水库工地的施工工作异常辛苦，露天作业，日晒雨淋，还有高空作业，工人们每天都在几十米高的大坝上连轴劳动，体力跟不上是一件要命的事情。

没有油怎么办呢？当时，他们就请些老工人回老家想法弄些猪肉来，但东西弄到后怎么运回来却成了问题，那时省与省之间对紧俏物资是不可以互相运送的。最后大家心照不宣，采取了变通处理的方法，写检查向上面交差。一到年底“检查一大摞，日子真难过”。

在困难的情况下，思想也相当混乱。有困难怎么办？在军管会的领导下，当时工地举办了“三线建设要抓紧”的学习班，引导大家分析形势，正视困难，做好革命的转化工作，使大家认识到帝国主义亡我之心不死，“三线建设要抓紧”，就是同帝国主义争时间，为“要准备打仗”做切实的准备。那种一等（等上级解决题）二喊（喊困难）三埋怨（怨上级不解决问题）的思想不是“抓紧”的思想，“争抢干”的思想才是一“抓紧”的思想。“我们一定要下定决心，不怕牺牲，排除万难，去争取胜利。”张全说。

思想认识提高了，行动也实在了。于是在工地上一个以设计革命为主要内容的“争、抢、干”热潮逐步兴起。没有房子自己盖；没有电灯蜡烛代；没有烧的扶持小煤矿；没有塑化剂，就地取材自己试生产；没有水工模型试验室，设计、科研人员自己动手自力更生，因陋就简在工地盖起了水工模型试验室，开展了试验、科研工作，密切配合了设计和施工，促进了设计革命的开展。

当时水电部早已把下属的科研院和设计院撤销了，分别下放到各水电工程局，各工程局对在建工程自行设计，自搞科研，自己施工，这对我们来说，确实是极其有利的条件，对“两个三结合”非常有好处。所谓“两个三结合”即第一是领导、技术干部和工人三结合，第二是科研、设计、施工三结合。“因为原先那些科研院和设计院的人才大都下放到我们工地。由我们统一领导，这样就可以‘人尽其才，互相补充’从而有利于建设任务的顺利完成。”

那时有专门的“设计革命办公室”负责“两个三结合”的协调工作。1971 年 9 月，在抢堵大导墙缺口，抗御汛期大洪水的战斗中，根据设计计算和水工模型试验成果，比较准确地掌握了基坑的抗洪能力。配合水情预报采取了顶住洪水的措施，战胜了当年的洪水，赢得了宝贵的施工时间。

大坝的消能方案，原设计为深消力池加护坦，经过大胆创新，边实验边设计，边研究施工工艺，是国内第一次在工程实践中采用消力戽方案，从而减少了大坝的工程量，缩短了工期，以后又将右岸坝型进行革新，由重力坝改为空腹坝，加上之前将右岸导流改为左岸导流。地下厂房改为坝后式厂房，以及降低导流标准，改变洪水计算，大坝浮托力计算，稳定计算等一系列设计改革措施，使大坝混凝土量由原来的 66 万立方米消减到 40 万立方米以内，大大减少了 1/3 的工程量，节约了投资，争取了工期。

遗憾的是张全未等到石泉正式发电，就接到老伴因为心力衰竭病危的正式通知，赶回北京看望，之后调回了北京。

1973 年，石泉水电站按时发电，为三线建设的电力支撑，做出了重要贡献，被评为优质工程。

西电东送 改革创新 奋战二滩水电站

二滩水电站位于四川省攀枝花市，是世界银行在全世界贷款款项最大的单项工程，于1991年9月正式开工，已超期服役的张全被聘任为二滩水电开发有限责任公司董事长。

四川二滩水电站

1996年10月，国务院副总理朱镕基视察二滩工程，张全曾向他汇报："要建成二滩工程，要过四大关。第一关是土建关，二滩混凝土拱坝是当时国内最高坝，是世界上同类型的第三高坝，它的地下厂房的洞室群其规模是亚洲第一，所以施工难度很大。第二关是机电关，二滩的装机容量是330万千瓦，单机容量是55万千瓦，六台机组。55万千瓦，是国内最大的机组，从机组制造、安装、运行上都要求有相当高的水平。第三个难关是移民，二滩移民的数量较之国内其他水电站不算多，只有4万多人，但它的安置方法跟其他水电站不完全相同，二滩绝大多数移民是靠集中成片开发出大片荒地来解决，这样就使得移民的难度加大了许多。第四个是输送电工程，二滩的送电工程是由500千伏直流输电送出，线路长达2000多公里，国内目前已经建成的葛沪直流，也就是葛洲坝到上海的直流是1000多公里，而二滩却是2000多公里，同时还要翻越一些冰冻区，所以难度比较大。”当时，张全简要地向朱镕基副总理汇报了二滩工程的艰巨性。

在二滩水电工程的整个建设期间，中国的经济体制正发生深刻变化，从传统的计划经济体制向社会主义市场经济体制过渡。二滩水电站的建设也加入和推进了改革大潮。当时，公司推行与国际接轨的管理模式。张全说，二滩水电站是我国第一个大规模使用世界银行贷款的工程，也是世界银行成立以来在世界上贷款数额最大的单项工程。用世界银行贷款就得按世界银行的规矩办，对工程建设就得全方位实行国际招标。招标的结果，中标的都是国际一流的承包商。工地上集聚着来自 30 多个国家、600 多名外国人，再加上几千人的中国施工队伍，和几千台的施工设备，挤在一块几平方公里的峡谷里，语言不通，习惯不同，一日三班连续作业。高空低谷同时运行。如何进行管理，如何组织协调好包括设计、咨询、施工、制造、运输、后勤等庞杂的建设体系，成为当时工程成败的关键。用传统的国有企业管理模式显然不能适应这种形势的需要，因此只有积极向国际惯例靠拢，按照国际通行的菲迪克（ FIDIC ）条款办事。

张全回忆，形势所逼责任在身，在公司全体职工的共同奋斗中为了建设好水电站进行了如下改革创新：

一、改革电力管理体制，由“建管分离”改建为“建管一体”，提高了企业效益。

电力工业的管理体制长期采用“建管分离”的模式，基建生产两条线，投入产出两张皮，建设单位管花钱，不管还账，电站建成后无偿移交给电力生产单位，进行生产运行和经营管理；生产单位有还账的义务，但无控制造价、质量工期的权力，这种管理机制一直制约电力企业效益的提高，不合世界潮流。

二滩水电站工程一开始为了适应世界银行的需要，就按照国际通用的菲迪克合同条款进行项目建设管理，在国内首次推行“企业法人责任制”“工程建设监理制”“招标投标制”以及“合同管理制”等一系列体现现代企业管理制度的管理机制和运行机制，取得良好的效果。在工程进度上抢回了拖后 5 个月的工期，主体工程提前 27 个月竣工，最后一台机组，提前半年投产发电，工程质量合格率 100%，优良率达到 85% 以上，工程造价可以控制在审定的概算之内并略有结余，这在当时是仅有的。难怪我国著名经济学家吴敬琏在二滩工地实地考察后赞曰：“现代企业制度远在天边近在二滩。”

二、创建以“斜线切割法”模式进口大型机组，达到经济与技术双赢。

二滩水电机组单机容量为 55 万千瓦，我国当时能自制的水电机组最大单机容量为 32 万千瓦，相差两个级别，机组只能进口，如何进口就是一个很大的值得研究的课题。

进口机组既要物美价廉，按时交货，正常运行，同时还要达到。“进口必需”，更要能“自造”的目的，为此颇费心机，经过再三学习比较，借鉴优化，两全其美的创建了“斜线切割法”。

这种模式就是要求中标的投标商，第一台机组全部由国外生产制造之后，从第二台机组开始逐步由次要部件到主要部件转移到国内厂商制造，直到第六台机组全部由国内厂商制造。而责任公司则对全过程所有产品负责，这就是著名的“斜线切割法”。这种模式既保障了二滩水电站准时投产正常运行，也为中国机械制造业提供了技术支撑，更为我国以后三峡等水电站百万千瓦级的大机组“自造”能力打下了基础。

三、人才培养，共建“全员整体包干优化培训”模式，精简高效办电厂。

二滩，公司决定自建自管办电厂，首先碰到的问题就是生产经营人员从哪里来？电厂各项组建就成了一个大问题。我们派出几个工作组去东北、西北、华北等地去招聘电厂生产运行人员。由于二滩水电站规模大，设备先进，工作条件好，愿意来的人不少，但其所在单位都不批准，不放人，弄得我们求才无路，要才无门。

此路不通，另找出路。当时正逢长江三峡公司接管葛洲坝水电厂。生产运行人员过多，在葛洲坝水电厂的大力支持下，共建“全员整体包干优化培训”模式，为二滩电厂培训生产远行人才。具体做法是，由葛洲坝水电厂全额成套配备，二滩水电厂班长以上负责人带领二滩新招来的一批大学毕业生按计划在国内外定岗位强化培训，大力提高人员素质，到二滩水电厂投产时，成建制竞争上岗，待二滩人员按岗位能够顶岗时，葛洲坝人员再分期分批逐步撤离。这一举措不仅保障了二滩水电厂初期运行的安全、高效，同时，也为三峡水电厂提前培养了人才，提供了练兵的机会，是一种互利双赢的举措。

与此同时，我们坚决摒弃小而全的传统做法，不办“小社会”，不建大修队伍，不搞多种经营，后勤服务辅助管理直至设备成套等方面任务均借助社会力量承担式补充。

这些措施使电厂走上了“简化机构、精减人员、高效经营”的路子，电厂生产人员控制在200人以内，仅为常规编制1260人的15%左右，生产人员的减少，带来了直接的效益是建设管理人员和生产经营成本的大幅度降低，同时可以集中更多的精力加强职工的技能的提高和综合素质的培养，使企业逐步走上精简高效的良性发展道路。

在全国规划的十大水电基地中，二滩水电站是国家实施西部大开发和“西电东送”的重要保障，是实现四川国民经济可持续发展的重要支撑，也是实现“流域、梯级、滚动、综合”水电开发方针的具体实践。1986年6月，二滩水电站第一台机组投产，2000年全部建成，是我国20世纪建成的最大水电站。1998年被中国科学院、中国工程院院士评选为中国20世纪取得的十大科技进展之一，以后又被评为“环境友好型”工程。1999年2月，张全被评为二滩工程建设一等功臣。

“自立、自强、自尊爱、创造人生。勤学、勤思、勤实践、铸就智慧。”在张全回忆录的最后一页，写着张全秉持了一生的座右铭，这是他走过这一辈子所遵循的原则和指南针。正是因为这些品质，才有了今天的张全，也才有了他和他所成就的一切。

对张全的成就和奉献，国家给予他相应的评价和鼓励，从1994年起享受政府特殊津贴，1999 年被中央组织部评为全国离休干部先进个人。

张全这一生是时代的见证。那么，这个伟大的时代是如何巨变过来的？张全也有自己的答案。那是 2017 年，九十高龄的张全，他在燕达金色年华健康养护中心的集体生日会上，朗诵了自己的新诗篇——《我们这一代》。

我们这一代

人生七十古来稀，我们这代超预期。
问君为何能耄耋，只缘多逢好时机。
军阀混战乱世生，东亚病夫背起来。
三座大山全推翻，人民当家站起来。
改革开放走新路，摆脱穷白富起来。
社会主义新时代，民族复兴强起来。
伟大恢宏中国梦，靠党领导走起来。
步步迈上新台阶，踏石留印走上来。
甩掉贫病达小康，我们亲身走过来。
杭州峰会里程碑，国际地位高上来。
人逢盛事心神爽，寿命自会长起来。
但愿“双百”圆梦日，举国欢庆都再来。

这首诗进一步表明，张全这一生，无不随着时代的进程，打上时代进步的烙印。攻坚克难，改革创新，开发水电，奉献毕生。

文 / 蒋若静

人·物·简·介

胡菽兰，91 岁，曾经就职于兰州炼油厂，一辈子扎根西北，曾经参与试制国产首批航空汽油。1953 年，胡菽兰毕业之后，被直接分配到了兰州炼油厂筹建处，她在北京参加俄语培训班，炼油厂筹建处准备将她派往苏联工厂进行实习。1958 年，胡菽兰学成归国，面对国家石油部发来总部秘书的任职邀请，她放弃了，因为她能够听到自己内心真正的那个声音："我要去一线，我一定要去一线，我要把我在苏联所学到的、看到的，在自己的祖国实现。"在新中国成立 10 周年大庆前，胡菽兰和同事大胆试验，最终研发出了 95 号航空汽油，试制出了中国人自己研发的第一款航空汽油。95 号航空汽油由中国空军飞机试飞成功后的第 15 天，新中国的总理周恩来专程从首都赶到了兰州炼油厂，胡菽兰与总理的短暂交流成了她一生难忘的记忆。

胡菽兰

赴苏实习扎根西北
参与试制国产首批航空汽油

每个与胡菽兰初次见面的人，当听到她亲口说出自己年龄的时候，都会惊讶得合不拢嘴。花白短发、腰背笔直、说话干脆、思维清晰……看上去顶多 70 岁，可实际上，她已经 91 岁高龄了。胡菽兰位于燕达金色年华健康养护中心的家不算大，十几平方米的客厅里摆放了沙发、餐桌、电视柜等基本家具。她平常最爱坐的位置是正对电视柜的长沙发，因为坐在这个位置上，只要稍微一抬眼，就能轻松看到电视机正上方悬挂的相框以及相框里的那张老照片。什么样的老照片，会让一位 91 岁的老人这样念念不忘，甚至希望每天注视呢?

派往苏联的实习生　回国支援大西北

生于 1928 年辽宁省开原县（现为开原市，下同）的胡菽兰经历过新中国成立前的苦日子，发奋读书成了她唯一的人生目标。1945 年日本投降时，她就读于开原女子国民高等学校，1948 年，她毕业于沈阳市辽宁省立女子中学高中部。20 世纪 50 年代初，她以优异的成绩毕业于大连工学院（现为大连理工大学）化工系，成为新中国第一代大学生，“石油”开始走进了她的生命。大学三年级，在苏联教授的第一堂课上，老师说，“我们苏联的人均石油储量是 1.5 吨，你们中国人的这个数字是 100 公斤”。1.5 吨是 100 公斤的整整 15 倍啊！这差距犹如一把锋利的刀，深深地刺进了胡菽兰的心，也为她日后努力参与石油技术的研发埋下了一颗种子。

1953 年，胡菽兰毕业之后，被直接分配到了兰州炼油厂筹建处，她在北京参加俄语培训班，炼油厂筹建处准备将她派往苏联工厂进行实习。

在 20 世纪 50 年代，百废待兴，国家建设急需大量具有专业技术水平的建设和管理人才。然而，当时我国国内文化教育事业落后，既缺乏资金和技术，又缺少人才和经验，一时无法培养出国家迫切需要的大量人才。那时候，以美国为首的西方国家对新中国实行遏制并孤立政策，并在外交、经济和文化等领域采取封锁和扼杀的手段。在这种情况下，全国掀起了全面学习苏联的热潮。胡菽兰也因此得到了前往苏联实习的机会。

来到苏联，她被选派前往苏联当地的炼油厂，实习石油炼制技术。在苏联炼油厂里，胡菽兰发现苏联的技术干部中女同志特别多，这些女同志在企业技术管理中承担着重要的职能。她感受着她们指挥生产从容熟练的魄力，也从这一刻开始，她下定决心，要好好学习苏联的石油技术，要为祖国干石油。

1958 年，胡菽兰学成归国。也是那一年，新中国第一座现代化炼油厂——兰州炼油厂已经建成准备正式投产，急需大批建设人才。面对国家石油部发来总部秘书的任职邀请，她放弃了，因为她能够听到自己内心真正的那个声音：“我要去一线，我一定要去一线，我要把我在苏联所学到的、看到的，在自己的祖国实现。”带着这个强烈信念，那个梳着齐耳短发的胡菽兰，毅然背起行囊，前往千里之遥的兰州。

在她和同事们的共同努力下
我国空军第一次用上自产航空汽油

1958 年，胡菽兰来到兰州炼油厂工作之前，她已经在大连成家了，丈夫陈恩海当时正在东北工学院（现为东北大学，下同）任职。接到进厂通知之后，胡菽兰没有犹豫，也没有选择，匆匆告别了丈夫，告别了家乡，坐了 36 个小时的火车，从北京来到了兰州。“到了兰州之后，还要再坐两个小时的大板车，屁股都要颠散架了，最后到了兰州炼油厂所在地西固。”胡菽兰现在还记得，当时的兰州十分落后，“一跑起来，到处都是土，下雨天我们叫水泥路，刮风天我们叫扬灰路。”然而，这些艰苦的环境并没有动摇胡菽兰和同事们的信念，他们始终有一个目标，就是为中国石油添一砖加一瓦。

1959 年前后，尽管我国石油产品自给率已提高到 40% 以上，但受当时国际环境和国内经济困难的影响，石油产品严重短缺的局面未能根本扭转。随着中苏关系的恶化，苏联撕毁了合同，停止向中国供应军需特种油品。甚至当时有一位国家领导人曾经表示，如果中国自己再拿不出航空用油，飞机就有可能停飞了。在当时，中国只有一座现代化的炼油厂，就是兰州炼油厂，因此这个重任落到了“兰炼”身上。胡菽兰记得，有一天，厂长把她和另外两位化工方面的技术人员叫到了办公室，“厂长的脸色特别凝重，想了很久，用沉重的语气跟我们说：给你们一个任务，在新中国成立 10 周年大庆前，把 95 号航空汽油拿出来。”“什么？不可能吧。”听到这个任务，胡菽兰的眼睛瞪得大大的，根本不敢相信厂长说的话。

众所周知，国庆是 10 月 1 日，而厂长下达任务的时间，是当年的 8 月份。在距离新中国成立 10 周年大庆之前拿出 95 号航空汽油，胡菽兰觉得这根本是不可能完成的任务。此时的胡菽兰虽然压力巨大，但她突然想起当年在苏联留学时，苏联教授在课堂上的那句刺痛她的话：“我们苏联的人均石油储量是 1.5 吨，你们中国人的这个数字是 100 公斤。”她坚信，在她和同事的努力下，中国一定能试制出自己的航空汽油。

在总工程师的带领下，胡萩兰和同事们争分夺秒、废寝忘食试制95号航空汽油，在兰州炼油厂的历史上创造了无法忘怀的科技攻关。一开始，他们用物理方法、用装置上操作法、用大桶筛选法、用碱洗法……用尽了一切能想的办法，都没有研制成功。国庆越来越近，胡萩兰和同事们急了，甚至作了分工，把白天和黑夜的时间都用上，一个白班，一个夜班。每天交接时，都要互相商量下这一天的方案。“其实我感觉当年我们在苏联实习的时候，实习的东西也比较一般，感觉人家还是有所保留的，所以我们只能靠我们自己，这就叫时代逼着我们上梁山吧。”在那60天里，国家想自主试制航空汽油的急迫心情传递到了兰州炼油厂每一位生产工人身上，时间紧、任务重，可参考的资料有限，一切都要靠自己。“因为时间太紧，试验的过程只能被大大缩短。我们的试验没有经过小试验和中型试验，直接在大装置上进行试验，成本和风险都是非常高的。”胡萩兰说，“在大装置上做试验，一天就是七八百吨柴油的处理量，那个时期的石油还是非常紧张的，一旦做错了，原料的损失就会相当大。”所以对于胡萩兰这样的试制技术人员来说，压力空前的巨大。

眼看着距离国庆的日子越来越近，兰州炼油厂虽然在研发资料极度匮乏的情况下坚持不断大量试验，但是科技攻关依旧没有什么结果。胡萩兰很着急，但她也没有停止思考，甚至她已经在内心想好了一个方案，但是因为考虑成本、时间、风险等因素，她还在思考当中，并没有直接跟领导说。有一天，徐今强厂长把她叫到了办公室：“你还有什么招没有？”“我有，但是我这个招动静有点大啊。”胡萩兰心里的确装了一个方案，但是她拿不定主意。“你快说说看。”胡萩兰说，她计划从催化裂化和原料上入手调整方案，但是需要5000吨柴油。

听了胡萩兰的方案，徐厂长倒吸了一口凉气。作为当时中国唯一一所现代化炼油厂的一厂之长，徐厂长心里当然清楚中国柴油的产量，以及胡萩兰提出的这 5000 吨柴油意味着什么。原来，当时中国柴油年产量仅有数万吨，胡菽兰的这个要求相当于一个省的用量！

然而让胡菽兰没有想到的是，面对这样大胆的提议，徐厂长一番思索后，出于对青年技术人才的大力支持和积极培养，做出了艰难而极具魄力的决定——他同意了胡菽兰的方案。

听到徐厂长的答案，胡菽兰心中也开始慌了。

但徐厂长却反过来安慰她："这个学费肯定是要付的，你大胆地去试验吧！"厂长的一句话，当场让胡菽兰的内心感受到了一股强大的力量，给她吃了一颗"定心丸"。

厂长当场拿起电话，给厂里的总调度长打了个电话："给胡菽兰 5000 吨柴油，让她做试验。"

1959 年 9 月 27 日，新中国成立 10 周年大庆前三天，西固的天空突然传来轰隆隆的巨大声响，人们抬头观望，只见数架超低空飞行的飞机正在头顶盘旋。这是中国人民解放军空军飞机第一次用兰州炼油厂生产的 95 号航空汽油飞上天。胡菽兰记得，飞机特意在"兰炼"的上空盘旋数圈，以表达对 1 万多名"兰炼"职工的感谢和敬意。中国不能生产航空汽油的历史从此结束。这次试飞的成功，也打破了苏联专家关于"玉门石油只能生产最低排号的 91 号航空汽油"的论断。胡菽兰说，当时厂里安排她到钢架上，和几个工人手拿大红旗来回摇晃，用来引导飞机。31 岁的她仰望着用自己试制成功的航空汽油翱翔在天空中的飞机，万分激动，两个多月不分昼夜地辛苦刹那间也烟消云散了，心里充满了自豪。

与总理的珍贵照片　成了一辈子的动力

1959 年 10 月 14 日，95 号航空汽油由中国空军飞机试飞成功后的第 15 天，新中国的总理周恩来专程从首都赶到了兰州炼油厂。"当天其实几乎没人知道是周总理要来我们兰炼，只知道有首长要来，但是不知道是谁，我们的党委书记把我叫去了，因为主任当天不在，书记让我准备一下。”胡菽兰没多想，以为书记让她这个车间副主任管好安全问题，防止出现安全事故。“我当时想着，估计就是让我检查检查装置，做做外围保障，把队伍组织好了，让大家别乱跑，别让闲杂人员插进来，别出什么意外。”当周总理乘坐电梯到达钢架顶的时候，胡菽兰还在担心电梯问题，专门找来一个钳工，“我说咱俩就守在这儿，万一要是电梯出了什么故障，你就赶快处理。”安排好工作后，胡菽兰就在电梯门前“坚守岗位”了。

当电梯门一开，出现的是周总理的身影，而且跟胡菽兰打了一个照面儿，她立刻激动不已，迅速低头看了一眼自己身上那件发灰的外衣，有些怪自己也没挑件好看的出门。作为新中国的总理，他对军用油品非常牵挂，厂长、总工程师，一起抬手招呼胡菽兰，给周总理介绍说她是车间副主任，请她向总理汇报工作。胡菽兰回忆，自己当时紧张得不得了，手心出汗浑身冒汗，甚至聊到后面连谢谢都忘记跟周总理说了。在几个人聊天的当中，随行记者迅速用相机拍下了胡菽兰向周总理汇报工作时的珍贵场景，后来胡菽兰几经辗转找到了这张照片的原版。家中这副尺寸放大、镶起相框的照片，则是她离开“兰炼”时，党委书记代年喜送给她的纪念。

在谈话的过程中，周总理还关切地询问了胡菽兰的个人情况。“他问我结婚没有，我们厂长马上接过话来，说我已经结婚了，爱人在东北工学院，一个在西北，一个在东北，至今还牛郎织女呢。”胡菽兰清楚地记得，当时周总理就是照片上的姿势，双手抱在胸前，说着说着就开始沉思，最后他表示，西北需要人，还是把胡菽兰的丈夫调来西北工作吧。最后，在总理的亲自过问和关心下，把丈夫陈恩海从东北工学院调到兰州石油学校，解决了胡菽兰和丈夫的分居生活。“我们非常感谢他，也很怀念他。”胡菽兰老人感慨地说。

1960 年胡菽兰和苏联专家检查设备内结构后刚钻出来休息时

6 年苦心埋头钻研　制出 100 号航空汽油

试制出 95 号航空汽油后，胡菽兰继续投入到 100 号航空汽油的研制工作中。当时苏联技术对我们有所保留，并没有留下任何支持制造 100 号航空汽油的装置设备。胡菽兰和同事们只能靠自己，从 1959 年到 1965 年间，他们经历了无数次的试验和两次失败的中试，终于摸索总结出了经验和诀窍，确定了所需的材料和设备。

终于，由宝鸡机械厂铸造的“低温钢铸造立式管式反应器”和试制相关的材料均到位之后，胡菽兰的 100 号航空汽油一举取得了成功！

然而 100 号航空汽油在军机上进行试飞的时候，她接到了空军方面的电话，告诉她汽油不合格，飞机升线速度比标准差了 0.32 秒，还需要改进。胡菽兰当时觉得他们太挑剔了，就反问 0.32 秒也算误差吗？对方严肃地说，零点三秒在战场上能起到决定性作用，零点三秒直接决定着战争的胜负，决定着飞行员和飞机的生命财产安全。胡菽兰听了无言以对，立刻老老实实地改进方法，最终研制出合格的油品。

因为工作内容的保密，胡菽兰每一次去开军用油品会才陆陆续续知道，她们生产出来的油品为我国国防提供了不可取代的坚强保障，还供给国家洲际导弹试验。最让胡菽兰骄傲和自豪的是，从始至终，兰州石化外供的军用油品也一直都是 100% 质量合格，一次差错也没有出过。每一升军用油品都与祖国的安危息息相关，而她就是每一批次军用油品的“盖章人”。

然而，“盖章人”这份工作也曾经遇到过危险。胡菽兰记得，1959 年 12 月，一个装置在停工过程中，用水置换出丙烷丙烯馏分时，由于没有处理好，排水时把剩余的轻烃一起排入下水道，进入全装置的排水系统气化蒸发弥漫整个装置，当时加热炉还在降温中尚未熄火，因此加热炉顿时被引燃发生了爆炸。所有的下水井盖都像火球一样，一个接一个地爆炸，把正在指挥停工的班长全身烧伤，抢救无效而不幸牺牲。20 世纪 80 年代初，胡菽兰在厂部值班时，重整装置回流泵出了毛病，备用泵送不上电，回流罐的轻汽油溢出满地，气体弥漫全装置，为了保证铂铼催化剂寿命，不能没有准备的停工，加热炉也不能熄火。采用蒸汽在加热炉周围形成蒸汽幕，阻止火焰引出和气体接触，当时装置上还有两个50立方米的满装氢气罐，在这千钧一发之际，重整和电器车间的两个主任，在没有照明的情况下，恢复了备用泵的送电，避免了一起威胁全厂生产和生命安全的氢气爆炸事故。

没有外援、没有资料、没有电脑，胡菽兰这样老一辈兰州石化人却创造了中国炼油工业发展史上前所未有的高速度。从中国第一桶“争气油”开始，之后相继生产出95号航空汽油、100号航空汽油、20号航空润滑油、16号坦克机油、8号航空润滑油、1号航空煤油，这些都属于“兰炼”独家生产的核心技术。

1963年，35岁的胡菽兰生下她的独子，取名“陈赤航”。赤航，表达对祖国航空汽油的赤诚之心。

1988年，胡菽兰还获得了“国防科工委军事工程配套个人先进奖”。

胡菽兰说，她把自己的一辈子奉献给了兰州炼油厂，但从不后悔。她其实有很多次离开兰州去更好地方发展的机会，她都没有去。有一次兰炼往北京大量调人，时机很好。最终，她没走成。胡菽兰说，当时吵吵着要走，要离开时却哭得不行，感觉舍不得这个地方。这种感情说不清楚，又想离开，又舍不得离开。她和“兰炼”一块成长起来的，给“兰炼”倾注了大量的感情。最终，她还是选择留在了这里。退休后又在兰州生活了15年。兰炼的经历已经在胡菽兰的身上打下了深深的烙印。

为了支持她工作
丈夫从大学教学部主任变为中专学校教师

胡菽兰在兰州炼油厂取得了很多成就，但她心里最清楚，如果不是背后有丈夫陈恩海的默默支持，她根本做不到。

在周总理的关心下，丈夫陈恩海很快从东北工学院调到兰州石油学校，结束了和胡萩兰的分居生活，虽然丈夫来到了自己身边，但胡萩兰的内心其实是在“打鼓”的。“饮食上习惯不习惯啊？工作能不能适应啊？内心有没有落差啊？”毕竟丈夫从生活条件优越的沈阳来到了艰苦的大西北，工作上又是从一所大学调到了一所中专学校，一开始，胡萩兰特别担心他会有情绪。结果，胡萩兰的担心完全多虑了，陈恩海没有任何的抱怨，而是踏踏实实地工作和照顾家庭。

1984 年胡萩兰在仪表控制室给全国质量先进企业评选组汇报生产情况

胡萩兰记得，1960 年初，苏联中断了对中国的技术支持，撤走了所有专家，很多技术都要靠中国人自己研发，当时胡萩兰就接下了研发 100 号航空汽油的任务。大年初一的早晨，陈恩海把胡菽兰送回厂，直到当年的五一劳动节，胡菽兰才算完成任务得以回家。那几个月里，陈恩海既要兼顾学校的行政和教学事务，还要照顾孩子和四个老人，却一句怨言都没有说过。他甚至还将自己在东北工学院形成的教育理念和教学方法带到了兰州石油学校，日后这个学校为中国石油石化建设培养了一大批人才。

作为妻子，胡菽兰对陈恩海有深深的歉疚。一直以来，身为校长的陈恩海承担了全部家务，直到退休前也没让胡菽兰做过一顿像样的饭。有丈夫在身后多年的付出和支持，胡菽兰对自己钟爱的石油事业始终心怀单纯的执着，与全厂职工共同努力为新中国军用油品填补了一个又一个空白。

1988 年，年满 60 岁的胡菽兰才依依不舍地告别她为之奉献了一生的兰州石化，光荣退休。退休之后不甘寂寞的她，先后参加编写了《兰炼企业史》等多部书籍，把她所有的积累、所学所用的技术和经验都贡献给了祖国的石油化工事业。直到 2003 年，因为儿子工作调动，她才和老伴一起搬到北京，离开她深深眷恋的兰州。

文 / 叶晓彦

人·物·简·介

孙延祚，83 岁，曾就职于北京石油学院、北京化工大学，1949 年 10 月 1 日新中国举行开国大典的时候，正好在上初中的孙延祚有幸见证了当天激动人心的一刻。1954 年，刚刚高中毕业的孙延祚因为成绩优秀、政治背景良好，成为一名留苏学生，在莫斯科石油学院机械系学习仪表自动化专业，并在毕业时取得了全 A 证书。在北京石油学院任教期间，孙延祚主动请缨，将学术界著作《流量计的原理和应用》的英文原版翻译成了中文，无形中推动了国内流量界技术的研发。1982 年 4 月，孙延祚作为国际访问学者，在美国西弗吉尼亚州立大学机械与航天工程学院研修流量测量技术与仪表，并帮助美国专家攻克了一个有关烟汽轮机发电的技术难题。

孙延祚

学有所成　向祖国汇报

在位于燕达金色年华健康养护中心的家里，孙延祚老人收藏着厚厚的一沓证书，有国务院颁发的政府特殊津贴证书，有北京市颁发的先进个人证书，还有他曾经的工作单位北京化工大学颁发的先进个人证书……在众多证书当中，有一个棕色的证书十分与众不同，上面全是密密麻麻的俄文，这也是孙延祚老人最珍视的一个证书。这张全优毕业证书上记载的，是他 1956 年到 1961 年间在苏联求学时的考试成绩，所有学科的成绩都是 A。在他看来，这不仅是一张简单的毕业证书，而是他远赴他乡刻苦求学报效祖国的凭证，更是对他一生的激励。

开国大典　曾因故从上午推迟到下午

孙延祚从小就是优等生。小学就读于北京师大二附小（现北京第二实验小学），这所 1909 年成立的小学可不一般，即使是在日伪政府残暴、嚣张的统治下，学校的师生依然顶住奴化教育的狂潮，学习中国优秀的语言文化，不做“东亚病夫”。孙延祚就是在这样的教育体系下，逐渐形成了自己的世界观、人生观和价值观，这为他日后从事科学研究奠定了非常坚固的爱国思想基础。

成绩优秀的孙延祚小学毕业后被直接保送至北京师范大学附属中学就读，直到1954年高中毕业。1949年10月1日新中国举行开国大典的时候，正好在上初中的孙延祚有幸见证了当天激动人心的一刻。众所周知，在1949年的10月1日下午3时，刚刚就职的中华人民共和国中央人民政府主席毛泽东登上了天安门城楼，在国歌《义勇军进行曲》的乐曲声中，他庄严宣布："中华人民共和国中央人民政府成立了！"当毛主席通过话筒洪亮地说出这句话的时候，不仅震撼北京城、震撼全中国、震撼全世界，还震撼了当时站在天安门广场上的13岁的小男孩孙延祚。

但很多人不知道，其实当天的开国大典本来要在上午举行的。孙延祚记得，开国大典的头一天，学校要求所有人一早集合，组织大家步行前往天安门广场。但是上级突然来了命令，说开国大典要推迟到下午举行，孙延祚和同学们等到了中午才开始陆续往天安门广场行进。"那个时候我们国家的国防实力远远没有现在这么强，很担心在开国大典上空军的防卫能力受到威胁。"尽管出现了这么一个小插曲，但依然不影响开国大典当天，北京30万军民聚集在天安门广场上，用旗帜、彩绸、鲜花、灯饰汇成了喜庆的锦绣海洋，庆祝这一历史时刻的到来。

孙延祚从小学到高中，经历了三个截然不同的历史时期，即日伪统治时期、国民党统治时期和新中国成立，经历过动荡的时代，又亲眼见证了新中国的成立，这些更是让孙延祚从小就意识到，只有刻苦学习，才能让国家富强，人民安康。

留学苏联
苦行僧般的求学路

新中国成立后，中国政府在文化教育领域兴起了"向苏联老大哥学习""苏联的今天就是我们的明天”的留苏浪潮，从1951年8月13日中国政府首批正式派遣375名留学生赴苏算起，至1964年最后一批学生派出，在14年间总计有8357人赴苏留学，孙延祚就是其中一位。

1954年，刚刚高中毕业的孙延祚因为成绩优秀、政治背景良好，成为一名留苏学生。按照当时的安排，凡是去苏联留学的学生，都要先接受一年的俄语培训。就在孙延祚完成了语言培训的时候，上级来了指令，由于当年国内招来的留苏学生过多，苏联无法一次性接收这么多的学生，部分学生需要暂缓留学或者分流。“有的同学就不走了，在国内上学了，有的就再等一年。”孙延祚属于后者，留下来等待第二年再出国。在这等待的一年里，孙延祚没有消磨时光，而是更加精进地打磨自己的俄语水平，直到第二年出国留学的时候，他甚至已经可以当翻译了。

当时中国留学生到苏联求学，都要乘坐从北京至莫斯科的国际特快列车，在火车上度过九天九夜。当年，从北京出发，先要经过两昼夜到达中国的边境城市满洲里，列车停留一小时，苏联海关和边防人员上车检查和验照，办理入境手续，然后要把车开到调车场去换车轮。这是因为中国使用的铁轨间距和苏联不同，所以需要将每对车轮的间距进行调整，以适应铁轨的间距。同时，列车工作人员也都更换为苏联人，每日三餐也开始吃俄餐。进入苏联境内后，人是苏联人，字是俄文字，这让俄语知识非常扎实的孙延祚如鱼得水，不仅自己沟通流畅，还经常给同行的留学生帮忙。

到了莫斯科，孙延祚进入了石油学院机械系学习仪表自动化专业。当时留苏学生由国家提供每月生活费，发给西装、大衣，夹衣、棉衣、衬衫到内衣，袜子是由家里准备的。在苏联学习的那几年，孙延祚一直铭记着当时教育部长杨秀峰的一句话：“一个留苏学生一年的费用，相当于25位中国农民全年耕种的收获。”肩上扛着这样的重担，孙延祚觉得自己必须好好学习。

很多留学生对苏联漫长的冬季不习惯。以莫斯科为例，一般10月初就下雪，第二年5月以后才开始融化，学生们既要对抗严寒又要读书学习，非常锻炼意志和品质。在孙延祚看来，他在当时过的是一种苦行僧似的自律生活，四个学生一个宿舍，其中还包括苏联人。但整个宿舍里，孙延祚从不乱花钱，也从不在周末或者休息的时候出去喝酒玩耍，同学们回到宿舍推开门，看到的一定是他在读书的身影。他考完试后唯一的放松活动，就是拿着一个购书单，跑到书店里去买专业参考书。在孙延祚看来，国家派他远赴苏联学习，他有责任把本专业学术资料，把好知识、好方法、好技术带回国。后来在他回国的时候，他还把在苏联购买的所有专业书籍都背回了北京，补充了一些珍贵的专业资料。

在苏留学期间，孙延祚还有幸见到了毛主席。1957 年 11 月，毛泽东主席率中国代表团参加在莫斯科召开的世界 64 国共产党和工人党代表会议。会议期间毛泽东在莫斯科大学礼堂接见中国留学生代表。当天，孙延祚和很多留学生都在莫斯科大学集合，等着毛主席接见。毛主席在那个场合的讲话当中，有一段非常著名的讲话：“世界是你们的，也是我们的，但是归根结底还是你们的。你们青年人朝气蓬勃，正在兴旺时期，好像早晨八九点钟的太阳，希望寄托在你们身上。” 这段话对孙延祚和当时众多留苏学生来说，都产生了极其重要的影响。

孙延祚在苏联学习时获得的全 A 证书

1961 年，孙延祚带着这个写满全 A 的毕业证书回到了国内，向祖国汇报了自己的优异成绩。但 1961 年，中苏两国关系破裂，苏联撤回大批援助专家，就在孙延祚坐着火车回国途中，在某一个车站，他正好看见了从中国撤回的苏联专家，跟自己火车头的方向正好背道而驰，内心不免有些惆怅，但他也意识到，用自己所学知识报效祖国的时候到了。

回国工作
主动请缨 将美国流量计经典著作翻译成中文

拿着全优的成绩单回国后，孙延祚被分配到了北京石油学院机械系自动化专业任助教。在任教期间，孙延祚身兼两职，一边在课堂上教学生专业课程，一边当起了专栏编辑，在一石油天然气文摘上供稿。“每个月月初，我要选一些英文或者俄文的文章，分派任务给各人，月末翻译编辑好之后，发给编辑。”当时很多专业资料都是英文的，孙延祚在编写翻译的过程中发现，英语还是非常重要的语言，于是再次拣回了自己当年在中学学过几年的英语，刻苦练习，把英语也打磨得跟俄语水平差不多。其实，孙延祚当时就意识到，虽然自己在苏联几年的留学生活，把他的俄语水平和专业技能都打磨得不错了，但是英语还是非常有用的语言，于是他给自己设立了一个小目标，一定要将英语学好。不过那时候他还不知道，自己苦练英语为日后留学美国埋下了伏笔。

1969 年，孙延祚跟着学校搬到位于山东东营的胜利油田，在华东石油学院工作了几年。到了 1973 年，孙延祚带着学生到北京西南角房山县（现为房山区）的燕山石化公司实习，当时公司引进的是日本一家公司的设备，孙延祚凭借良好的英语水平去当翻译，但是当大家开始研究设备的时候，发现这家日本公司的设备其实用的是美国的技术，并且在讨论技术的过程中谈到一本名为《流量计的原理和应用》的英文原版书籍。“这本书对这个技术的研究至关重要，当时国内市场都没有这本书，后来是托人在国际市场上给买回来的。”

这是一本全英文版的书籍，但又是流量界的权威经典书籍，对于绝大多数技术人员来说，阅读起来有困难。当时，组织上也没人给布置任务，孙延祚主动担任了这本书的翻译。翻译并不是一个简单的工作，何况这还是一本有数百页的专业书籍，只要有空，孙延祚就开始翻译起来。翻译也不是一个轻松的工作，并不是坐在书桌前翻翻字典就能搞定的，需要查阅大量的资料佐证作者的说法，常年的伏案翻译工作，孙延祚的腰至今还留下不少毛病。

有一次国内流量界的专家在郑州开会，孙延祚也去参加了。结果，他在会上了解到，美国这家公司的技术在中国南方江浙一带也有不少应用，当参会的人员得知孙延祚已经把那本大名鼎鼎的专业书籍翻译成了中文之后，都惊讶不已，后来有人推荐他将所有的翻译手稿拿到出版社出版了。孙延祚的一个自觉的举动，无形中帮助了国内流量界技术研发的推动。

留学美国
帮助美国技术员攻克难题　为中国人赢得荣誉

到了 20 世纪 70 年代末，中美正式建交，国家需要派一些应用科学领域的大学教师到美国做访问学者，但前提是要参与专业考试和英语考试。孙延祚所在的石油部系统报了一批人参加考试，结果第一年，参加考试的人一个都没考上。到了第二年，正在华东石油学院工作的孙延祚得到了这个消息，在系主任的鼓励下，参加了考试。这场考试当中，有的人提前接受过三个月的脱产学习，而孙延祚没有接受任何训练，直接去参加了考试，结果发榜的时候，他考了第一名。当时，所有人都特别地惊讶，孙延祚为什么能考第一。“那还不好理解，人家是留苏的。”系主任用这样的说法回应着大家的疑问，但只有孙延祚知道，第一名的背后其实跟留苏经历一点儿都没有关系，而是他多年来刻苦学习英语、钻研专业的结果。

1982年4月，孙延祚联系好了美国的学校，决定在西弗吉尼亚州立大学机械与航天工程学院研修流量测量技术与仪表。当时的他已经四十多岁了，家人和孩子都留在了国内，他自己一个人独自登上了去美国的飞机。进入学校之后，孙延祚和Bajura老师热烈地交流起他曾经翻译的那本专业书籍，和很多人一样，当这位老师得知孙延祚已经将那本书翻译成了中文，他非常高兴。兴奋之余，这位老师又拿出了一本美国流量专家米勒先生的经典专著《流量测量工程手册》借给他阅读，手捧着这本学术著作，孙延祚内心又有了冲动。“我的直觉告诉我，我的祖国需要这本书。”

于是，跟上次一样，孙延祚又主动承担了这本书的翻译工作，当周末和假日别的同学都在休息的时候，孙延祚抱着原著和字典进了空无一人的学生阅览室……孙延祚像蛀书虫一样，把这本书从头到尾仔细阅读了一遍，有些地方存疑，他就记下来，三四个月之后，他不仅“啃”完了这本书，甚至还挑出了40个问题。当时孙延祚的想法非常简单，就是想回国以后向祖国汇报，所以他决心把书里的所有技术问题“消灭”在大洋彼岸，回国之后再仔细翻译。

巧合的是，当时美国正好在召开全国的流量界的会议，孙延祚搭着Bajura教授的车去了华盛顿，见到了那本书的作者米勒先生。米勒先生非常惊讶地看着眼前这位来自中国的访问学者，感叹他居然可以如此细致地阅读了自己的著作，并且还提出了非常有价值的问题。令孙延祚十分开心的是，他提出的这40个问题，Bajura教授居然全都同意，并彼此交换了意见。Bajura教授还向孙延祚抛出橄榄枝，邀请他到美能源部下属的摩根城能源工程中心仪表部开展研究。

在摩根城能源工程研究中心仪表部工作期间，孙延祚参与了一个有关烟汽轮机发电的技术研发。在研发的过程中，美国技术人员正在攻克一个难以解决的技术问题，而这个问题研究了很久都没有得到解决。当时，美国已经开始使用烟汽轮机发电了，但是在转动发电的过程中，空气中会有颗粒物沉

孙延祚到美国做访问学者

积并落在烟汽轮机的叶片上，会对设备产生腐蚀，从而降低设备的效率和寿命。技术人员正在研究如何测算出颗粒物落在叶片上的数量，为后面的研究打基础，孙延祚也加入其中。

从之前的留苏留美经历就能看出，孙延祚是一个非常认真的人，拿到美国这个项目之后，他就马不停蹄地开展起研究来了。美国人上班都有汽车，但孙延祚只有一辆破自行车。“一开始我没买自行车，同事让我搭便车，可我老觉得给人添麻烦，于是就自己买了一辆二手破自行车，骑着上下班。”从那以后，孙延祚每天都骑车上下班，并且自带几片面包，就着几口白开水，在实验室里一忙就是一整天。

功夫不负有心人，经过大量的研究和实验，孙延祚攻克了这个难题，发明了“高温气-固两相流中固相沉积率传感器”，也就是说用一个小装置来测量颗粒物落下在设备上的沉积率，帮助美国技术人员攻克了一个重要难题，而且他的研究成果，也得到了美国专业领域技术人员的一致认可，他们都知道，是一位来自中国的访问学者，专心研究出了这个难题的解决办法。“其实这个技术当时对于我们国家来说太先进了，这个成果虽然不能为国家做点什么，但至少让美国人知道我们中国人的技术也是过硬的，我至少也能为国家争得荣誉。”

孙延祚通过刻苦的钻研和努力，赢得了美国人的认可，而且双方建立了非常深厚的友谊。1984 年 2 月 7 日，这天是孙延祚的生日，他在美国已经待了两年多，之前都是独自一人在宿舍里吃碗面条庆祝一下就算过了，让他没想到的是，他在这天过了一个非常难忘的生日。当天下午，孙延祚跟同事一直工作到了四点多，他突然接到一位同事打来的电话，请他到仪表车间去一趟，有要事详谈 。孙延祚也没有多想，放下电话就直接去了仪表车间，可当他开门的那一刹那，屋里一下子现身了 30 多人，全都是他平常开展研究工作时的同事。此时，有一个人端着一个生日蛋糕缓步朝他走来，身边所有人都在哼唱着生日歌，原来大家都知道当天是孙延祚的生日，所以按照美国人的习俗，给了他一个大大的惊喜。能让这么多美国人为一个来自中国的访问学者过生日，这与孙延祚平日刻苦钻研的精神是密不可分的，他用一个留学人员（访问学者）的努力与坚持，在外国人面前，为中国人赢得了尊严。

回国之后，孙延祚在北京化工大学自动化系任副教授，流量研究室主任，1991年11月被提升为北京化工大学信息科学与技术学院教授。1992年7月至9月，再次受国家科委派遣，赴俄罗斯执行学术访问与新技术调研及引进任务。

后来，因为教学与科研成果突出，孙延祚成为享受国务院特殊津贴的专家，长期从事流体流量测量技术和仪表的教学与研究工作，他为提高我国能源计量的技术水平、实现节能降耗和对污染物排放总量的有效连续监测、为推广应用国际流量测量新技术与仪表、为振兴民族自动化仪表事业做出了突出贡献。

证 书

孙延祚 同志：

为了表彰您为发展我国 高等教育 事业做出的突出贡献，特决定发给政府特殊津贴并颁发证书

国务院

政府特殊津贴第(96)3440048号 一九九七年三月三十日

孙延祚荣获国务院颁发的政府特殊津贴及证书

如今耄耋之年的孙延祚说："我这一生没有辜负祖国对我的培养，无论公派去留苏还是公派美国做访问学者，我都努力学习工作，在自己专业的领域内用优异的成绩回报了祖国，没有给中国人丢脸。"

文 / 叶晓彦

人·物·简·介

张见麟，86 岁，曾就职于中国疾控中心，由于张见麟和同事在完成国家交给的防治重大多发传染性布鲁氏菌病中所取得的良好成绩，分别在 1978 年、1993 年及 1994 年的全国科学大会上，他们被国家集卫生部授予科学进步奖。1950 年，张见麟曾在抗美援朝战役中参与医疗支援；1955 年，从沈阳中国医大本科毕业，被分配到当时由卫生部直辖的北京流行病研究所。他和所在团队结合中国国情发明了“不用检疫，免疫家畜为主，更不需要屠宰”的简易布病控制办法。该办法在美国德克萨斯 A&M 大学召开的世界的布病大会上得到了国际上认可，其研究成果被列入大会的资料汇编。

张见麟

中国布病研究的开拓者之一

每一条道路上，总有一些勇敢的拓荒者。他们不凭经验，不畏失败，在少数人走过的道路上摸索着前行。张见麟就是走过了这样一条道路：在布鲁氏菌病（简称布病）研究领域，后来者居上，打破欧美传统的防制经验，探索出中国自有的简易防制方式，并获得国际上的认可。

这样一条路走得并不平坦。他越过了战乱时的逃亡、抗美援朝的艰苦以及科研的苦心经营，如今，坐在位于燕达金色年华健康养护中心的家中回首过去，86 岁的张见麟笑得坦然。虽然生活波折，但在变幻的人生中，能专注研究并造福于许多人，便觉得曾经波折的科研之路也变得甜了起来，而自己当初决定学医的选择也没有错。

来源于梦境的名字

1933 年，在江南鱼米之乡，张见麟出生了。“就是这个小岛，浙江杭县，现在的杭州市余杭区，塘栖镇丁山河村。”张见麟拿出一张保存得十分平整的报纸，指着照片说：“照片上，是一个开满油菜花的小岛，美丽又静谧。”

张见麟现在还清晰地记得，外婆家就住在小岛的岸边，自己家在附近一个小支流的岸边，一边说，一边在照片上指出了具体的位置。

在张见麟的生命中，祖父是一个重要的角色，“见麟”的名字就是祖父给起的。张见麟的祖父张绶章是清末最后的秀才，骨子里的文人气息浓厚，思想前卫，胸中也有波涛。据张见麟回忆，祖父是当时第一批主动剪掉长辫的人，这在清末是一件需要极大勇气的事。

就是这样的祖父用一个梦境为张见麟起了名。当张见麟还在母亲腹中时，祖父做了一个梦，梦中出现了一只麒麟，而后，张见麟便出生了。“祖父觉得梦见麒麟是一件吉祥，又有特殊寓意的事，于是就给我起名‘见麟’。”张见麟说。祖父想把最好的祝福给这“见麟而生”的小孙子，希望其一生喜乐安康，更希望他能成为人中龙凤。不过，天将降大任于斯人，张见麟的童年与喜乐安康无缘，甚至可以说是一波三折。

出生六个月后，张见麟的生母便去世了。“当时雇了一个奶娘，我是吃奶娘的奶长大的。两岁的时候父亲再婚，我对生母的印象只是通过照片获取的。”提及生母，张见麟有些遗憾。

1937 年，战乱的时代开始了，当时 5 岁的张见麟就跟着家人开始了逃难生活。起初，除了父亲在上海工作，张见麟和其他的家人都在杭州乡下居住。但张见麟居住的地方恰巧离一处军用机场（笕桥机场）很近，这里是国民政府用来培养驾驶人才的地方，在中日战争爆发后，这处军用机场自然成了攻击的对象。“总能听到炸飞机的声音，养母、我和两个姑妈就躲在家里的方桌下面，蒙上被子。”张见麟说，那时候似乎能感觉房屋在一直晃动。

彼时，父亲得知了这个情况后，就开始想办法把全家人接到上海来。于是动用了一辆小车，连夜从上海开往杭州。“当时淞沪杭甬铁路已经被炸断了，只能通过这种方式逃亡上海。”张见麟现在还记得，汽车开一段陆路，再通过渡船，经过金华、兰溪才能到达上海。

张见麟全家一起逃到了上海，却只是从一处不安全的地方，跑到了另一处更危险的地方。不久后，上海就成为日军大规模侵略的地方，枪战、轰炸又成为日常。“我们开始住在上海的郊区，但后来郊区被日军占领了，于是就和所有难民一起逃到了上海英租界生活。”

对于儿时的记忆，张见麟能想起的词语就是“逃亡”。但是在这样动荡不安的年代，张见麟也没有耽误读书，从杭州到上海，张见麟的家人努力为他提供良好的读书环境。尤其是来到上海后，张见麟在一所原为“尤来旬学校”的市西中学接受教育，老师大多为外国老师，纯正的英语教育让他学到了一口发音标准的英语，成为他后来到美国当访问学者的一大助力。

张见麟说，父亲、母亲都非常重视他的工作问题。似乎家人们也都在心底默默相信，这个因祖父梦境命名的孩子，未来一定会是人中“麒麟”。事实上，张见麟也并没有让家人失望。

与“医学”的不解之缘

1949年5月，上海解放，张见麟正在上海市市西中学读高三，终于回归了和平的生活。本应该高考、毕业、读大学的正常模式，被一则招生广告打破了。1950年3月，还差两个月张见麟就要毕业了。“我们几个同学看到报纸上刊登了中国医大、长春医大等东北四个医科大学的招生广告。”张见麟心动了。

因为东北长期处于日占状态，到1950年时，应届高中生特别稀少，所以只能在武汉、北京、上海及东北等其他地区发布招生广告，弥补地区生源不足的问题。看到招生广告后，“学医”的念头在张见麟心中燃起。

张见麟想学医并非是一时兴起，而是有一定的渊源。他素未谋面的生母是乡里头一个药店老板的女儿，谈不上医疗世家，但在他未出生以前，似乎就已经和“医”结下了缘分。继而，生母的去世也是张见麟心中的一个结。“我的生母是得了痢疾，没有得到很好的治疗才去世的。”张见麟说，“我也是，自幼身体就不好，小时候也得过痢疾。”小时候，张见麟喜欢生吃黄瓜，黄瓜就泡在家中的大水缸里，经常一回到家，从水缸里拿出来就吃。但是，那时候喝的水都是河水，细菌比较多，时间一久，便生了痢疾。“当时不知道这么吃会患病，那时候中国农村的医疗意识和环境都太差，我患病后，开始用土办法治疗没有用，后来是靠一位留学德国的私人诊所医生治好的。但也留下了一些后遗症。”

“学医很重要。”张见麟心想，中国的医疗水平远不如国外，所以年轻人更应该去从事医疗事业，去壮大中国的专业医疗队伍，不能再让“土方法”迷惑人心，延误病情。有感于“医”的重要性，张见麟坚定了学医的信念，决定去参加招生考试，但他还没有高中毕业，没有高中毕业证，只能用同等学力的方式去参加考试，结果上海市市西中学共有 3 人被录取，张见麟就是其中之一。

张见麟现在还能想起当看到自己的名字出现在上海《申报》时的激动心情。但由于报考医大，张见麟没能正常地高中毕业，后来没有拿到自己的高中毕业证。“现在也没有拿到，要是等到毕业，可能就错过了报考医大的机会。”张见麟笑笑，但并不后悔当时的选择。

拿到中国医大的录取通知书后，张见麟与另外两个同学开始了北上之旅。他们一起坐了三天三夜的火车，没有卧铺，累了就靠在椅子上睡一觉。就这样，三个从小在南方长大的小伙子，千里迢迢地来到寒冷的东北，成为沈阳中国医大的医学预科生。“那时候的届并不是按年资来算，而是从延安时期算起，一届一期的毕业生，我被编为了 42 期，这一期一共有 600 名学生。”张见麟说。中国医大是延安战争时期的医学校，属于军委管辖，毕业就集体转干，所以他们并不仅仅是一名医大的学生，也是一名军人。由于中国医大的特殊性质，注定了张见麟的学医之路也不平凡。

学医第一课是“抗美援朝”

1950 年 10 月，张见麟刚刚来到中国医大不久，抗美援朝的大幕拉开。还没有在沈阳站稳脚跟，张见麟同期600名医学预科生全部来到了黑龙江北安，加入抗美援朝的后方医疗队伍中。

北安，位于黑龙江北面，小兴安岭南麓，是一个比黑龙江大庆还北的地方。张见麟和同学们来到北安时又恰好赶上入冬，气温低的时候可以达到零下42摄氏度，寒冷程度可想而知。“我们都是没有准备棉服的，一人发了一套军队的棉大衣、棉帽子，但是那时物质条件也不是很好，依然冻得双腿发麻。”张见麟记得，当时600名同学中不少是从南方过来的，其中有100多名南方的学生，实在受不了北方的寒冷，就跑回南方去了，放弃了中国医大的学籍。

“当时虽然水土不服，全身长疮，但经过思想斗争，就坚持了下来。”张见麟说。中国医大在当地借用了一所农校，一边教授课程，一边组织学生接收从战场上过来的伤病员。不少伤病员都是因朝鲜太冷，冻掉了双腿。张见麟和同学们由于刚刚入学，医疗知识尚且不足，只能做一些抬担架、输血等简单的工作。“还发生了一点小意外。”张见麟笑了起来，“我在给一个战士输血时，突然晕倒了，那时候我才发现自己居然晕血。”在这以后，张见麟就告别了“输血任务”。

一年后，医疗支援结束，张见麟和同学们回到了沈阳。“还以为能回学校好好上课了，结果又成了实践课。”当他们回到沈阳中国医大的时候，沈阳农村爆发了鼠疫，我们这群医大的学生们又开始了下乡生涯，吃住在农民家中，帮助他们抓老鼠及昆虫。“现在想想，我们这一期医大的学生，就不是只在学校里学习的，还有防病的实践课。”各种各样的实践课锻炼了张见麟吃苦耐劳的精神和强大的适应能力，为他日后的医学研究打下了基础。

打破欧美布病防制治经验

1955年，张见麟从沈阳中国医大本科毕业，被分配到当时由卫生部直辖的北京流行病研究所，他的布鲁氏菌病研究工作就是从这里开始的。

布鲁氏菌病是一种人畜共患病，它的传染源在中国主要是患病带菌的绵羊或山羊，其次是牛和猪，其主要症状是流产。广泛分布在我国北方内蒙古等广大牧区、半农半牧区及少数农村。人只要接触牛、羊、猪等患病动物，特别在接产、助产时，双手不消毒，就有很大可能性被传染。经过一到两周的潜伏期，便开始出现高烧的症状，一旦发展为慢性病，就会导致长期的关节疼痛，严重者都无法下床走动且经久不愈。

1949年前，中国只有少数布鲁氏菌病(以下简称“布病”)病例报告。1954年至1959年期间，中国北方尤其是内蒙古自治区、陕北、山东、河南等地区，由于畜群从小群合并为大群，流动频繁，而缺乏应有防疫措施，绵山羊布病暴发流行，随之人间布病发病率也逐步上升。1954年至1972年布病流行于中国特别是北方很多地区，已构成对中国健康及经济发展一大问题。当时中国防治布病是抄袭欧美方法，检疫－隔离－屠宰的综合措施。

张见麟毕业后，正好赶上布病的高发期。他和同事们就成了内蒙古、陕北多地奔波的旅人，第一站是内蒙古的呼伦贝尔盟科右中旗，这是一个农牧业结合的地区，也是以后内蒙古布病的重灾区，许多农牧民在接生完羊羔之

正厢白旗布病联合工作队留影，摄于1966年8月1日

后，都患上了严重的布病。张见麟和同事们在内蒙古纯牧区正厢白旗找了一个废弃的奶粉厂，自己拉了电线（一次只能供电 2 小时），建设了实验基地，研究如何防治布病。“条件是很艰苦的，细菌培养箱没电我们就用煤油灯代替，自己骑马或开车去牧民家收集流产羊羔，人力不够我们就在全国布病地区召集一批防疫人员共 30 多人组成联合工作队。”

结合中国国情发明了一种简易的控制布病的办法：不用检疫，免疫家畜为主，更不需要屠宰。张见麟和团队成员一起，耗时 7 年观察了结果，最后证明该方法确实行之有效。“我们不需要照搬外国的办法，用自己的方法，控制住了布病的扩散。”后来，张见麟防治布病的方法，在美国德克萨斯 A&M 大学召开的世界的布病大会上得到了国际上认可，其研究成果被列入大会的资料汇编。同时也得到联合国粮农组织及世界卫生组织联合布病专家委员会第六次公报的认可，并于 1978 年获得全国科学大会奖。

1973 年，张见麟被调到武汉市，在中国科学院武汉病毒研究所肿瘤病毒研究室负责开展单纯疱疹 I 型病毒的研究，也取得了良好成绩。1982 年至 1983 年，张见麟去美国南佛罗里达州大学医学院微生物、免疫学系任访问学者，进修细胞免疫学，为以后继续在北京流研所开创布鲁氏菌病实验性细胞免疫工作中对布氏菌发病机理研究，除了国外的细菌感染及变态反应外，发现了新的机理，增加了免疫抑制作用。为今后应用中西药物开展实验治疗打下了重要的基础。他还在美国从事肿瘤病毒的实验研究，其中对小白鼠白血病细胞系 GM979 的免疫抑制因子做了较为系统的研究，发现了两种不同分子量的免疫抑制因子，抑制作用具有特异性，其主要成分是一种大分子量物质，小部分是一种小分子量物质。“这个发现很重要，以第一作者在世界著名刊物《实验生物及医学》杂志上发表，也引起了同行的重视。”张见麟说，1984 年他一回国，就回到北京原单位布病实验室担任研究员及室主任，开始了一系列布病免疫学和实验性治疗工作，基于这个发现，在布病免疫防治上，又取得了新的进步。

张见麟在布病领域的声誉日渐斐然。他在世界卫生组织亚太地区的中国布病研究和培训协作中心从事重要的科研协作和专业防治干部培训工作。在这两项工作中，他做了大量对外文化交流和培养了国内需要的专业干部。在事业上臻于成熟时，张见麟也不忘为布病研究室培育青年干部和研究生，充实布病研究领域的后备军力量。张见麟还当过一段时间 WHO（世界卫生组织）人兽共患病顾问。

北京流行病学研究所布鲁氏菌病研究室第一任教授刘秉阳曾这样评价张见麟：“在我国布鲁氏菌病的调查和防治研究上，尤其是在流行病学各个方面工作中，他是我国从事这一工作学者中，是少数开拓者中的一个代表。”从业至今，张见麟的学术成绩和造诣众所周知，其研究成果为以后中国开展人、畜间防治布病工作奠定了坚实基础。

据统计，他发表过流行性学论文 9 篇，微生物学、免疫学论文 42 篇，病理组织学论文 1 篇；此外，还有微生物学专著及“现代实用流行病学及方法”中的篇、章，共计 10 篇；在《健康报》及《医学信息论坛报》上还刊登了他署名文章 5 篇，以及尚有未能公开发表的《建议》等及其他译著和校著，合计超过 120 篇，共约 60 万字。由于张见麟和同事在完成国家交给的防治重大多发传染性布鲁氏菌病中所取得的良好成绩，分别在 1978 年、1993 年及 1994 年的全国科学大会上，他们被国家集卫生部授予三次科学进步奖。

“神医侠侣”走高原

张见麟是一个懂得留存记忆的人，他在每一张照片的背后，都备注了时间、地点和故事。即使人的记忆会遗忘，但故事永久地被定格在照片中。

张见麟和夫人是一对“侠医伉俪”，他们相识于内蒙古呼伦贝尔草原。后来他们就在草原上结婚。张见麟说，夫人在他的科研生涯中给予了很大的帮助。在内蒙古时，夫人就是他的同事和助手，后来张见麟被派往青海，夫人便带着孩子一起，陪他同往高原。

“1970年，我接受组织调派，支援青海地区卫生、医疗预防工作，来到了青海海西蒙古族藏族自治州。”海西州境域以昆仑山、阿尔金山、祁连山环抱着的柴达木盆地为主体，盆地海拔2675米至3200米，四周高山海拔3500米至4500米。张见麟回忆，当时一家人从北京坐火车到西宁，又从西宁坐了两天的汽车才到达了海西州。

初到海西州，要面对的就是高原反应。张见麟一家人从低矮的北京平原突然来到平均海拔在3000米左右的高原，身体上是非常不适应，张见麟还得了高血压。但他和妻子祝庆荃很快就投入到了当地的医疗工作中。“我们在这里是临床医生，帮助农牧民看病，也同时开展卫生宣传教育。”

在做好本职工作的同时，张见麟和夫人还一起开办了一个培训班，专门培训布病防治骨干。“我来到青海后发现，这里也是布病的高发地。许多牧民没有医疗知识，导致布病肆虐，难以控制。”在结束忙碌的临床工作之余，张见麟把自己多年来对布病的研究进行整理，而经过培训后的当地医生将这些知识教授给当地牧民，让他们自己可以防治布病。

在青海海西州三年，天寒日晒，但一家人都站在张见麟的背后，默默支持着他的工作。如今回想起来，因为有了夫人和孩子们的陪伴，所以才没有后顾之忧，全身心地投入到援藏工作中。夫人祝庆荃还曾被派往海拔5200米的唐古拉山乡进行巡回医疗，克服了高原反应。

因在医疗工作中的特殊贡献，张见麟享受国务院政府特殊津贴。前段时间，张见麟拿到了国家授予的“光荣人家”的称号，这对他来说，是一份最贴心的礼物。身为一名科研工作者，一生都奉献给了祖国的科研事业，分给家庭的精力和时间就变少了，而张见麟成功的背后，更多是家人无私的付出，一句“光荣人家”及国务院政府特殊津贴是对站在背后的全家人最好的认可和安慰。

文 / 魏昕悦

人·物·简·介

罗述德，87 岁，曾在中国原子能工业和有色金属工业从事企业管理和科研管理工作。1958 年 7 月 1 日在中南海怀仁堂举办的原子能工业成就展览上，罗述德被命名为“跃进积极分子”并颁发了纪念章。2009 年，在庆祝中华人民共和国成立六十周年时，罗述德被邀请参加国宴，之后又在国家敬老孝亲大型招待会暨“共和国万岁宴”上，被授予“共和国尊贵老人”称号并颁发了金镶玉的“共和国尊贵老人”绶章。据称该绶章全国只颁发 300 枚。在长达 40 多年的原子能工业和有色金属工业从业生涯中，罗述德曾带领团队在国内第一次合成 238 铀锭，这是国内初步掌握原子能基础技术的一项进步。

罗述德

甘当点亮祖国未来的“星星之火”

1945年，12岁的罗述德在刚刚光复的东北地区，接触了第一份革命工作；14岁，他受到爱国情怀感召，背着家人偷偷参加了中国人民解放军；16岁，他因为在解放战争中表现优异，被破格吸收参加中国共产党；新中国成立后，他参与了国家经济建设，并在原子能工业和有色金属工业从事企业管理和科研管理长达40多年。

以往种种，早已深深印在了罗述德的脑海。面对着这样的经历，如今，坐在燕达金色年华健康养护中心居室里的罗述德依然将自己的一生定位为“平淡”。“没有像黄继光那样堵过枪眼，也没有像董存瑞那样舍身炸碉堡，我就是在平凡的岗位上度过了自己一生。”今年87岁高龄的罗述德回忆着过往，内心十分平静：“我个人力量很微薄，但是能为新中国的成立去奋斗、洒热血，为新中国的建设和改革开放挥汗水、勤奋斗，我至今深感荣幸。”

2009年，罗述德在“庆祝中华人民共和国成立六十周年”时被荣幸邀请参加国宴，之后又在国家敬老孝亲大型招待会——“共和国万岁宴”上，罗述德被授予“共和国尊贵老人”称号并颁发了金镶玉的“共和国尊贵老人”绶章。据称该绶章全国只颁发300枚。对罗述德而言，这枚绶章胜过万金。“党和国家已经给了我们太多关怀和照顾，对于现在的晚年生活，我十分满足；对于走过的‘酸甜苦辣’之路，我感到荣幸无悔。”罗述德说。

12 岁当起县公安局“勤务员”

如果说起罗述德的工作经历，谁都会惊讶于他拿到第一份革命工作时的年龄：12 岁。1945 年，苏联红军打败日寇，解放了被日本帝国主义奴役 14 年的东北地区。但刚刚解放的东北地区社会动荡、学校停课，一切都亟待重整河山。这一年，罗述德 12 岁，何去何从，年幼的心灵，彷徨不定。

“我出生的县城肇州县特别小，又闭塞，那时我的家境贫寒，学校停课，就是每天闲逛。”罗述德回忆，是一群非军、非民、人称“八路军”的人改变了他迷茫的生活状态。东北地区刚解放，党中央派出强大的干部队伍来到东北地区，组建人民政权，那时，人们都还不了解何为“八路军”“共产党”。

对于这群人，罗述德充满了好感。他们着装普通，待人和蔼，说话和气，接触和依靠的是穷人，远离的是富人，仇视和打击的是伪军警宪特和土豪劣绅，深受老百姓拥护。在组建人民政府的时候，县公安局开始招募人员。“所谓的勤务员就是负责抄写和勤务，供给制，每个月发 5 角钱津贴，时续时断。”而以当时的物价，5 角钱，买不到 10 斤小米，但罗述德还是在他 12 岁的时候，获得了人生中的第一份革命工作，一门心思地钻进了县公安局。

在县公安局，罗述德虽然只有 12 岁，但已经慢慢懂得了何为敬业、为谁工作，他认真地做好每一项工作。那时候，县公安局办公设施极其简陋，全局只有一台手动油印机，而且还坏了，因此，大部分的文书都只能手抄，很多时候，罗述德都抄到深夜、抄到手发软，人困马乏。

“什么叫革命，什么叫供给制，我一概不懂，只知道和这些人在一起工作很开心。”罗述德说，对于家境贫寒的他来说，衣食无忧已经是最大的满足。

在县公安局，罗述德开始接受了革命思想的熏陶。一年后，县公安局领导考虑到他年龄太小，恰好叔父前来接他去郭尔罗斯前旗读书，罗述德重回学堂，接受教育。

瞒着家人毅然参军

罗述德叔父所在地是敌我拉锯战地区，虽在东北民主联军控制之下，但社会仍很不安定，学校开课极不正常，东北民主联军第二纵队（后改为中国人民解放军第四野战军三十九军）正驻此地。罗述德在这里结识了他的第一位革命领路人——纵队宣传部长朱鸿。

“立宏志，为民族、为国家参军打天下。”朱鸿慷慨激昂地演讲激荡着一颗颗年轻的心。“我在民主政府工作，接受了一年的熏陶，听到这样的话，就燃起了参军的激情，于是背着叔叔婶婶，毅然报名参军。”罗述德于 1947 年 2 月成为一名光荣的中国人民解放军战士，随军转战南北，从北国的黑龙江打到祖国南疆的中越边境镇南关（现改名为睦南关），为创立新中国而战。

当时，中国共产党领导的东北军队的基本战略是“让开城市，占领两厢，以运动战为主，消灭敌人有生力量”，因此部队总是夜行昼宿，转战在东北平原上。罗述德参加了 1947 年的春季攻势、夏季攻势、秋季攻势和冬季攻势，所在的部队解放了怀德、昌图、开源、法库、新立屯和彰武等重镇，消灭了守敌，解放了大片土地。“我在参加彰武战斗中，随军指挥所前移时，遭遇国民党飞机的轰炸而右腿负伤。战时，军指挥部很忙，缺人手，首长命令我边养伤边随前指工作。”罗述德回忆，每当行军，通讯员就背着他，把他送上大车，就这样随军行走了三个多月，到 1948 年春伤才治愈。“那个时候，从来就不怕死，不管发生什么情况，当兵就要冲在一线，把死丢在脑后。”罗述德说，“等战役结束评功，我还荣立了两次小功。”

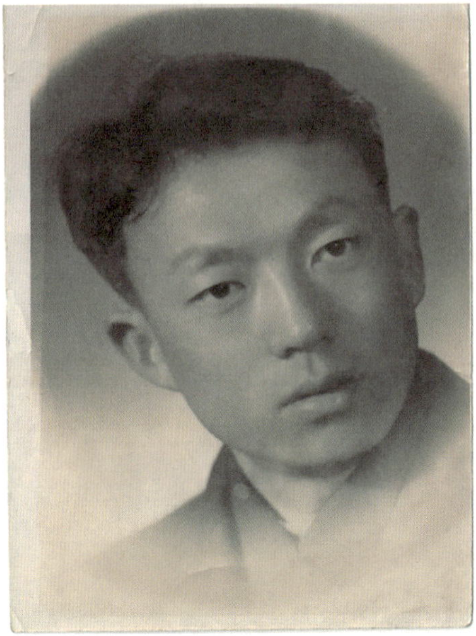

年轻时候的罗述德

随后，罗述德所在部队转移至沈南地区又相继解放了辽阳、辽中、鞍山、海城等地。1948 年，夏季攻势时，部队由辽南转战至沈北地区。1947 年和 1948 年，东北解放军解放了东北的大部分地区和许多重镇，消灭了国民党军有生力量，壮大了自己，已经具有大兵团作战攻坚能力，把国民党军队压缩在长春、沈阳、锦州三个城市及其周围地区。东北解放军捕捉了极为有利的战机，从 1948 年 9 月起发动了强大的秋季攻势，其中包括著名的辽沈战役。

“我们部队直指锦州，沿途又二次解放了许多重镇和锦州外围地区，与兄弟部队仅用 30 多个小时就解放了锦州，歼灭以范汉杰为首的敌军 10 多万人，切断了北宁线，造成东北战场‘关门打狗’之势。”讲到战争往事，罗述德有些激动。锦州解放后，还没来得及清扫战场，所在部队又接到“东总”命令，要求昼夜兼程直扑黑山、大虎山一线参加辽西会战。“部队仅用两天三夜强行军赶到指定位置。这期间，部队仅吃了两顿饭，行军中的小休息就是睡眠时间，人困马乏，部队只要一休息，战士们就地躺倒就睡，甚至在行进中也能边走边睡。泅渡大凌河和巨流河，我们都是趁着黑夜光着屁股蹚冰水过河的。”

在东北解放军的强势打击下，国民党部队失去指挥，溃不成军，已成为惊弓之鸟。为了速战速决，解放军也不再强求队列进攻，满山遍野都是神勇的战士。“那时，什么人都可以抓俘虏，连文工团女团员也上了第一线，追击惊慌失措的敌军。”1948 年 11 月 2 日，部队攻克沈阳，东北全境解放，结束了解放战争史上著名的辽沈战役。

“东北解放后，部队立即进行修整，着重解决两件大事。”罗述德说，“首先就是充实部队装备和补充给养，用缴获国民党的一流美式装备，改善东北部队的武器装备，提升战斗力；第二就是巩固部队，解决部队入关的思想障碍。东北部队 80% 是东北翻身农民，当时部队一部分战士中存在‘三十亩地、一头牛、老婆孩子热炕头’离队思想。入关等于要离家，不仅背井离乡，还要抛头颅洒热血。但是在部队强大政治思想教育‘打到关内去，解放全中国’的统一引导下，我们又迈开两条铁腿，向山海关内进军了。”

“1949 年 1 月，我们部队参加解放天津战斗，仅用了 31 个小时就攻克天津，活捉陈长捷以下国民党官兵 10 余万人。天津解放以后，部队立即移师北平周围，威逼傅作义签订和平解放北平协议，并解放了许多重镇和华北全境，结束了著名的‘平津战役’。”

“这期间，我以 16 岁的年龄，破例被接收加入中国共产党。”罗述德自豪地说。

1949 年，在毛泽东主席“将革命进行到底”“打过长江去，解放全中国”“宜将剩勇追穷寇，不可沽名学霸王”的号召下部队奉中央军委毛主席、朱总司令命令，于 1949 年 4 月起程南下，大军以秋风扫落叶之势，首先解放了武汉三镇，一直打到中越边境的镇南关（后改为睦南关），解放了中南全境。“我从北国黑龙江江畔用两个铁脚板一直走到祖国南疆镇南关。”

在罗述德所在部队还在广西境内继续追歼国民党残余部队时，迎来了

1949年10月1日这个威震世界、举国狂欢的日子。“正在执行作战任务的部队到10月2日才休息一天，后勤部好不容易买到点猪肉，做了顿猪肉白菜汤，尽管简单，猪肉稀若晨星，这也是为新中国诞生的庆祝佳宴。”南北相隔万里，部队上下依然感受到北京的喜悦，一片欢腾。罗述德军旅生涯，真是“战士双脚走天涯”。

昔日战士扛起社会主义建设大旗

新中国成立之初，国内各领域人才匮乏，曾经有过读书经历的罗述德就成了重点培养对象。

1951年至1952年，罗述德被送往中共中央东北局高级党校研修社会主义建设问题。“那时候，新中国刚刚成立，百废待兴，就连我们学习用的教材，都还是苏联的版本。但建设新中国热情十分高涨，我们珍惜每一个学习机会。”由于新中国的社会主义建设，各行各业都缺乏人才，毕业后，罗述德就当起了社会主义建设的螺丝钉，哪里需要他，他就出现在哪里。

从中共中央东北局高级党校毕业后，罗述德首先被分配到了经济战线，参与社会主义经济建设。在经济战线工作还不到两年，罗述德又开始学习俄语，被派到外交战线，前往莫斯科中国驻苏联大使馆工作。这一走，罗述德就在苏联前后工作了五年，直到中苏关系破裂，他才回国。“那个时候，国家的人才缺乏程度是你们难以想象的，一个初中生，都能称得上‘小知识分子’。”罗述德说。

1957年，罗述德回国后就进入了原子能工业，也就是现在的核工业。“我在原子能工业前后两段工作了23年，前期是培养原子能科技人才，搞科研管理，后期被派往原子能工业企业担任领导工作。改革开放后，我才到了有色金属工业。”

从经济战线转战外交，又从外交走向了核工业有色金属工业，完全不相关的三个行业造就了罗述德早年的工作经历。频繁、跨度又大的岗位调动意味着罗述德要不断接触新领域，适应新环境，学习新知识。但罗述德从来没抱怨，在他眼中，这都是应该的，祖国哪里需要他，他就应该顶上去，把自己一切交给党。“现在你们可能不能理解这种情感，认为怎么会有人这么想，但在那个时代，我们就是抱着这么简单的心情和目标。现在提起来，我依然觉得自豪。”

他回忆，刚刚进入原子能行业，国家正面临着经济困难和苏联经济技术封锁中，一切都要从零开始，困难程度可想而知。“但是，中国人就是不服输，不怕困难，越是困难越向前，我们就要靠自力更生把原子弹搞出来。”党中央、毛主席下定决心，动员全国一切力量，“就是用柴火烧也要把原子弹搞出来！”

当明确了方向后，剩下的就是脚踏实地地干。在国家号召下，一大批爱党爱国科学家有为青年知识分子加入到原子能行业中，共同攻克技术难关。“当时我们就只有一个目标——工作，除此之外，没有任何其他的想法，再艰苦也要昼夜兼行不停地工作。”罗述德说。

当时，除了面临苏联的经济和技术封锁，也是整个国家经济最困难时期，就连吃饭、穿衣都成了问题。“一个月定量 25 斤粮食，别的什么也没有，蔬菜也没有。许多同志日夜兼劳得了浮肿病，在周恩来总理关怀下，每月发二斤黄豆补充营养，人们戏称‘黄豆干部’。”就是在这样艰苦的条件下，大家一门心血扑到科技攻关上，1958 年 7 月 1 日在中南海怀仁堂举办了原子能工业成就展览，几乎所有当时中央领导都到会视察、祝贺并与代表合影，罗述德被命名为“跃进积极分子”并颁发了纪念章。

“我这一生，在离休之前，从没有休过假，连星期天也都在加班，退休了才算休息。什么五天半工作制，五天工作制从来没有享受过。”想起这些，罗述德感慨时代变迁，如今少见当年那种无私奉献的景象。在那个艰苦奋斗的年代，没有人会想到工资、福利待遇这样的问题，也没有人会抱怨没有休息时间，所有人心头唯一念头就是“为党的事业奋斗，为国家争光”。“你们现在觉得这是一个口号而已，但在当时就是事实，就是精神，精神力量驱使我们奋斗。人人思想高度集中，目标高度明确。”罗述德感叹。

坚守原子能和有色金属行业 40 多年

罗述德进入这个领域时，各项工作都是刚刚起步，或者可以说是零基础。罗述德回忆当年第一次接触原子能事业，是一个叫“专家工作组”的保密单位，即“核工业冶金化工研究院”前身。国家集中了一批从苏联回国留学生，又从全国各大名校选调一批高才生转行从零开始学习原子能基础科技知识，我成为这个组的领导者。

“国内第一次合成 238 铀锭就是在这里。”罗述德说，“虽然铀 238 仅是原子能原料，并非是原子弹的燃料，但在当时，这也是国内初步掌握原子能基础技术的一项进步，可算是科学技术一项创新。 中央领导给予我们很大的鼓励，也催生了我们继续奋斗的动力。”

罗述德从小就在艰苦的环境中长大，艰苦奋斗已经成为习惯。他在核工业和有色金属行业兜兜转转，一转就转了 40 多年。“1994 年，我正式离休。其实 1992 年，我就已经到了离休年龄，但是由于工作需要，多干了两年，到 1994 年正式离休。”

离休后，罗述德也没有真正的休息。受到单位的委托和党代会选举，罗述德又继续从事了老干部党的工作 25 个年头，直到 2017 年才完全从工作中抽离出来。“如果从我 12 岁第一次为党的事业工作开始算，那么到 2017 年，我 85 岁了，那时我已经为党工作 73 年了。这是我一生都值得自豪的事。”

罗述德回想自己的一生，他说“一生其实都很平淡无奇”，“但是党和国家对我一生的工作，给予了极大的肯定，或者说是鞭策。”2009 年，在“庆祝中华人民共和国成立六十周年”时国务院邀请他参加庆祝国庆宴会，之后又在参加敬老孝亲大型招待会——“共和国万岁宴”上，授予罗述德“共和国尊贵老人”称号并颁发了金镶玉的“共和国尊贵老人”绶章。绶章呈圆形，正面刻有国徽图案和“中华人民共和国成立六十周年庆典 1949—2009”字样，背面刻着康乃馨花形和“共和国尊贵老人”七个字，以及镌刻罗述德的姓名。“过了这么久，党和国家还没忘记我们，我虽然已进入垂暮之年，在党的培育下已是七十多年的老党员了，应该‘不忘初心、牢记使命’，在有生之年为党的事业继续发挥余热，增添点正能量。”

一生都在“自找压力”

与罗述德交往会发现，他是一个严于律己，宽以待人的人。他给自己人生的座右铭是四个大字：自找压力。他的一生，也是自找压力的一生。

行军打仗的时候，他强迫自己带伤参战，并在战役结束后，荣获两次小功。工作后，他不断接受国家的调动，并且每次都是不同的领域，一边学习，一边工作。在为“两弹一星”奋斗的岁月里，他把单位当成家，每天都是工作日，昼夜不停地奋斗在工作岗位上。记不清他获得多少荣誉称号和奖状、奖章。他经常写杂文、诗歌，还自学书法、国画，发表在各种杂谈书刊上。他没机会读正规大学，改革开放后就利用出差、上下班坐公交车的时间用“卡片”方式读大学课程，年年参加全国大学自修考试，到 20 世纪 80 年代，终于拿到三个大学文凭，这时他已经 50 多岁了。“退休后，我也不闲着。”他坚信，学习是人生一大法宝，“脑子不用要生锈，不学习就要落后。”

2017 年，罗述德来到了燕达养护中心，这也是他真正意义上的退休。来到燕达后，他把“自找压力”的座右铭也带到了这里。他继续学习书法、国画，写了许多杂文、诗歌、散文，其中一些作品还在报纸杂志上刊出。“我的书法和绘画都是自学的，没有老师来教。”罗述德书法绘画如今已经小有所成，他经常将自己的书法作品和绘画作品分享给国内外朋友。同时，他还将作品免费提供给有关部门做一些公益展览。“如果有单位请我去做讲座，我也欣然接受，而且一切都是公益的。”罗述德坦言，按国家规定，以他的身份，如果要去讲座，是可以收取可观酬劳的，但是这却与他初衷不符，他希望能通过公益讲座，分享自己学到的知识，为社会再添一份绵薄之力。他为人处事强调“敬人者，人恒敬之”，遇事多责自己，勿责他人。

罗述德是燕达养护中心的在住宾客。由于入住燕达的宾客大多是来自北京各机关部委的离退休人员，多为老干部、老党员，这些老人党性强、政治觉悟高，对时下国际形势最严峻的中美贸易摩擦都非常关注。罗述德是高级经济师，当之无愧是燕达内最合适的讲演者。

2018 年，中美贸易摩擦发生后，罗述德在 7 月和 9 月分别用两个课时讲授中美贸易摩擦问题。2019 年 4 月、5 月，已经 87 岁高龄的罗述德又在《宾客讲坛》上两次与燕达的老人们分享美国国策知识，共同探讨中美贸易战形成的原因、发展趋势以及影响等问题。“与大家分享这些知识，对我来说并不是压力，而是我非常乐意做的事，我觉得，这也是自我修养提升的好方式。”罗述德说。

许多老人在退休后，会经历一段时间的迷茫和自我否定期，似乎突然间从工作岗位上闲下来，就不知道怎么办才好。“我觉得自己没有那个时间，也没空整天胡思乱想。”罗述德说，从他每天早上睁开眼，到晚上闭上眼，都有自己的时间表，严格执行，真的没有时间去迷茫或者空虚。他说我只想当“大忙人”，不想当“大闲人”，更不当“大懒人”。人只有不懈奋进，才会感到充实和愉悦。

谈及现在的生活，罗述德说自己已经非常满足了。他有一个相对健康的身体，思维逻辑清晰。“要是跟同龄人相比，我就还算是健康的。”罗述德说，既然身脑还可以，就不能浪费时间，对自己还是要严格要求。“我现在的生活很有规律和计划性，一天的时间如何分配，什么时间该干什么，我都心如明镜。”

罗述德语重心长地说：“其实党和国家已经对我们极其照顾和关怀了，

我常思，我一个苦孩子能有今天，完全是党和人民培育的结果。所以，我时刻都心怀感恩之情，2018 年曾赋长诗《恩泽比天高》一首，发表在《燕达养老》季刊上，表达我的心意。我又以隶书写了一副楹联：‘携手跨进米寿之门，共同奔向茶寿之乡。’如今这副楹联还展示在老年大学书画室中，以资与老朋友们共勉。人啊，就应该知足。”

文 / 魏昕悦

人·物·简·介

张伟光，92 岁，毕业于清华大学航空工程系，大学毕业后被安排到当时的中央重工业部航空工业局设计处工作。张伟光曾经参与建设国家第一个航空发动机厂，因为用的都是日本人留下的破旧厂房和设备，张伟光和同学们克服困难，拿着尺子一米一米地丈量破旧厂房的长、宽、高以及门、窗和各种管线的位置尺寸，为我国自主研发航空发动机打下坚持基础。20 世纪 70 年代，张伟光参加过我国第一个也是唯一的一个军用航空发动机生产厂试车台，与西方国家进行技术交流活动。

张伟光

为航空工业建设努力工作 40 年

航空发动机被誉为工业皇冠上的“明珠”，设计和工艺都十分复杂，涉及数学、物理、化学、气体动力学、工程热力学、固体力学等多个学科。航空发动机更是一个国家科技、重工业、轻工业、金属、非金属和国防实力的重要体现，能自主研发近代的航空发动机，才能彰显国力的强大。

住在燕达金色年华健康养护中心的张伟光老人已经 92 岁高龄了，他至今仍时刻关注着中国航空发动机事业的发展动向。只要媒体提到航空发动机的最新进展，他都会带上眼镜拿起报纸仔细读，或者凑到电视机前侧着耳朵认真听，其实他本人并不是从事发动机设计，而是负责建设发动机厂的前期工作即工厂设计，从 20 世纪 50 年代到 90 年代，他用了近 40 年的时间，为中国工业擦亮皇冠上的那颗“明珠”做着建厂的设计工作。

经历战乱的动荡　童年盼望和平与安宁

张伟光其实是辽宁人，但他几乎没有东北口音，反而有一口非常标准的普通话，他说他的口音与他辛酸的动荡童年有着很大的关系。20 世纪 30 年代，

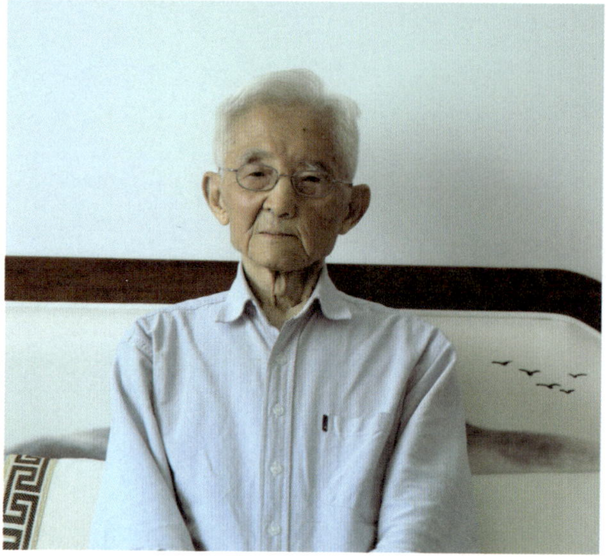
张伟光在燕达金色年华健康养护中心

日军侵华占领了我东北三省，坚决不作亡国奴的张伟光一家，从辽宁一路出逃，开启了他们动荡的逃亡生涯。

张伟光一家坐汽车，换火车，转轮船，首先南下去了安徽，以为在安徽可以落下脚生活，可没过多久，日本人又打过来了，他们又慌忙逃往武汉，之后还去过长沙、重庆、广西……最后总算落了脚，但逃难的日子让张伟光终生难忘。

就这样，只有六七岁的张伟光跟着家人流浪了五年，刚刚适应了一个城市的生活，没过几个月，就要换下一个，这让他耽误了不少小学课程，直到全家落户贵州，他才能踏踏实实地生活，安安稳稳地念书。在贵阳的中央大学附属实验中学（抗战初期由南京迁到贵阳，1941 年，更名为国立第十四中学）里读了五年中学课程。抗日战争胜利后，1947 年，张伟光在北平考上了清华大学航空工程系。在张伟光幼小的心里，很早就种下一颗期盼和平、国家富强的种子。

新中国成立前夕
参与学生运动　亲眼见证解放军入城

北平解放前，北平高校里的地下组织和进步学生非常活跃，经常开展张贴海报，游行示威等民主活动，清华大学更是当时有名的民主“堡垒”，张伟光在学生运动中于 1948 年参加了党的外围组织——民主青年同盟。

1949 年 1 月 31 日，北平和平解放，当日，张伟光跟着清华大学的队伍早早来到前门，等待着解放军从这里入城。那是张伟光至今难忘的一天，当天上午 10 点左右，入城正式开始，解放军一直走到前门箭楼，张伟光就站在箭楼不远的清华队伍中。当天的前门大街上，人们载歌载舞，欢呼雀跃。观看入城仪式的市民、学生和工人们像潮水般从四面八方涌入部队将要经过的线路，人们几乎个个手中都拿着小彩旗。在前门大街上，装甲车队被迎接的群众围起来。学生们爬上装甲车贴标语，还用笔在炮上写“庆祝北平解放”“欢迎解放军”“解放全中国”。

张伟光对这一天的印象非常深刻，他应该知道对比他童年逃难的苦日子，中国人民再也不会受人欺负了。因为有了中国共产党，有了新中国，中国人民从此站起来了。

参与国家第一个航空发动机厂建设的设计工作

1951 年 7 月，张伟光从清华大学航空工程系毕业，未等到举行毕业典礼，他和另外 9 个同学突然被接到了位于东交民巷的中央重工业部，这 10 个年轻人还不知道，他们的命运将就此和国家的航空事业紧密地联系在一起了。张伟光等人被安排到当时的中央重工业部航空工业局设计处工作，航空工业是国家的机密领域，张伟光所在的单位自然是国家机密单位，所以在他们单位达到数百人后，就搬出东交民巷去自建大楼了。我们自建的大楼为了保密，在大门上仅悬挂着德外大街 12 号的牌子，从不悬挂单位的正式名称。

根据当年的中苏协议，苏联派了大批专家来到中国。张伟光和同学们走上工作岗位就立即跟着苏联专家去了沈阳、哈尔滨，还有南方一些城市，那里有战败后日本人留下的飞机、发动机生产厂房，已破旧不堪，设备也已被苏联红军作为战利品运到了苏联，为了建设国家第一个航空发动机厂，张伟光和同学们拿着尺子一米一米地丈量破旧厂房的长、宽、高、门、窗及各种管线、电线的位置尺寸，用作新建厂房的数据参考。

他们原是学飞机、发动机原理的，哪会工厂设计呀，完全是在苏联专家指导下，及时地完成了位于沈阳、哈尔滨的飞机、发动机修理厂的修复和设计工作，为保养、维修支援抗美援朝的苏联空军飞机做了一项准备工作。张伟光也于 1953 年参加了中国共产党。

为学习技术要领，专门学习俄语

当时张伟光所在单位有大批苏联专家，“我记得他们住在友谊宾馆，每天有三四辆大轿车把这些专家先是拉到广安门内的一处办公楼，后来就改到德胜门外的一座神秘大楼。”张伟光说。当时中苏关系很好，先后有多位涉及很多专业的苏联专家进驻单位指导，比如工艺设计、冷热加工、建筑结构、和某些专用设备设计专业等。在工艺及总设计师岗位上，常是一个专家带三四个中国人，为了更好地学到本领，这些中国人就拼命地学俄语，张伟光就是其中之一。他说：“虽然设计院都给安排有翻译，但是他们也特别支持我们学习俄语，他们鼓励我们直接和专家对话，因为那时大家想法都特别单纯，就是想把国家赶紧建设好。”像张伟光这样的一大批中国设计人员都如饥似渴地学习，令苏联专家都忍不住感叹道：“你们真是最好的学生。”

苏联专家支援建设的日子维持到 1960 年中苏关系恶化，苏联专家全部撤走。但张伟光认为，虽然没有了苏联专家的支援，中国人也能凭借已掌握的各种类型航空工业工厂建设时所需的知识将工厂设计工作进行下去。从新中国成立到 20 世纪 60 年代，祖国大地从南到北、从东到西，建起了一大批飞机、发动机、附件、电气仪表生产厂，张伟光参与和见证了祖国航空工业零的突破，快步走向未来的全过程。

参与国家第一个航天工业工厂建设的设计工作

在参与航空工业事业的过程中，张伟光会回想起小时候住在重庆时的战乱时刻，只要警报在空中响起，就意味着有日本飞机要来轰炸了，所有人就会慌作一团，拉着老小拼命往防空洞钻。那时的张伟光就在想："如果我们有自己的飞机，就不会受敌人的欺负了，那该多好。"

谈到航空航天，很多人可能都认为这是一回事。其实航空是指飞行器在地球大气层内的航行活动，而航天是指飞行器飞出地球大气层外宇宙空间的航行活动。张伟光自毕业后，一直从事的都是航空事业，在他的职业生涯中，也曾经参加过中国航天事业建设中的前期——国家第一个航天工业工厂建设的设计工作。1959 年，张伟光在某航空发动机厂里见到了一个刚运来的 V2 导弹发动机，这是纳粹德国在 1942 年研制的第一种弹道导弹所用的火箭发动机。

V2 导弹可以从欧洲大陆直接准确打击英国本土的目标，是进入火箭新时期的标志。这颗 V2 导弹发动机是苏联红军的战利品，拉到中国，是因为我国也要紧跟时代研发新武器。从这以后，我国设立国防五院，用来发展航天事业，"当时我们航空设计院是跟航天最沾边的事业，当年我们航空设计院就组织百余人参与有关厂房和研究所建设的前期设计工作，在保密大院专设再保密区，用了几年时间顺利地完成了任务。"张伟光担任了当时地对地导弹厂的工艺设计和某地对空导弹发动机厂的总设计师工作。

为了斯贝发动机，借西服去英国交流技术
参加设计第一个也是唯一的一个军用航空发动机生产厂试车台

20 世纪 70 年代，为了改变我国军用航空发动机技术的面貌，中央决策引进购买英国军用斯贝发动机 MK202 的产品设计图纸和全部生产工艺资料及 MK202 整合发动机，双方合同中规定英方需在英方工厂培训中方生产技术人

员，协助完善中方自行设计的试车台设计——这也是中国第一个也是唯一一个军用航空发动机生产厂试车台设计。在与西方进行技术交流时，张伟光就是当年赴英考察的技术人员之一。1978 年，张伟光作为设计院该项目的总设计师，带了五六个同事飞到英国开展技术交流。

张伟光及同事与英国技术人员开展交流

那个年代，技术人员出趟国，可不像现在这么简单，走出国门的人太少了，少数出国也是苏联东欧。首先就是没有撑门面的“家当”，20 世纪 70 年代的技术人员人人都穿着一套兰或灰色中山装，少有人能拥有一套西装，但是走出国门，又要为国争光，张伟光和他同事们首先就去当年的航空工业部对外联络处借西装了。

在那个时代，公派出国人员的规定和限制非常多，比如，必须两个人一起行动，一个人不能单独上街，不能逛商店，其实是怕“逛商店又不买，被别人笑话”。转眼再看，几十年后的今天，技术人员出国交流十分普遍，也不会有这么苛刻的限制了。“中国强大了，老百姓富裕了，真是今非昔比了。”

当年设计院的夫妻俩频繁出差
孩子在家几个月甚至一年没家人管

因为国家建设需要，设计人员出差非常频繁，尤其20世纪60至70年代，出差像是家常便饭，孩子不得不扔在家里。“我院的孩子都学会了自己做饭”，如果现在的家长说起这个，脸上一定是洋溢着骄傲的表情，但是设计院的家长们说起这事，满脸都是内疚。在设计院每一个小家庭里，不是爸爸出差，就是妈妈出差，要么就是两个人一起出差。张伟光说，单位当时办了一个名叫“少年之家”的机构，弄了几个房间，找职工来专门照顾出差频繁的职工的孩子。他的女儿就在“少年之家”里。没有父母陪伴的孩子不得不早当家，还在小学的时候，张伟光的大女儿就已经会给自己做饭吃了，到了中学，她已经可以带着弟弟洗衣服、买菜、做饭、上学了。

设计院的很多家庭都是这么熬过来的，孩子们也理所当然地认为父母的工作就是出差。

“我们每次出差回来，他们就会问，下一次出差是什么时候？这个话里的意思就是，盼着我们再多待一些日子陪伴他们。”张伟光说，“不仅孩子受苦，当年我们搞三线建设现场设计，都在偏远地区，条件十分艰苦，比如上个厕所要去室外很远的地方，得跑着去，要是闹肚子可就麻烦了。”

像张伟光这样的航空从业者，他们依然认为自己做的是微小的贡献。1989年退休后，他还时刻关注着国家航空发动机发展动向，2018年住进燕达金色年华健康养护中心后，老人除了关注身体健康，最关心的仍是祖国航空发动机的发展，他希望中国的航空发动机早日赶上世界顶级水平。

文 / 叶晓彦

人·物·简·介

张彩娥，1936 年生人，今年 83 岁，高级工程师。1956 年考入北京大学化学系，1959 年抽调到北大技术物理系，1962 年毕业分配到当时的二机部 401 所（现为中国科学院原子能研究院）工作，1973 年调到核工业北京铀矿地质研究院，从事同位素地质年代的研究工作，直至 1993 年退休，核工龄三十余年。张彩娥参与的“氚的制备工艺”这一项目，在 1978 年我国第一届科学大会上荣获“国家科学发明特等奖（集体）”。

张彩娥

为“两弹一星”默默奉献的“螺丝钉”

“两弹一星”，众所周知，指的是核弹、导弹、人造卫星。能参与这项保密事业的人，一定是国家和人民极其信任的。张彩娥就是这样一位，毕业于北京大学技术物理系的她，是核工业集团在京研究院高级工程师，曾经亲身参与我国“两弹一星”第一颗氢弹一线研制项目。她自认为是“两弹一星”项目中一颗微小的螺丝钉，她也深知自己的一切言行都要对得起国家和人民对她的这份信任。她的一生，是这么说的，也是这么做的。

志存高远，巾帼不让须眉

人的一生，只有将个人成长融入国家命运方能有所成。百年来，旧中国饱受世界列强各国的欺凌，国家满目疮痍，民不聊生，出生在旧上海的张彩娥，童年时期亲身经历了列强瓜分中国带来的屈辱：满大街的洋人盛气凌人，到处是标记着洋文的店铺招牌，公园门口放着“华人与狗不得入内”的标牌；十里洋场灯红酒绿，青帮红帮耀武扬威，欺压老百姓；穷人们居住在棚户区，叫花子满街；经济混乱，物价飞涨，金圆券印出来就不值钱，拿去糊墙都比买报纸便宜；日本人占领时期，对中国人随意打骂杀戮，人们坐船逃难，遇到有人咳嗽，日本人就将整条船的人都烧死。

1949年之前的旧中国摇摇欲坠，大厦将倾，三座大山压的中国人喘不过气，凡有良知的中国人无不痛心疾首，多少仁人志士，为推翻旧中国，建立新中国前仆后继。那时候，小小年纪的张彩娥心中就隐隐萌生出对于一个全新时代的向往。

“我的母亲在我眼里是一位非常优秀的女性，勤劳、聪明、有胆识，但是一辈子没有工作的她，所能展现才华的领域只有我们这个小家庭，我觉得非常可惜。”在旧社会，妇女被压在最底层，遵守三从四德、嫁鸡随鸡嫁狗随狗，命运全凭运气，张彩娥想要反抗封建主义，改变人生命运，所以在很小的时候她就立志，要多读书，要用自己的能力与努力，成为一个能为社会创造价值的人。“我从小就很喜欢数学和物理。但我上初中后最喜欢的是化学，在我看来，物质的反应与变化就像变魔术一样，真是神奇，十分吸引人。那时候我特别崇拜居里夫人，一门心思想当女科学家。”

因为战争而失学的张彩娥深感知识的缺乏和重要。新中国成立后，得以重回校园继续学业的她，十分珍惜这来之不易的机会，她克服困难，奋发图强，如饥似渴地吸取着知识，以优异的成绩考入了当时上海最好的高中——上海市上海中学。校内聚集了许多优秀的老师、学者，诸如数学老师余元希、余元庆，地理老师陆人骥，化学老师谈冠英，生物老师顾巧英等。

到了高中以后，学校十分注重学生德、智、体全面发展，特别是政治思想教育，这使她对社会男女平等有了一番全新的理解：“新中国成立后实现了政治上的男女平等，只有实现经济上的平等，才是真正的男女平等。”高中阶段的学习，为她树立了正确的人生观和世界观，为实现“身体好、学习好、工作好”的目标打下了良好的基础。

新中国成立后，国家发展日新月异，蒸蒸日上：中国第一辆汽车出厂了，第一艘轮船下海了……张彩娥每天都能听到这类振奋人心的“新闻”。国家发生了翻天覆地的巨变，人民当家做主，迎来了一个风清气正的新社会。毛主席曾说，妇女能顶半边天。新社会的妇女实现了真正意义上的平等，各行各业都涌现出如女将军、女科学家、女飞行员、女拖拉机手、女卡车司机等“巾帼英雄”。正是这种强大的社会变革，坚定了张彩娥将自己的一切与祖国的命运融合在一起的决心与意志，全身心地投入到轰轰烈烈的社会主义建设的洪流中，就此走出了她一生的道路与方向。

尽忠报国，为中华崛起而奋斗

20世纪50年代中期，以毛泽东同志为核心的第一代党中央领导集体，根据当时的国际形势，为了保卫国家安全、维护世界和平，高瞻远瞩，果断地做出了独立自主研制“两弹一星”的战略决策。

大批优秀的科技工作者，包括许多在国外已经有杰出成就的科学家，以身许国，怀着对新中国的满腔热爱，响应党和国家的召唤，义无反顾地投身到这一神圣而伟大的事业中来。他们和参与“两弹一星”研制工作的广大干部、工人、解放军指战员一起，在当时国家经济、技术基础薄弱和工作条件十分艰苦的情况下，自力更生，发愤图强，完全依靠自己的力量，全身心地无私付出，在较短的时间，突破了核弹、导弹和人造卫星等尖端技术，取得了举世瞩目的辉煌成就。

而这其中，就有张彩娥。她总是自谦为“两弹一星”项目中的一颗微小的螺丝钉，但即使是一颗微小的螺丝钉，回顾起参与国家重大项目的往事，心中仍澎湃激昂。

“我在1956年考入北京大学化学系，1962年从北大的技术物理系毕业。”张彩娥说，技术物理系的前身是物理研究室，是由周恩来总理批准设立的。1955年8月1日，为了满足中国急速发展的原子能事业的需求，国家高教部在北大正式成立物理研究室，1958年10月北京大学教务会设立北京大学原子能系，1961 年 6 月 3 日改为北京大学技术物理系，并在 1959 年 8 月，从全国各大院校选调了两百名学生作为我国第一届核技术人才进行培养。北大化学系选调了 30 人，其中就有张彩娥。

青年时期的张彩娥与北大同学

在《放射化学导论》的第一节课上，授课老师就告诉学生们："选择学习这门专业，未来从事这份工作，你们起码少活五到十年。"但这番话并未使这群满怀报国热情的年轻人心中产生丝毫的惧意与退意。虽然"两弹一星"的研制是一项保密事业，但是在张彩娥心中已经隐约猜到自己未来要面对的工作是什么，能被国家选中是自己莫大的光荣，这是国家与人民对他们能力和忠诚的信任。"不要说五年、十年，就是为此牺牲，为此付出生命也在所不惜，绝不后悔！如果没有不怕牺牲、前仆后继的精神，我们的两万五千里长征不会取得胜利。国家积弱、落后就要挨打，如果每个人都贪生怕死、沽名钓誉，我们是不可能研制出原子弹的，没有现代化高科技的国防力量，就不会有我们今天长久和平和强国梦的实现！”

义之所在，虽千万人吾往矣

张彩娥的研究方向为氢弹的主要原料——氚的制备工艺。在自然界中，氚的含量极少，也极不稳定（放射性半衰期短），只能依靠人工制造，当时相关资料极其匮乏，几乎没有。张彩娥和她的同事这些第一代核弹的研制者们，都只能依靠书本中所学到的理论知识开展研究：从实验场所到成套器具设备以及所用器材，全部都得靠研制者和工人师傅相结合自主设计、创造、加工。从简单的工棚实验室，甚至露天操作，到实验规模的工号、手套箱；从微量、小量、中量到大量实验；从冷实验到热实验，他们都分秒必争，保质量、保安全，确保万无一失。在一次又一次不断地摸索中试验、改进再试验，拼命与时间赛跑，历经成千上万次的失败与冒险，最终成功制备出合格的产品，为生产厂提供了工业生产流程、设计要求和所需参数，保证了第一颗氢弹所需的热核材料的制备和供应。在当时艰难条件下，其过程之艰苦犹如“长征”一般。

我国第一颗原子弹爆炸后，仅花了两年零八个月第一颗氢弹也成功爆炸，比当时美、苏两个核大国都快，超过了它们。

在 1978 年我国第一届科学大会上，“氚的制备工艺”这一项目荣获了“国家科学发明特等奖（集体）”。

尽管工作过程中大家慎之又慎，尽力保护，但长期与放射性物质接触也依然使他们时刻暴露在放射性剂量大大超标的“风险”之中。张彩娥记得，有个从事强放射性工作的小组，为了保障人身安全，组员们不得不每两个小时就换一班人马继续实验，前仆后继，争分夺秒地推进研究事业；因为与放射性物质的近距离接触，他们平均一天要冲澡数次，为此皮肤受损、对肥皂过敏的大有人在……

与张彩娥握手之时，就能感受到她白净的手掌布满皴裂与粗粝的纹路，这是长期做实验，与各种酸碱试剂和有机溶剂接触所留下的“痕迹”，但她乐观而幽默，“我母亲晚年的时候，我用这双手轻轻抚摸她的后背，比挠痒痒还舒服呢。”

张彩娥在讲座中曾提到了“两弹一星”元勋郭永怀以身殉国的事迹。当时，郭永怀所乘的从兰州飞往北京的飞机失事坠毁，当人们辨认出郭永怀的遗体时，他平常一直穿在身上的那件夹克服已烧焦了大半，与警卫员牟方东紧紧地拥抱在一起。当人们费力地将他俩分开时，才发现郭永怀的那只装有绝密资料的公文包安然无损地夹在他们胸前。面对灾难，他们用血肉之躯护住了中国核研究的绝密文件，护住了科研工作者们的心血与成果，用生命护住了新中国核事业的珍贵成果。

选择这条道路，就意味着一辈子的成就与心血都将在幕后隐蔽，无法自证，并无时无刻不面对着各式各样的危险与牺牲。作为工作中的积极分子，张彩娥从不退缩，对于有一定危险性的岗位，她甚至积极要求冲上“前线”。这份巾帼不让须眉的魄力与勇气，与中国人骨子里的士大夫精神一脉相承，这是绵延几千年的不吝生死，这是勇往直前的义无反顾，是虽千万人吾往矣的凛然大义与人间正道。

张彩娥说，那不是某一个人的精神，那是一个时代共同的精神。在革命时代，面对敌人的炮火，会涌现出董存瑞、黄继光、邱少云这样的英雄战士；在毛泽东时代，人民早已抱定为国家的繁荣昌盛付出一切的决心，面对研制过程中的困难与危险，科研工作者中就会出现像郭教授一样的烈士和千千万万为国争光的中国人民。

幸福晚年，知足常乐

冯骥才先生的《一百个人的十年》一书中写了一位原子弹科学家的回忆:

“……霎时间一朵无比巨大的、鲜花一样的大蘑菇云升天而起。原来我们离得太远，‘零时’的闪光没注意到，但我们终于看到这朵苦苦期待的蘑菇云向蓝天翻涌而起。我们喊呀，叫呀，跳呀，直叫得嗓子哑了。有人忘乎所以，跳得一屁股儿摔在地上，起来再跳。我笑得哭了，直抹泪。那时泪也是甜的……”

正如书上所说，得知原子弹氢弹试验成功的消息时，张彩娥老师和她的同事们手舞足蹈，热泪盈眶。这群默默无闻、鲜为人知的科研人员们所经历的苦，在这一刻全都变成了甘甜的泪水，莹莹闪光，映照出新中国灿烂光明的未来。

张彩娥

冒着生命危险做实验、忍受着实验带来的苦楚、隐忍着国家机密面前的默默无闻，张彩娥说她从不后悔。“从走上岗位的那一刻开始，我们就知道要面对的是什么。”她顿了顿，又补充了一句，“始终不悔。”谈起当年的理想与初衷，张彩娥说了这样一番话：“我们研究制造核武器，不是为了侵略和扩张，不是为了破坏世界，恰恰相反，我们努力研究这些，正是为了保护我们的同胞，为了实现核实力的制衡，维护全人类的和平。”

张彩娥一生的心血早已随着那些绝密的文件一同被历史封存，如今的她，是生活在燕达金色年华健康养护中心的一位普普通通的老人，面容慈祥喜乐，爱聊各地美食，关心国家时事。但当你和她聊天时，老人眉宇之间飞扬的神采，仍能让人感受到当年那份爱国报国的热忱和义无反顾的坚定，历经时光隽永，亦毫不褪色。

后　记

马克思说过：“如果我们选择了最能为人类而工作的职业，那么，重担就不能把我们压倒，因为这是为大家做出的牺牲；那时我们所享受的就不是可怜的、有限的、自私的乐趣，我们的幸福将属于千百万人，我们的事业将悄然无声地存在下去，但是它会永远发挥作用，而面对我们的骨灰，高尚的人们将洒下热泪。”

人类至今仍锁着不计其数的核弹头却能相安无事，除了23位“两弹一星元勋”的无私奉献外，还有无数如张彩娥一样的科研工作者、工人、解放军战士和全国各行各业的奉献者，他们身体力行地诠释着“天下兴亡，匹夫有责”八个字的真意，是他们的不懈努力，才完成了这一项惊天动地的伟大事业，为我们此时此刻的和平与繁荣奠定了稳固的基础，成就了新中国的辉煌未来。

张彩娥的故事，只是无数隐姓埋名的科研工作者的一个“缩影”。与她对话，如同打开一扇窗口，让年轻的我们得以窥视老一辈“民族脊梁”以身许国的伟大抱负与光辉理想，还原了那个国贫民弱、内忧外患的年代，坚韧不屈的中国人是如何凭借自己的肩膀勇敢地与世界强国力量相抗衡。一步、一步地前进，一点、一点地将腰杆站直，最终屹立于世界强国之列。

从此中国人民再也不必仰人鼻息，孩子们再也不必流离失所，因为在我们身后，是一个强大的新中国，是整整一代人为核实力的制衡所付出的隐忍、努力和牺牲！

让我们一起来记住那些伟大的名字吧——王淦昌、王大珩、王希季、邓稼先、姚桐斌、钱骥、钱三强、钱学森、郭永怀、于敏、朱光亚、孙家栋、任新民、吴自良、陈芳允、陈能宽、杨嘉墀、赵九章、周光召、屠守锷、黄纬禄、程开甲、彭桓武。

他们之中有人已经离我们而去，也有人还在中国科研事业中发光发热，继续为祖国培养人才。如果你曾被他们的精神所感动，那么请牢记这份感觉，它将成为你人生的指引与动力，去完成我们每一个中国人与生俱来的使命——继承前辈的旗帜与信念，不为荣华，不为名利，为实现中华民族伟大复兴而奋斗！

希望当我们白发苍苍的那一天，面对国泰民安的盛世山河，可以自豪地对后辈说：“我这一生的光阴从未虚度！我为我深爱的祖国燃烧过青春的热血。”

这才是身为一个中国人所能享有的最高荣誉。

文 / 龚嫣怡

人·物·简·介

张克劢，1931年生人，籍贯北京。退休于中国人民解放军装甲兵工程学院。20世纪50年代，张克劢毕业于上海交通大学的车辆工程学专业，毕业后进入长春第一汽车制造厂工作，后调动到哈尔滨军事工程学院担任讲师。曾带领10名优秀学员，成功研制出中国第一辆水陆两栖坦克——63式水陆两栖坦克。现与老伴毛珍耀女士共同居住于燕达金色年华健康养护中心。

张克劝

研制中国第一代“水中蛟龙”的人

63 式水陆两栖坦克是中国 20 世纪 60 年代研制的第一代水陆坦克，在现在很多喜爱军事武器的年轻人看来，这款坦克实在“老掉牙”了，可对于一位居住在燕达金色年华健康养护中心的老人来说，这款坦克是他对祖国军工事业深沉的爱。因为，他全程参与了 63 式水陆两栖坦克的研发。

顶住压力　接下重任

20 世纪五六十年代，年轻的新中国一切都处在起步阶段，充满了希望，也充满了艰难险阻。随着中苏关系恶化，以美国为首的西方国家对中国遏制封锁，中国几乎断绝了与世界科技的交流。中国要自主大力发展国防工业，以增强国家武力，维护人民的安定与和平。在这个时期，有无数的科研工作者，仅仅因为国家的一声号召，就义无反顾地投入到军工事业的发展与建设之中。在那个一穷二白的年代，在环境恶劣、条件简陋的情况下，他们没有任何可参考的资料，只是凭借自己的双手，硬生生地开辟出了一条科技创新的路途，为我国军事实力的发展奠定了坚实的基础。张克劝就是其中一位。

20世纪50年代，张克劝毕业于上海交通大学的车辆工程学专业，毕业后进入长春第一汽车制造厂工作，后调动到哈尔滨军事工程学院担任讲师。当时的中国，刚刚完成第一个五年计划，国民经济已经得到恢复与初步发展，政治趋于稳定，经济秩序恢复正常，国家开始生产现代化的武器，加强国防建设。在苏联与一些东欧国家资金与技术援助的积极支持下，中国成功仿制出苏联T-54A中型坦克并投入量产，彻底结束了中国不能生产坦克的历史。

然而，到了20世纪60年代初期，中苏关系恶化，与此同时，西方国家封锁禁运，使我国的坦克工业发展遭遇了前所未有的困难与挑战。坦克工业战线的广大职工和科研人员坚决贯彻中央"自力更生、艰苦奋斗、奋发图强、勤俭建国"的方针，齐心协力，克服困难，在缺乏技术资料支撑的基础上，开始自行研发多种型号坦克装甲车辆，这也成为年轻的中国坦克工业从仿制走上拥有自主知识产权的发展道路的重大开端。

中国是一个幅员辽阔、气象和地形条件十分复杂的国家，尤其是南方，丘陵地和水网稻田地多，河川纵横，气候湿热，单靠一种中型（主战）坦克，不能满足不同地区的作战需要。为适应两栖作战需要，1958年，军委装甲兵领导机关决定研制水陆坦克，研制代号为"211水陆坦克"。从此，一场打造我军装甲"水中蛟龙"的科研大会战拉开了序幕。同年11月，由哈尔滨军事工程学院、60研究所、615厂组成联合研制组，参加研究设计的人员先后有103人。时任哈军工讲师的张克劝和他的10位优秀学员在这一年，就参与了这项重要的研发项目。

科研险阻　苦战攻关

当时，张克劝和10位优秀学员所能参考的，仅有一些陆上车辆的书本知识，对于两栖车辆的原理与设计几乎一无所知，国外报道的相关资料也寥寥无几，但这群年轻人"初生牛犊不怕虎"，政治热情高涨，"敢想敢干"，无所畏惧，从零起步，赤手空拳地去探索未知领域。

当时，张克劝和学员们利用一辆破旧的英国维克斯两栖车，把螺旋桨推进改装成了带旋转喷口的喷水推进，冒着很大风险驶入松花江进行试验。然而试验中由于干舷过低，掌握不住操作要领，曾经造成顺江漂流，险些出了事故。但经改进后，终于证实了喷水推进方式不但是可行的，而且是优越的。这个令人欣喜的结论为张克劝所在的设计组增添了极大的信心。

设计组虽然没有资料，但他们可以利用国外生产的两栖坦克作样车举一反三。

1958 年 11 月，设计组从苏联引进的一辆Π T–76 水陆坦克样车。看到这台样车，张克劝和学员们异常兴奋。但是，张克劝深知，尽管样车就在眼前，但为了我国的军工事业，一定不能一味地模仿和照搬，更不能因为样车的出现而束缚自己的手脚。于是，张克劝和学员们以此样车为母型，进行科学分析，吸收其中可供参考的结构和理念。“大家都有一个明确的信念，那就是坚定地走自己的路。”

举例来说，在喷水推进器的设计上，211 水陆坦克只参考了Π T–76 的倒航和转向用水门结构，而推进器结构、参数及动力输入方式等，都跟它是完全不同的。再比如，211 水陆坦克采用的是 400 马力发动机和一套全新的水上冷却系统，而参考了Π T–76 的并联引射器结构；211 水陆坦克安装的是 85 毫米火炮，而Π T–76 安装的是 76 毫米火炮。

经过 3 个月的日夜奋战，设计组完成了第一阶段的技术设计任务，615 厂随即投入了 211 水陆坦克的样车试制任务。全厂投入了技术工人 233 人，于 1959 年 4 月 1 日完成了第一辆样车的试制任务。到 1959 年 6 月，工厂共完成了 3 辆样车的试制任务，在虢镇–宝鸡公路、北京十三陵水库、广州、武昌等地开始了一系列陆上和水上性能试验和演示性试验。

然而，经过初样车的水上试验，设计组发现了一系列问题，比如“扎头”现象；推力不够，航速不高；水上航行时发动机过热；水上安全性不好；火炮横向射击时的稳定性有待考核等等。为此，后来还成立了模型阻力试验、冷却系台架试验、推力试验、实车拖航及自航试验以及火炮射击试验等试验研究小组，经过同志们的日夜奋战和艰苦努力，终于攻克了一个个难关，如期完成了上级交给的阶段性任务。

就这样，包括张克劝在内的大量研发人员，凭借着高涨的爱国热情、怀抱着强国的希望，经过反复的改装与冒险试验，终于成功研制出中国第一辆水陆两栖坦克，并于 1963 年 3 月正式设计定型及投产，这辆坦克也因此被命名为 63 式水陆两栖坦克。

“水中蛟龙”遨游江湖

在 1960 年以前，中国人民解放军仅有一个水陆坦克团，装备的是从国民党军队缴获来的美制老“水牛”LVT-2。所谓的“水陆坦克团”，实际上装备的是二战时期留下来的水陆两栖装甲输送车，装备陈旧，数量有限。63 式水陆两栖坦克的诞生，不仅是中国第一辆拥有自主知识产权的全新设计，更是对中国军事实力的提升有着重大意义。

说起 63 式坦克对于中国军事事业发展的贡献与影响，张克劝老人挥了挥手说道：“我们国家在水陆两栖坦克的研究方面，已经算起步较晚的了，并且当时没有任何先进技术支持，全凭自己摸索，现在看来，许多技术都已经落后了，不值得一提。”

然而，张老口中“不值一提”的技术，却与实际大相径庭：

63 式与当时具有代表性的美、苏两国的水陆坦克相比，在火力、航速、安全性能等方面都有突出优势，尤其是推进结构技术是领先美、苏两国的；

63A 式水陆坦克是 63 式水陆坦克的一个大幅改进型号，与 63 式水陆坦克的底盘基本相同；

77-1 水陆装甲输送车是以 63 式水陆坦克底盘为基础，去掉水陆坦克炮塔，将原车战斗舱的装甲板加高，作为运载车厢；

76 式水陆坦克抢救牵引车，系 63 式水陆坦克的配套车辆，是在该坦克上取消炮塔后改装而成，配有绞盘、驻锄、刚性牵引装置、小吊车、大吊车、滑轮组等，1965 年研制，1976 年定型；

水陆两用新 122 毫米自行榴弹炮，于 1979 年研制，以 63 式水陆坦克底盘为基础，增大了战斗舱空间，车体前下甲板上面开一个宽敞的大门；

101/102 型石油工程车，利用 63 式水陆坦克的车体宽、内部空间大等特点，去掉炮后改而成，用于沙漠、多种无路地带、石油开采区输送物资和器材设备或制成石油开采区使用的作业车；

03P 型水陆坦克是在 63A 型水陆坦克基础上改进推出的新型水陆坦克……

以上均是从 63 式水陆两栖坦克技术基础上发展出来的变型车，全都继承了 63 式水陆两栖坦克的部分研发技术。此外，63 式还参加了西沙海战的军事行动以及中国对越自卫还击作战，在特殊的地形和对特殊的敌方作战中发挥出相当大的作用。

63 式水陆两栖坦克

伉俪情深 携手相伴

当年，为了能够如期完成任务，张克劝和他的学生所组成的研究小组攻克了重重困难，为了推进研究进度夜以继日，更是无暇享受与家人共度的天伦时光。张克劝的老伴毛珍耀清楚地记得，开始这项研究之时，正值她临盆在即。大女儿出生那天，张克劝依旧坚守在科研战线上，争分夺秒，丝毫不敢松懈。“等他忙完工作回到家里的时候，我们的孩子都三个月大了。”毛珍耀说。

年轻时的张克劝、毛珍耀夫妇

住进燕达之前，张克劝和老伴毛珍耀一直住在北京的家中，三个孩子分别都已长大成人，有了自己的生活：大女儿在英国，儿子在加拿大，只有小女儿在北京。有一天毛珍耀半夜突然发起了烧，身在北京的小女儿连夜赶来，一直从八点折腾到十一点才抵达医院就诊，所幸问题不大，没有耽误病情。但也是因为这件事，几个儿女再也不放心让父母独自住在家中了，于是经过朋友介绍，来到了燕达。

毛珍耀说：“住在这里比住在家里好多了，吃喝有人管，我们最注重的就是看病求医，这里就好办多了，有什么普通的小毛病，楼里的医生护士立刻就来解决了，稍微大点的毛病，我们自己也可以走到燕达医院挂号就诊，我的孩子们也轻松多了，不必再为我们担心，卸下了好大的包袱。”

张克劝和老伴毛珍耀在燕达养护中心庆祝生日

其实一直以来，张毛夫妇都是燕达一道独特的风景。因为，多年前毛珍耀曾经摔过一跤，从此两人就约定好，无论什么时候，走路的时候都要紧紧牵着对方的手。

“这里好多人都见过我们，走在路上能听见有人在背后小声议论，说我们手牵着手。”说到这里，毛珍耀也忍不住面露羞涩。这个时候，一向沉默寡言的张克劝对我们说了一句举重若轻的“情话”：“我离不开她，我们两个，是谁也离不开谁。”

如果行走在燕达风景如画的园区里，就一定会遇到这对手牵着手的老夫妇。两人携手漫步，徐徐前行的身影，伴着身侧的碧水绿树，安逸而美好。

何谓“执子之手，与子偕老”？大概就是两个人一起走过激情燃烧的岁月，一起经营建设温馨家庭、抚育子女，最后发现对方依然是自己最信赖的依靠，就算鬓斑白、霜满头，哪怕旁人侧目，也要彼此紧握的手吧。

后记

随着一代又一代科研工作者不懈努力，探索深耕，中国人民自主创新科技力量不断加强，中国坦克工业的发展日新月异，63 式水陆两栖坦克早已光荣退出历史舞台，取而代之的是技术水平更先进的新型 05 式两栖战车。

当年参与过 63 式水陆两栖坦克研制的张克劝老人也已退休。当我们问起那些成就，张老只是轻描淡写地说了一句：“时间太久远，都记不清了。”将往事辉煌就此带过。

那些奋斗不息的日日夜夜，那些埋头苦干的点点滴滴，那些混合着心血与汗水的研究成果，早已如同时光里的尘埃一般，湮没无踪。

于张克劝而言，所谓成就，不过是以“小我”成全大国发展建设的理所应当，不必挂怀于心，也不必沾沾自喜，只要国家有需要，只要自己还有一分力量，就一定会毫无保留地完全奉献出来。

这种精神伴随着老一辈科研工作者步入年迈，也伴随着新一代的年轻人从懵懂青涩成长为社会主义建设的中流砥柱。这种隐忍、克制、奋进、求知和奉献精神，有的被还原成英雄事迹写进了教科书，有的成为家族内口口相传的规则，也有一部分，就像张克劝老人的故事一样，在岁月中消失无踪，却在历史中有迹可循，春风化雨般激励着我们每一个中国人。

文 / 龚嫣怡　叶晓彦

文艺人生

人物简介

吴天任，90 岁，曾就职于新华社新疆分社、新华社甘肃分社、甘肃人民广播电台、甘肃省革委、省委宣传部工作，离休后成为兰州大学和甘肃省行政学院的特聘教授。1949 年，19 岁的吴天任参加了新中国成立后新华社办的第一期新闻训练班，成为新中国培养的第一批新闻工作者。毕业后，吴天任本来分配留在北京国家新闻总署工作，但他自愿请缨去新疆，参与组建新华社新疆分社的工作，于是踏上了前往新疆的“征程”。18 年的记者生涯让他印象最深刻的，就是他曾经有一次是带枪采访。1990 年吴天任正式离休，他被兰州大学和甘肃省行政学院聘为教授，至今还与很多学生频繁交流。

吴天任

从记者到离休教授
90 岁“老顽童”初心不改

吴天任是个“老顽童”，出门散步的时候他经常跟人开玩笑：“您看我多大了？”“我看你也就比我年轻一点儿。”“您老多大了？”“我 70 多岁了。”“哦，我也就比您稍微大一点儿，快 90 了。”每次说到这儿，看着对方露出不可思议的表情，吴天任就会像孩子一样仰头大笑。

吴天任很好客，在位于燕达金色年华健康养护中心的家里，经常有他以前的同事和学生到家做客，畅聊过去，谈笑风生。他性格开朗、经历丰富、人缘又好，大家跟他聊天总是感觉收获颇丰。

吴天任还很忙，他每天都

要做大量的案头工作，除了写日记，还整理自己几十年的记事本和老照片，希望能梳理一辈子所经历的风风雨雨。

回望新中国成立后 70 年来的风雨历程，他只用六个字总结了自己：无怨、无悔、无愧。

一、开国大典

1949 年 7 月，正在南京上大学 19 岁的吴天任在新华日报上看到新华通讯社新闻训练班的招生简章，于是决定报考，从此改变了他的人生轨迹。新华通讯社举办的新闻训练班是随着中共中央宣传部从西柏坡迁到北京香山的，这是新中国成立后新华社办的第一期新闻训练班，吴天任和同学们也因此成为新中国培养的第一批新闻工作者。学校校长是中国新闻界著名记者范长江和陈翰伯。陈翰伯曾说，这次招来的新生都是京津沪等大学在校肄业或毕业的学生，它不是一所普通的学校，其实是比大学还要大的大学。所以，新闻训练班总共开设了几十门课程，都是著名学者授课，吴天任和同学们不仅学习了新闻基础知识，还储备了很多其他领域的知识。直到后来，离休的吴天任在兰州大学当教授，在给学生授课的时候，还曾引用过当年自己在新闻训练班上学到的一些知识。

新闻训练班迁至北京香山不久，吴天任就有幸参加了 1949 年 10 月 1 日的开国大典。吴天任清楚地记得，开国大典的头一天，他跟训练班的同学们还特意进行了排练。“那时的天安门广场不像现在这么宽，路面也都是石板路。”

开国大典的当天，吴天任站在中直机关团队的队伍中，因为他年轻，单位还让他站到了第一排，现在回想，他所站的位置应该是现在天安门广场旗杆的正前方，而且，吴天任说，本来开国大典原计划在 10 月 1 日上午举行，因为防止敌方破坏，就将时间临时改到了当天下午 3 时。

当天下午，天安门广场欢声雷动，毛主席宣布新中国成立了，亲手按动电钮，将新中国的第一面五星红旗在天安门广场冉冉升起，看着鲜艳的国旗在自己的眼前缓缓上升，吴天任心潮澎湃、激动万分。升旗之后，毛主席宣读了《中华人民共和国中央人民政府公告》，紧接着就开始了规模浩大的阅兵式和群众游行。

吴天任也在队伍当中，所有人都希望能走到城楼前，看看敬爱的毛主席。天很快黑了下来，天安门城楼上的灯光突然照亮，射向全场，灯光闪闪，好似波浪，群众手里举的纸灯、纱灯也都跟着点亮了，整个广场成了灯的海洋。吴天任手里也提着灯笼，他提着灯笼，跟着队伍，慢慢前行。大声高呼着“毛主席万岁”“中国共产党万岁”。庆祝活动到当天晚上9点多钟结束，吴天任和同学们走到西单，再坐车回香山，而手里的灯笼也成了照明的工具，因为那时候很少有路灯，香山附近都是黑灯瞎火的。

时隔70年，吴天任对在开国大典上亲耳聆听毛主席对全世界宣告“中华人民共和国中央人民政府今天成立了”的情景已经深深地印在了他的生命里。

二、进疆工作

作为新中国培养出的第一批记者和编辑，吴天任和同学们都倍感自豪，在毕业分配时都认为祖国哪里需要，他们就会义无反顾地冲向哪里。毕业后，吴天任本来分配留在北京国家新闻总署工作，但他自愿请缨去新疆，参与组建新华社新疆分社的工作，于是踏上了前往新疆的“征程”。

当时新疆刚刚和平解放，从北京到新疆乌鲁木齐相隔万里，当时既没有飞机，也没有火车，只能从北京坐火车到西安，然后一路辗转换乘，才能最终到达，吴天任对当时那段颠簸的路程至今记忆犹新。“我记得当时是两辆大卡车，载满了新闻记者、编辑和进新疆的干部就这么摇摇晃晃地就晃到了乌鲁木齐，整整走了35天。”

挺进新疆的途中，看着渺无人烟的茫茫戈壁，吴天任有感而发，即兴创作了一首诗："携手潇洒出玉门，浩瀚戈壁兽骨横。人烟飞鸟全不见，粼波深处显楼蜃"。意思是一群年轻人手挽手潇潇洒洒出了玉门关，进入了浩瀚无边的戈壁，戈壁上只有瘦死的骆驼骨架，没有人烟也没有飞鸟，甚至还看到了海市蜃楼的景象。"以前只听说过海市蜃楼这个词，这次是真正见到海市蜃楼的景象。"吴天任记得，当时队伍行军途中小憩时，他下车朝远处的戈壁望去，突然就看到远处出现了一个湖面和一座城市，湖面上的水花闪闪发光，城市的模样若隐若现，这真是"海市蜃楼"。

当时新疆已经和平解放，但社会环境并不稳定，所以，这支新华社小分队与其他进疆干部离开西安时，当地政府就派了一个排的兵力护送他们，白天前进，晚上在戈壁滩上搭帐篷休息。当时吴天任和同事们身上穿的是灰色的制服，戴的是八角帽，胸前挂着一个小名牌，上面记录着姓名与血型。"那时候不安全啊，随时可能会受伤啊，如果受伤了需要输血，一看小牌子，立刻就知道是什么血型了，方便得很。"

吴天任和同事们在甘肃和新疆交界的星星峡与哈密之间遭遇土匪袭击。当时主要有两股，一股是乌斯满，一股是尧乐博斯，护送新华社小分队与进疆干部的战士们就与带枪的土匪交火了，"我们都下车，趴到附近的地方，最后把土匪赶跑了"。吴天任和同事历经不少这样的艰难最终到达了乌鲁木齐。

三、深入采访

跟吴天任一起参与组建新疆分社的同事们不少是新闻界的老前辈，比如当时的分社社长是蓝钰、闻捷、张磊，当时的记者有著名长篇小说《保卫延安》的作者杜鹏程，吴天任就是在这些前辈的帮助和带领下开始了采访工作。

众所周知，夏天的新疆特别热，吐鲁番盆地气温高达 40 摄氏度以上，如果在地上挖一个小坑，把生鸡蛋埋进去，稍微等一会儿再拿出来，鸡蛋就变熟能吃了。年轻的吴天任带着兴奋劲儿到处采访。有一次 ，他到吐鲁番盆地在街上转悠了好几圈，一个人都没找到。人都去哪儿了？当时他很纳闷，就和翻译围着村子转着圈地找，找了半天最后才发现，老百姓都在地底下。在好奇心的驱使下，吴天任也跟着下去了，结果就发现了坎儿井。

坎儿井是什么？原来，吐鲁番盆地被称为“火洲”，虽然酷热少雨，但因为盆地四周有山，每到夏季就会有大量融雪和雨水流入盆地，渗入戈壁，汇成潜流，所以吐鲁番盆地拥有非常丰富的地下水源。而吐鲁番盆地的土质是沙砾和黏土，质地坚实，深挖不易坍塌。于是，当地的老百姓发挥聪明才智，挖竖井、暗渠、明渠和涝坝，寻找水源，引水入地，再通过地下渠道的出水口与地面渠道相连接，把地下水引至地面灌溉桑田。坎儿井当时在吐鲁番很盛行，但是在内地几乎没人知晓，吴天任用自己的笔，将坎儿井的故事通过新华社播发到全国各地。

从1950年到1968年，吴天任分别在新华社新疆分社、新华社甘肃分社、甘肃人民广播电台工作，18年的记者生涯让他印象最深刻的，就是他曾经有一次是带枪采访。新中国成立初，大西北有个别地区社情复杂，为了确保安全，上级组织给吴天任配发了一把手枪，那是解放军的战利品，一支袖珍的勃朗宁手枪。“我手本来就不大，勃朗宁就差不多这么小。”，勃朗宁手枪只能装7发子弹，杀伤力很小。“上级每次也只给7发子弹，作防身用。”从来没用过枪的吴天任一开始把枪拿在手里还有点儿胆怯，但面对当时复杂而紧张的社会环境，他必须壮着胆，出去采访的时候把枪随身带在身上，每天晚上睡觉前，再把手枪放在枕头底下，只要一有动静，就能迅速抽出来。吴天任说他真的使用过那把勃朗宁，但没有伤过人。

四、离政从教

吴天任离开了他所热爱的新闻战线先后调到省革委、省委宣传部工作。1968年，因为某些特殊的原因，吴天任挨过批判，挨过斗争，工作上也一度“靠

1954 年 4 月吴天任摄于敦煌千佛洞

边站”，但是他没有自暴自弃，也一直没有放弃过学习。后来调到省科学技术委员会，他马上调整学习方向，主攻科学技术，承担科技政策的研究课题，并得过省科技进步二等奖。1990 年吴天任正式离休。可他是个闲不住的人，离休回家后，他不甘心就这样度过余生，决心重新开启一个全新的生活。离休之后，吴天任被兰州大学和甘肃省行政学院聘为教授，一位离休老头儿居然成了兼职教授，吴天任可不想只是挂个名儿这么简单，既然将重任交给他，他当然要完成好。

“在课堂上给学生讲课可不能张嘴就来，必须要经过深入的研究，写出有模有样的讲义或者教材才行，自己肚子里没点儿东西，怎么能教别人？”为了能当好教授，60 岁的吴天任又一头扎进了图书馆。他每天带着一壶水几块干粮在图书馆“安营扎寨”，看图书、查资料、做笔记，改变自己的知识结构，学习新的知识。他只用了很短的时间，就学习了行政管理学和科学学，渐渐地，他利用自己的所学研究创办了一个当时算创新的学科——领导科学，并撰写出教程。吴天任在兰州大学和甘肃行政管理学院正式开了这门课，很受欢迎，当时的兰州大学校长跟他调侃说：“吴老师，您这位兼职教授的课时，比我们学校很多正式教授上的课时都多呢。”

吴天任当年教的那些学生当中，如今已有不少人在新疆、北京被提拔成了正局级领导干部，但他们依然会定期来探望住在养老院里的吴天任，交流心得体会，当年吴天任传授给他们的不仅仅是学科知识，更重要的是许多人生的哲理。吴天任坚持认为，什么时候学习都不算晚，生活永远是丰富多彩的。

五、“三无”精神

如今，回看自己90岁的一生，吴天任经历了无数风雨，却依然乐观如初，不忘初心，奋斗向前。他认为，这很大一部分都要归功于他有一个与他携手同行了六十多年的好老伴儿。1954年，当记者的吴天任认识了在医院当医生的妻子。

两人相恋三年后结为连理。他与老伴可谓六十多载婚姻路，半个世纪风雨情，一辈子生活基调是平淡，相濡以沫，永不离弃。

吴天任回首他这一辈子，给自己总结了一个“三无精神”，即：无怨、无悔、无愧。经历过战争的年代，也经受过多次运动和批判，吴天任从不埋怨，也不后悔自己所有的选择和作为，无愧于时代。吴天任觉得“一个人的一生没有风平浪静的，有跌宕有起伏是一件很正常的事情，谁都不能逃避”。这些跌宕起伏是任何一本书上都学不到的人生财富。他1949年1月加入新民主主义青年团，1952年加入中国共产党，这位拥有近67年党龄的党员一直自觉践行入党誓词，不忘初心，勇往直前。在学生们为吴天任办的90岁生日寿宴上，他还为自己写下了一首诗《九十自贺》：

晚霞尽旖旎，
瘦马自奋蹄。
半生命多舛，
自强永不息。

文／叶晓彦

人·物·简·介

朱振权，84 岁，曾在中央新闻纪录电影制片厂、北京电视台工作。14 岁那年，朱振权进入了当时隶属于江苏的松江行政干校，热爱文艺的他成了学校腰鼓队的腰鼓手。1955 年一江山岛解放后，他曾经参与慰问演出，在演出的过程中，曾经遭遇轰炸，为了躲避危险曾躲进战壕。1959 年之后，朱振权从部队转到地方，调入中央新闻纪录电影制片厂，成为一名扛着摄影机的新闻记者，参与过战争场面的拍摄，还近距离拍摄过 U2 高空侦察机。朱振权曾经采访过张学良，虽然后来因为种种原因纪录片没有完成制作，更没有播出，成了他这辈子最遗憾的事情，但能亲自采访到张学良，又成了他这辈子最自豪的事情。

朱振权

用摄像机见证历史
也成了历史的一部分

“我参加革命的时间是1949年10月11日。”“我见到‘黑寡妇’那年是1965年。”“我跟张学良采访的时候，他看到这对情侣表就笑了……”坐在燕达金色年华健康养护中心的家里，面对一张张泛黄的老照片，一个个充满回忆和故事的老物件，朱振权老人讲起他所经历的事件和故事，滔滔不绝，准确且详细。朱振权老人今年84岁高龄了，思维还可以如此活跃清晰，只要给一个关键词，他就可以将事件的来龙去脉清清楚楚地讲一遍，有故事，有细节，还有反转。能拥有这样的能力，与他40多年的记者生涯密不可分，他扛着摄影机从东到西、走南闯北，走遍了祖国的山山水水，不仅见证了珍贵的历史，他自己也成了历史的一部分。

文工团员
慰问演出时　避轰炸曾躲进战壕

朱振权是上海市松江人，父亲是清华大学毕业的知识分子，本该按部就班读书深造的朱振权，怎么就参加了革命呢？那是因为，新中国成立前的日子，实在不堪回首。1949 年前，国民党统治着朱振权的家乡，国民党兵的种种劣迹，在他幼小的心里留下了深刻难忘的印象。“经常能看到他们欺负老百姓的丑样，他们想吃鱼了，就把手榴弹扔进鱼塘，把活鱼炸出来，渔民若敢要钱，上去啪就是一个嘴巴，在大街上买菜买东西、在戏院看戏，他们从不给钱。”但是后来，当朱振权与解放军接触之后，他才发现解放军和国民党兵的差别真的太大了。“他们给我们讲解放军是干什么的，包了饺子还会给我们送过来，当时我就想，我长大以后也要当解放军。”

1949 年 10 月 11 日，朱振权正式参加革命，那一年，他才 14 岁。新中国成立前不久，朱振权的父亲失业了，为了维持生计，朱振权进入了当时隶属于江苏的松江行政干校，热爱文艺的他成了学校腰鼓队的腰鼓手。当时，国家需要找一批地方上有志青年支援部队工作，朱振权所在的腰鼓队被整体调入上海淞沪警备司令部文工团。他们穿上军装，成为光荣的解放军战士，主要任务，就是到江浙一带的海岛上，去慰问解放军战士。

朱振权在燕达金色年华健康养护中心

1955年一江山岛解放后的那次慰问演出，有几个细节让朱振权至今印象深刻。一江山岛是浙江台州湾外的一个小岛，1955年，解放军击败了当时驻扎在岛上的国民党军，赢得了战争的胜利。朱振权和团员们从宁波出发，抵达台州，换乘登陆艇，向一江山岛出发，去慰问岛上的解放军战士。登陆艇很小，海上风浪很大，两个小时的船程让很多女同志吐得站不起身，就连朱振权也很少经历这样的风浪。到了岛上，首先住宿的问题就把大家难住了，原来，因为刚刚解放，驻守一江山岛的解放军还没有开始搞建设，住的都是临时的帐篷，而且“一个萝卜一个坑”，没有多余的床位。这让文工团20多位男女演员一下子有点儿不知所措了，岛上的战士们主动把自己的铺位让出来给了他们，自己则睡到了战壕里。

虽然一江山岛已经解放，但其实并不太平。有一天晚上，所有人都在睡觉，一江山岛的上空突然响起了飞机发动机的嗡嗡声，原来是国民党的飞机来轰炸了。“快点起来，快进战壕。”朱振权还在帐篷里睡觉，隐约听见外面有人喊叫，有危险，赶紧跑，朱振权迅速起身，一边招呼着文工团的战友们，一边慌忙往外冲，左拉一个右拽一个，和大家一起冲进了战壕。为了躲避轰炸，不能点灯，黑灯瞎火的战壕里，不仅有刚刚躲进来的文工团团员，其实还有之前让出铺位睡进战壕的战士。外面的警报没有解除，大家就要一直在战壕里躲着，时间一长自然就累了，累了就顺其自然地坐了下来。“哎呀，下边儿是什么啊，怎么还会动啊。”朱振权说，女同志刚

年轻时候的朱振权

坐下来，忽然叫了起来。原来，女同志刚刚躲进战壕的时候，没发现里面还有小战士，而小战士不好意思也不敢吭声，一直忍着没敢动，结果就发生了这有意思的一幕。

战地记者
被派往前线　却拍摄了没有硝烟的战场

1959 年之后，朱振权从部队转到地方，调入中央新闻纪录电影制片厂，成为一名扛着摄影机的新闻记者。20 世纪 50 年代的老百姓的身边流传着这样一句话：朝鲜电影是哭哭闹闹、阿尔巴尼亚电影是搂搂抱抱、中国电影是新闻简报。当时国家规定，每个电影院在放映故事片之前，都要先放 10 分钟新闻简报，新闻简报的内容，主要是反映国家方方面面的变化，而朱振权的主要工作任务，就是拍摄新闻简报片。

朱振权说，当时的记者，远看像逃难的、近看像要饭的，还有人说："好女不嫁记者郎，一年四季守空房，有朝一日回家来，满身虱子爬上床。"朱振权就是这样的记者，扛着摄影机，东奔西跑去采访。1959 年至 1961 年是中国的"三年困难时期"，国内经济凋敝，出现了罕见的饥荒，老百姓的生活十分艰苦，作为新闻记者的朱振权也是一样，吃了上顿没下顿。经常吃地瓜叶当主食，偶尔喝碗玉米粥那已经算是好的了。有一次朱振权跟着一位老摄影师去河南三门峡水电站采访，老师傅主拍，他是助理，负责扛摄影机，支三脚架，老师傅拍完之后，他需要整理片子，擦拭摄影机。两人是坐火车去的，朱振权回忆，当时火车上有个规定，凭火车票可以领两个火烧。到了吃饭点儿，朱振权问老师傅能不能去领火烧，老师傅想了想，跟朱振权说："小朱，你在这儿等着，我去跟他们联系联系，要火烧去。"朱振权本来以为这样的小事儿让他这个小助理去做就行了，没想到老师傅这么重视，顿时感觉师傅实在是太贴心了。

结果，等了老半天，老师傅才回到他们所在的车厢，而且表现得一脸愁容。“小朱啊，他们说我们的路途太短了，本来呢，是不够拿火烧的这个标准的，但是一看咱们是记者，所以啊就给我们一人一个火烧。”朱振权心想，一个火烧也行啊，总比没有强，于是接过老师傅递来的火烧，三下五除二就把火烧给吃掉了。

结果到了晚上，朱振权发现了问题。作为助理，完成一天的采访之后，他需要整理胶片和机器，结果在整理的过程中，朱振权忽然发现胶片盒子里藏了两个火烧。“我顿时就明白了，其实火车上每个人的确发了两个火烧，但是老师傅只给了我一个火烧，剩下那个他自己留起来了。”事到如今，朱振权当然不会去责怪那位藏了火烧的老师傅，毕竟在那个年代，每个人都吃不饱，每个人都渴望活下去，这也是一种生存的本能。

朱振权说，中国在经历“三年困难时期”的过程中，国民党曾一度认为这是反攻大陆的好机会，于是意图发起战争叫嚣反攻大陆。1962 年，共产党集结队伍，派兵南下福建，甚至还派出了摄影团队，在民众看来，双方局势日趋紧张。朱振权就是摄影团队当中的一员。上级派出朱振权所在的新影厂和八一电影制片厂共计 50 个人组成摄影队，前往福建前线拍摄。朱振权至今还留着当时到了福建前线之后，身穿军装站在海边拍下的一张工作照。

朱振权从北京先到了上海，“当时上海到福建的火车停运了，只有军车能过”。所以，在从上海到福建的沿途，一车一车的部队战士、枪炮就这样往南输送。列车都有一个共同的特点，不关门。“为什么不关门？其实就是让民众，以及匿藏在民众当中的国民党情报人员知道，我们动真格的了。”

到了前线，朱振权和同事架起长镜头摄影机，进入工作状态，开始拍摄海对面的一座小岛。“岛很近，对面也是可以看见我们的。”最有意思的是，敌方的报纸在那几天刊登了一条消息，“说对岸出现了异动，不知道对方调来一个什么东西，像一个大炮，其实就是我们的长镜头摄影机。”

朱振权大概在前线值守了半年多，在这期间，毛主席和党中央运用了国际国内的各种因素最终挫败了蒋介石反攻大陆的图谋，仗没有打起来，达到了“不战而屈人之兵”的效果。对于朱振权来说，他既扛着摄像机记录了历史，也成了这个历史事件的亲历者。

摄像记者
半夜突然接任务　亲眼见到“黑寡妇”

在位于北京的中国军事革命博物馆里，有一件具有特殊意义的展品——U2 高空侦察机。U2 是洛克希德马丁公司为美国空军研制的一种单座单发的高空侦察机，它可以全天候在 21336 米的高空执行侦察任务，其搭载了长焦距航空照相机，能在 18000 米高空对地面人员和军事设施进行高分辨率的记录。20 世纪五六十年代，这种高空侦察机曾经多次在我国上空盘旋，对我国国防安全构成了威胁。一开始，我国一直没有能力拦截，后来从苏联秘密引进了一套地对空导弹。在精确部署之后，从 1962 年到 1967 年，我国四次成功击落 U2 高空侦察机，朱振权就曾经参与过第四次击落 U2 高空侦察机的新闻报道，并且亲眼看见了这架绰号“黑寡妇”的侦察机的厉害之处。

1965 年的一个夜晚的深夜两点，朱振权正在位于北京的新影厂宿舍睡觉，突然宿舍的值班门卫跑来敲门，“赶紧到厂里去，有紧急任务。”睡眼惺忪的朱振权穿好衣服快步到了新影厂，推门一看，厂长已经在办公室等候了，看来是个重要任务，朱振权打起了十二分的精神。“赶快准备设备出发，到西郊机场去。”去哪儿拍啥？厂长一个字都没有透露，来不及多问，跟着另外两个同事出门了。西郊机场是北京的军用机场，到了机场，朱振权这才发现，除了他们新影厂，新华社、人民日报等重要媒体记者也都到了。“到了之后，部队的人先给我们发装备，大棉袄、皮帽子、大皮靴，一看这些东西，心里就明白了，这肯定是往北边儿飞了。”凌晨三点左右，朱振权穿好衣服鞋帽上了军用飞机，两小时后，飞机抵达了包头。下了飞机，看到几辆军用卡车已经等候在停机坪，他不敢多问，扛着设备上了汽车，一路颠簸之后，天蒙蒙亮的时候，一行人最终到达了目的地。

下车之后，呈现在朱振权眼前的，是一片茫茫无际的大草原，草原之上，“躺”着一架掉落的飞机。黑色的机身让朱振权眼前一亮，“这不是‘黑寡妇’嘛。”他暗自兴奋，国家又击落了一架U2高空侦察机，而他幸运地成为这个历史事件的记录者。

朱振权说，在当时，“黑寡妇”很厉害，它的“肚子”里全是精密的照相机和摄像机，“里面的摄像机会摆动，左一扫，能拍20公里，右一扫，又能拍20公里，这么一来，40公里宽的带状景象就拍得非常清楚了。”朱振权听说，“黑寡妇”里安装了自毁装置，如果飞机出现问题，这个装置就可以瞬间发出极高的温度，把所有设备即刻烧毁。然而，巧的是，这架U2高空侦察机被击落的时候，没有伤及要害，而是一个“翅膀”挨了打，翻着跟头下来的，落地的时候正巧“肚子”朝天，精密装置保存完好。更巧的是，在击落的过程中，一个导弹的碎片正好击中了自毁装置的电线，整架飞机就这样幸运地保住了。“当时除了我们记者，空军研究所的研究人员也跟着冲了上去，看到设备完好，特别的兴奋，这架飞机里的设备，对我们的通讯军事侦察领域的研究来说，非常有帮助。”

牵线人
采访张学良未果　送上了来自大陆的特别礼物

张学良，一直是一个很有争议的人物，这引起了朱振权对他的极大兴趣。20世纪90年代，在北京电视台任职的朱振权通过朋友关系联系上了张学良，提出采访请求，没想到张学良同意了。

“这个简直太难得了，之前可是没有大陆的任何一位记者采访过他的。”经过周密的准备，朱振权带着摄制组出发了。为了尽力呈现一个完整的张学良，朱振权在国内和国外采访了大量与张学良有交集的人群，最后在张学良 97 岁生日的时候，前往美国夏威夷专程采访他。

朱振权给张学良送礼品

在前期的采访准备当中，朱振权采访了一位叫童小鹏的人。童小鹏长期在周恩来总理身边工作，是西安事变的见证者，与张学良也是旧相识。在得知朱振权计划采访张学良之后，童小鹏托他给张学良带去一份生日礼物：一对印着周总理和邓颖超头像的情侣表。到了夏威夷，朱振权在朋友的帮助下来到了张学良庆祝生日的一间教堂，97 岁的张学良，面对别人送来的贺词和礼物，似乎一直没有什么太大的反应，当朱振权递上印着周总理和邓颖超头像的情侣表的时候，他发现张学良突然笑了。听说张学良曾说过他这辈子最佩服的人就是周恩来。

然而，后来因为种种原因，朱振权采访张学良的纪录片没有完成制作，更没有播出，成了他这辈子最遗憾的事情，但能亲自采访到张学良，又成了他这辈子最自豪的事情。

退休老人
60 岁重走长征路　晕倒在雪山脚下

张学良的纪录片没做成，朱振权心里一直感到遗憾。1996 年，是红军长征胜利 60 周年，这一年他该退休了，但北京电视台正在筹备专题报道，他干脆主动请缨，带着摄制组重走长征路，也算了却自己的一桩心事。这一走不要紧，他居然解开了一个自己一直想不明白的问题。

经过 14 个省、翻越 18 座大山、跨过 24 条大河，走过荒草地，翻过雪山，长征总行程约二万五千里，60 岁的朱振权带的摄制组，不可能全部重走，而是选取一些比较有节点意义的地点进行体验式重走。

1996 年朱振权带着摄制组重走长征路

红军当年曾经爬过5个雪山，夹金山是当年红军翻越的第一座大雪山摄制组选择了这座海拔4000多米、终年积雪、空气稀薄、气候变幻无常的雪山，并且要拍摄山上的一座红军烈士墓。朱振权和同事从川北出发，到了夹金山，当地政府一看是从北京来的记者，非常重视，不仅派了挑夫、向导、医生等十几个人陪同，还带了氧气袋、巧克力、水果面包等补给。“实际上我们是空手走上去的，摄像机很重，都交给了挑夫背了，需要拍摄的时候，就卸下来拍一段，用完了再让挑夫背上。”朱振权说，一开始沿途花花草草风景如画，大家都特别开心，有说有笑结果走着走着，说笑的声音越来越小，后来干脆都不说话，每个人拿着一根粗壮的树枝，低着头默默往前走，一步一喘、一步一喘。

毕竟朱振权是摄制组里年龄最大的人，走到一半的时候，他突然因为缺氧晕倒了。吸完氧，恢复了意识，大家都劝他回去等，但他坚持要走完，而且在他晕倒醒来的那一刻，他的脑海里突然冒出一个问题，这个问题在他之后的行程里一直萦绕在脑海，而且一直找不到答案。朱振权说，当年红军没有吃的、没有喝的、没有穿的，过雪山的时候有人还穿着草鞋，前方有国民党大军压境，后面有追兵，头顶有飞机轰炸。再看看自己，晕倒了有人背着，生病了有医生跟着，抬不动摄像机有挑夫扛着。红军什么都没有，甚至爬到半山腰累得要命的时候，都不能踏踏实实坐下来休息，刚要坐下可能就要被后面的人赶着走，因为如果不走，可能就再也没有力量站起来了。尽管这样，红军怎么没有被消灭，最后三军会师的时候怎么还有那么多人呢?

直到朱振权和摄制组到了西昌，他才找到了这个问题的答案。到了西昌，朱振权和同事采访了几个彝族战士，他才了解到，当时彝族同胞帮助红军做了很多事，甚至还有12个彝族老百姓参加了红军，跟着红军的队伍一直完成了会师。朱振权忽然想明白了，虽然不断打仗，不断牺牲，不停地长征，但是在长征途中随时有大批沿途的老百姓前赴后继加入红军，支持红军，使红军队伍的人员不断得到了补充。才赢取了长征最终的胜利，朱振权说：这个时候，对毛主席在长征胜利后说长征是宣传书，长征是宣传队，长征是播种机的论述有了更深刻的理解。

作为当年一个已经60岁的老人，朱振权本可以在家享清福，为何还要“折磨”着自己去爬雪山过草地呢？“我是记者啊。”朱振权这五个字说得掷地有声，“当记者的，哪儿有新闻就往哪儿冲。”

文 / 叶晓彦

人·物·简·介

刘庆云，85 岁，新华通讯社离休职工。刘庆云在中国新闻摄影界几乎无人不知。“荷赛奖”被誉为新闻摄影界的“奥斯卡”，她从“盲人摸象”开始，对号称新闻摄影界的“奥林匹克”——荷兰世界新闻摄影比赛（简称“荷赛”），进行十余年认真而系统的调查研究，取得丰硕成果。

由于童年生活太动荡，刘庆云一直没有机会好好学习。成家后，在丈夫的支持下，刘庆云先后读了高中、大学。在这十年里，她不曾买一件衣服，一心想学更多知识。毕业进入新华社后，她当了二十年“跑腿编辑”。

即使步入老年，刘庆云也没有停止思考。80 多岁的她仍然关注着周边发生的事情，始终保持着新闻工作者的社会责任感。

刘庆云

折射神州沧桑巨变的“一滴水”

刘庆云喜欢朋友们管她叫“小庆”，乃至以这个爱称命名了自己年前出版的一本小书：《小庆文萃》。这是她 80 岁后选编的一本回忆录，年代横跨近 70 年，将她自己从童年到老年的点滴故事收入其中。

这位85岁的耄耋老人，自认为是一个小人物，就好比大海里的一滴水。“一滴水虽然渺小，却能够折射出太阳的五光十色。”当她把这些故事连接成串的时候，所折射的恰似一幅跨越 70 年的祖国沧桑巨变的历史画卷。

她说：“记忆是财富，回忆是幸福。”

国民党一梭子弹　将小庆推向共产党

小庆 1934 年 11 月出生在辽宁省辽阳市一个银行职员的家庭。当时，日本已侵占我国东北三省，扶植溥仪成立了傀儡政权伪满洲国。小庆只有几岁时，不知什么缘故，父亲得罪了当地一个孙姓劣绅，被他送进了日本人的监狱。一年后，父亲虽然获释，但因为有了“前科”，不能在当地谋职，不得不举家离开故土，办理“出国护照”，辗转来到国统区北平。

转眼到了 1948 年，小庆已经是一个 13 岁的小姑娘了，在北平东北临时中学“就读”。当时正是决定中国命运的生死关头，辽沈战役打得如火如荼，共产党所向披靡，号称全副美式装备的国民党军队节节败退。为了挽救败局，“北平市参议会”提议把东北学生拉上战场充当炮灰，激起了在北平的东北学生强烈的愤慨。

1948 年 7 月 5 日，在北平的东北学生走上街头抗议游行。小庆跟着“大哥哥”“大姐姐”们上街了，其实他们都是地下党及其外围组织的人，那时她就是个‘小萝卜头’，跟在他们后面一起闹革命。学生游行队伍先去了六部口，将“参议会”的牌子砸毁，改成“土豪劣绅会”。再去南池子，找到

“代总统”李宗仁，他推脱不知情，让学生找当事人。于是，游行队伍又去了东交民巷，找“参议长”许惠东，许闻讯早已逃之夭夭，交涉未果。

当天北平正值盛夏，天气炎热，又渴又饿的学生们实在撑不住了，游行指挥部考虑到要保存实力，以利再战，便调转队伍，准备返回住地。可就在这时，丧心病狂的国民党反动派突然下令朝着学生队伍开枪了，“突突突”，机枪声一响，当场就有 17 名学生被打死，上百名学生受伤。这尸横街头的血淋淋的场景刹那间震醒了小庆：“本来我们对国民党还抱有一丝幻想，可这一梭子弹，一下子就把我推向了共产党。”

有镇压就有反抗。7 月 8 日晚，大雨即将降临，趁敌特稍有松懈之机，东北同学们三五成群来到绒线胡同一位同学亲戚家的大院内，为“七・五”惨案死难者举行了隆重的追悼大会。《小庆文萃》中写道：“人间惨剧，天公动情，刹那间，狂风大作，雷雨交加，同学们号啕大哭，其悲恸之情惊天地动鬼神，哭声与雷声交相呼应。我虽年纪尚小，但此情此景终生难忘。”

经历了这次血案之后，小庆更加勇敢了，她和两个姐姐及已经是地下党员的二哥更加积极地参加地下党外围组织的“读书会”“歌咏队”“民舞队”等活动，团结进步同学，参加“反饥饿争生存”“反迫害要上学”“反内战争统一”等活动。

五年难忘的革命文艺生涯

1949 年 1 月，北平和平解放。小庆积极参加地下党组织的欢迎解放军入城式的活动，她不知劳累地跟着解放军队伍，从西直门一直跑到天安门广场。

随后，二哥二姐均受命参加了接管北平的工作。14 岁的小庆和大她一岁的姐姐先后考上了华北大学三部艺术干部培训班。她被分到戏剧科演员队。她生平第一次演戏，是在歌剧《刘胡兰》里扮演胡兰子的妹妹刘爱兰。

连排时就是在现在的新华社图书馆的平地上。“我是开戏后第一个开口说和唱的人——叫一声‘娘’！”接着就唱道：“枪声紧又紧哪，炮声响又响啊，八路军为咱们打仗，拥护军队理应当啊……”此情此景，她至今记忆犹新。

同年10月1日下午3时，新中国开国大典在北京天安门隆重举行。她作为华北大学仪仗队的成员，站在天安门广场参加了庆典。男同志个个头裹白羊肚子手巾，摇动着腰间挎着的腰鼓震天响；女同志们人人腰缠红绸，不停地两手舞动着，远远望去恰似红色的火舌吞吐。当五星红旗在《义勇军进行曲》的伴奏下冉冉升起，当毛主席宣告“中华人民共和国中央人民政府今天成立了”，小庆和同学们热泪盈眶，激动无比。由于每支游行队伍到了天安门前都激动地仰望城楼、高呼口号，不愿匆匆离去，致使游行一直延迟到晚上十点左右才结束。此时在天安门广场停留近十个钟头的仪仗队伍华大的同志们不顾劳累，高举火把，载歌载舞，拥过金水桥，贴近天安门城楼，“毛主席万岁”的口号声一浪高过一浪。所有人仿佛有用不完的力气，道不尽的喜悦。毛主席在天安门城楼上通过麦克风问他身边的人：“这是哪个单位的队伍？”“是华大的同志。”毛主席便大声回应：“华大同志们万岁！”

1952年，中央民族文工团（现中央民族歌舞团前身）正式成立，当时已经在华北大学三部和中央戏剧学院歌剧团做了三年歌唱演员的小庆，被组织调入民族文工团，该团建团后计划全团用一年时间到西南地区搜集当地少数民族的民歌民谣，吸收少数民族干部和优秀的少数民族演员。

从北京到了贵州丹寨县，小庆跟着队伍一下子就扎进了大山沟里，与苗族姐妹同吃同住同劳动。可收集记录少数民族的民歌民谣，得按照当地人家的规矩，“我唱一首，她唱一首，交换着来。”就这样，小庆为了能收集尽可能多的少数民族音乐，每天至少在大山里往返35公里山路，走乡串村地跟着老乡一起燃起篝火唱起歌。这样高强度的工作持续了一阵后，突然有一天，小庆发现自己的嗓子怎么都唱不上去高音了。到县城医院看病，大夫说她年龄太小，声带发育还不成熟，又使用过度，所以导致声带受损，需要立刻休养，很可能不能再从事唱歌了。

听到这个不幸的消息之后，小庆想到自己热爱的歌唱事业将戛然而止，禁不住泪流满面。1953 年，她被安排住在昆明军管会招待所，休养嗓子并在团部做一些后勤工作。

在不能唱歌、不能说话、不能吃甜、不能沾辣的日子里，小庆认真地对自己的未来进行了思考。昔日动荡的生活让她一直没有时间去好好学习文化知识，她一直引以为憾，现在既然不能干自己热爱的歌唱事业了，则应抓紧时间学习，提高文化水平，这样既可以弥补自己的缺憾，也为投身新中国建设事业积蓄力量。于是，在疗养嗓子的同时，小庆开始自学，她认真自修了吕叔湘的《语法修辞》一书，不认输的小庆很快掌握了基本的语文知识。她的恋人、剧作家李建庆发现小庆后来的来信中，语法通顺了，错别字也少了，写信鼓励她，使她分外高兴。

丈夫全力支持　小庆成了“学习狂人”

1953 年，小庆从昆明回到北京。1954 年，小庆与剧作家李建庆成婚了。其实早在 1951 年小庆还在中央戏剧学院歌剧团当演员的时候，这位剧作家和她就已经相识了。当时小庆在演员队，专业搞歌剧创作的李建庆在创作室。每逢过年过节，歌剧团都会组织舞会。在 1950 年除夕舞会上，李建庆与小庆翩翩起舞。李邀请她参加次日创作室举办的元旦茶话会。在茶话会上，小庆第一次见到了“黄河大合唱”的词作者光未然朗诵他的新作，还见到不少她以前敬佩但未见过面的剧作家、作曲家，一种崇拜之情油然而生。此时，大庆和小庆由开始相知到相爱了。“是谁先选中了谁？至今谁都说不清楚。我只觉得这是一种看不着摸不到的磁场。这磁场在我们50年风风雨雨、坎坎坷坷、苦辣酸甜的生活中，有着很强的抗干扰力。”2004 年，老伴去世后，小庆写下了这么一段话。

婚后，小庆想上学的念头仍一直在她心头萦绕。李建庆鼓励她，去上学吧，人就该不断地学习。丈夫的鼓励，坚定了小庆的信念。就这样，身怀六甲的小庆离开了中央民族文工团，毅然放弃了工资收入，放弃了晋级的机会，进入中国人民大学附属工农速成中学脱产读书。

她平时都在学校如饥似渴地上课、学习，只有周六才能回家，周日还得在晚自习前赶回学校。“那是我人生中最快乐的一段时光，没有忧愁，一心想着如何提升自己的文化水平。”她在学习期间，第一个寒假生一男孩，第二个寒假又生下一对双胞女孩。但两次坐月子都充分利用了寒假放假时间，基本没有耽误学习。只用了四年时间，她就学完了初高中六年的课程，各科成绩均在 4 至 5 分，被学校编入了一个“没有 3 分”的特殊班。

小庆回顾道：“两口子短暂的周末相聚，除了照顾孩子，更多的是交流读书的心得。如果说崇拜能让两人结缘，那么，共同的精神追求则是大庆、小庆能相濡以沫走过一辈子的‘良方’。”“似海情深难离分”，这是他们一辈子爱情的写照。

1958 年，读完速成中学后，小庆又参加了全国文科统考，考上了南开大学外文系英语专业。这下要到天津学习了，丈夫依然支持她异地求学。在这期间，小庆在每月只有 25 元调干助学金的条件下，得将 1 元钱掰成几瓣花——交党费、交伙食费、给老妈妈生活费……她只能将自身需求降到最低。“我自读速成中学起，就没添过一件新衣服，妈妈做的一件人造棉白底蓝花的衣服穿了十年，周六洗，周日穿，破衣烂衫地走在校园里。”但小庆并不感到委屈，知识就是她的财富。

当时，虽然北京到天津的火车票不贵，但为了节省钱，小庆一年除寒暑假外只回家两次。每当火车到达北京站时，小庆都会看到丈夫牵着三个孩子在站台上“列队”迎接她。“和我一起回北京的同学会开玩笑地说：‘刘大姐，你的仪仗队又来了呀！’”

小庆大学尚未毕业，三个孩子已经上小学了。每次在家度过寒暑假后，孩子都会拖着“小庆妈妈”不让她走。大女儿说：“妈妈，你别去天津上学了，就上我们的学校吧！”回忆到这里时，小庆开心地说，“这句话多么充满童真，多么可爱啊！”

1963 年，小庆和依靠她丈夫经济支持的两个小叔子一同完成了学业。十年寒窗苦读书，酸甜苦辣备尝尽。岁月是苦楚的，回忆却是香甜的。所有的经历都值得，所有的付出都会有回报。

三进新华园　与新华园的不解之缘

小庆说，我这一生与新华园有着不解之缘。在她前 58 年的岁月中，她三进位于北京宣武门西大街 57 号的新华园。

第一次是“七·五”惨案后，她与已是地下党员的哥哥及地下党外围组织成员的姐姐一起走进当时的北大四院的新华园，和一群大哥哥、大姐姐们同唱《解放区的天》、同跳《团结就是力量》等集体舞。

二进新华园，是在 1949 年 4 月 8 日，她到以吴玉章为校长、成仿吾为副校长的华北大学三部报到，成为艺术干部培训班的学员，就住在大院内园楼二层铺着稻草的地板上。在这座大院里，她开始知道长着大胡子的马克思；开始知道人是从猿猴变来的……新华园是她革命征程的起点，这里的每一栋楼都能勾起她对许多往事的怀念。

更意想不到的是，14 年之后的 1963 年 8 月，她从天津南开大学外文系毕业后，又被分配到了位于这座大院的新华社来工作，而且这一干就是近 30 个年头。用她自己的话说：“难道这不是一种缘分吗？”

当时进得新华园内，工字楼北墙上“向世界性通讯社进军”的几个耀眼的大字，一下子映入她的眼帘，深深地嵌入了她的心间。这口号就如响亮的进军号，催她奋进，她在这沸腾的新华园里迈入了生活的新阶段。

她被分配到新华社摄影部担任对外传真图片编辑，他们组担负着全国唯一的通过传真向世界各地传送新闻照片的工作。至今她还记得，1964 年 10 月 16 日，我国第一颗原子弹爆炸的当晚，那火球升空时的壮观照片最先摆在了她的面前，全组同志经过通宵达旦的工作，及时向全世界播发了这一振奋人心的喜讯。

“我还记得，在一位外国元首访华的报道中，我与记者、暗房工人密切合作，争分夺秒，创造了从外宾飞机降落机场算起，仅用 55 分钟即送出第一张照片的时效记录。”

“我也记得，亚非拉乒乓球邀请赛闭幕式结束后，我拿着已编好的照片，乘汽车由体育馆赶送总社传真室。行至十字路口时，被一长串由西向东行驶的轿车拦截在十字路口北边。我焦急万分，灵机一动，打开车门直奔交警跑去，声明我是新华社发送传真新闻图片的，请求他拦住东去的轿车，放我通行，为的是把新闻照片抢发在别国通讯社之前。警察手一摆，截住了东去的长串轿车，为我开放了‘绿色通道’，我的时效战打胜了。”

“最使我难忘的是，在 1976 年 1 月 8 日的夜班上，我早于许多人得知敬爱的周恩来总理逝世的噩耗，悲痛与重任同时压在我的心头上。我含着眼泪在楼梯上下奔跑，做好了一切准备，待电台广播员播出噩耗的话音刚落，我就将周总理的遗像立即传向了世界。第二天美联社打来电报，感谢我们及时地将这位世界伟人的遗像传给了他们。”

现在回想起那时候的工作状态，小庆和同事们的工作都是夜以继日、不遗余力、不计报酬，甚至没有休过一个完整的节假日。夜班就以办公室为家，搭三条椅子就是一张床，经常彻夜不眠、灯火通明地工作，同事们经常把新华社自豪地称为“不夜的新华园”。那时候他们同事之间的问候语都是“祝夜班同事晚安并早安”。有的同事只要能赶上回家的末班车就行，而小庆一直都是骑自行车上下班的，不用赶车，所以几乎总是办公室最后一个“撤退”的。

从 1963 年到 1983 年，小庆在新华社对外图片传真工作岗位上默默无闻地坚守了整整二十个春秋，将新中国日新月异的形象通过一张张图片传递到世界各国。毛主席对新华社的嘱托：“把地球管起来！”就是她心中无穷无尽的力量源泉。

刘庆云：中国调查研究“荷赛”第一人

1983 年，新华社摄影部机构改革，撤销对外传真图片编辑组，成立国内外统一传真发稿的大平面。小庆自选调到摄影部理论研究室，继续在新闻摄影领域研究深造。这时，改革开放的春风使中国各行各业快马加鞭地发展，也使小庆焕发了青春。她从“盲人摸象”开始，对号称新闻摄影界的“奥林匹克”——荷兰世界新闻摄影比赛（简称“荷赛”），进行十余年认真而系

统的调查研究，取得丰硕成果，被当时任中国新闻摄影学会会长蒋齐生称誉为“中国对‘荷赛’调查和研究的第一人”。

为了尽快地搞清“荷赛”的“庐山真面目”，小庆找来大量英文资料研究。她所处的办公室阴冷潮湿，常年的辛勤工作让她落下胃疼的病根。为了让自己好受点，小庆就经常跪在椅子上，如饥似渴地翻译资料。

逐渐，小庆对“荷赛”的起始、发展、现状、评委会的组成、评奖标准等情况都有了了解。她指出，“荷赛”是当今世界摄影比赛的最高水平，如同体育比赛中的奥林匹克、电影市场上的奥斯卡奖，得到世人的公认。她提出，我国摄影界应取“他山之石”用以“攻玉”。通过向世界先进新闻摄影学习、交流，提高我国新闻摄影的水平。她为此撰写和翻译了很多文章，得到中国摄影学会领导的赞同和支持。

1987 年 4 月，中国新闻摄影学会派出以《光明日报》摄影组组长王锦同志为首的中国新闻摄影学会 5 人代表团访问荷兰基金会，这其中就有刘庆云。因为小庆是团里唯一学过英语的，加上之前也研究了不少外文资料，小庆凭借扎实的功底，成了团内的主力，直接参与并促成了中荷双方互派代表团访问并交换新闻摄影展览协议的签订。

1988 年，小庆一行引进的“世界新闻摄影展览”（荷兰世界新闻摄影比赛 30 年精粹）在我国十大城市巡展，所到之处，场面宏大，人山人海，在北京中国革命博物馆首展时，展板曾 6 次被挤塌。展览获得轰动效应，观者感到大开眼界，感叹：“被征服了”。

从此，刘庆云的名字在中国摄影界不胫而走，各地新闻摄影界同行纷纷邀请这位从西方引来火种的“普罗米修斯”演讲，传经送宝。她不辞辛苦，四处奔走，摇旗呐喊。她大声疾呼，中国摄影要打破过去平面、表面、片面反映生活的陈规，以全息的眼光、世界的意识观察和反映生活。她勉励中国摄影界有志之士鼓足勇气，力攀高峰，实现“荷赛”记分牌上“零”的突破。

1989年新华社摄影记者杨绍明以《退下来的邓小平》三幅照片获“荷赛”新闻人物系列三等奖，实现了中国新闻摄影在“荷赛”的“零”的突破。此后，几乎每年都有人获奖，至今约有45人次获奖。此外，还有黄文等多人参加“荷赛”组织的大师班学习，与世界各国青年同行交流经验，切磋技艺；更有多人担任“荷赛”的评委。

正如蒋齐生会长在为刘庆云著《摘取世界新闻摄影大赛桂冠成功之路》一书所作序言中指出：“参与‘荷赛’是我国改革开放大战略的需要，我们要了解世界，要从世界吸收一切有利于我国发展的优良的可资借鉴的好东西，我们也要让世界了解中国，我国新闻摄影研究与参与荷赛，攀登这个高山，不是出于个人兴趣，而正是我们实现了解世界，让世界了解中国的一种必要，一种应有的必然性。”

1989年末，小庆被通知离休。于是她将办公室搬到自家，将对“荷赛”的研究工作持续到了2004年。那些年里，小庆写下了《从“荷赛”40年看世界新闻摄影发展》《在日常生活中挖掘新闻摄影题材》《罗伯特·普雷基：一个能够左右世界新闻摄影走向的人》，翻译了《新闻摄影的“奥林匹克”——2001年WPP评选团主席罗伯特·普雷基访谈录》《第30届“荷赛”年鉴》《第43届“荷赛”参赛规则》等文，成为新闻摄影教学、研究的重要参考资料。

刘庆云说：我觉得人的一生，受诸多主客观条件的影响，成绩有大有小，不可强求，但是一个平凡的人也不必自暴自弃，只需满足以下三个条件，就可以取得一定的成功，不枉此生。一是自己想干某件事儿，想干就可以产生无穷的兴趣，孜孜不倦地去干；二是应该干，即这是一件对社会、对人群迫切需要的事，就应该义无反顾地去干；三是自己能干，即自己的知识能力和岗位所在，恰好具备干好这件事的条件，就应该锲而不舍地去干。如果这三个“干”字能在同一个点上交汇，事情就会成功。她说，当然，“荷赛”引进中国，而且在中国摄影史上产生巨大积极的作用，这是许多有识之士前赴后继、共同努力的成果，我只是诸多推动者中间的一员。我感到欣慰的是：在这件于社会、于中国摄影事业有意义的事情中，我尽到了自己的一份心力，于心足矣！

普天同庆时 无悔来时路

2009年9月22日，天安门广场已沉浸在庆祝新中国成立60周年的喜悦氛围中。大女儿陪同当时75岁的刘庆云到天安门广场散步，当看到写有“中华人民共和国成立60周年”几个字的大字彩屏时，大女儿眼疾手快将小庆妈妈定格在这一难忘瞬间。

一晃又是十年过去。如今85岁高龄的刘庆云回顾人生轨迹，她仍能清晰地回忆起那些随着时代前进的足迹：14岁投身革命；19岁脱产读书上大学，苦读十年；28岁进入新华社摄影部默默无闻、夜以继日地当了20年对外传真图片编辑；改革开放后，解放了思想，放开了手脚，苦苦钻研“荷赛”，将新闻摄影界的“奥斯卡”——“荷赛”奖引入中国，在中国新闻摄影界引起了深远的影响。

70岁以后，她为老伴主编了一本64万字的《跬步记——李建庆文集》。80岁后，又自编14万字的《小庆文萃》。2016年6月，年过八旬的刘庆云选择在燕达金色年华健康养护中心安度晚年。

一生都在追求学习与成长的刘庆云，在养老院的生活一点儿都不枯燥：学习使用微信、学习新技术、结交新朋友……让她的晚年生活更加充实。

她仍然关注着周边发生的事情，并力所能及地给予干预。有一天，当她在所住房间的阳台上看到马路对面长达数日不熄的焚烧垃圾的滚滚浓烟时，面对这种违反环境保护法、损害周边群众利益的行为，作为一名老党员的责任感和一位资深新闻人的新闻敏感，驱使她马上拿起手机，运用刚学会的技术，拍了一则现场视频，通过微信发到新华社同事群。新华社总编室看到了刘庆云的这则视频，当即责成摄影部派记者前来采访。摄影记者金立旺来到现场，并把当地有关部门负责人请来观看现场后，有关部门立即制止焚烧，清理现场。此后，这种焚烧垃圾、污染环境的行为在当地再没发生，天空多了蓝天白云。

《小庆文萃》封面上选用了她最喜欢的一张肖像照片，小庆脸上露出优雅、坦然的笑容。这个笑，是小庆一生奋发努力、无怨无悔的最佳佐证，也是她70年参与、见证神州沧桑巨变感到欣慰和幸福的内心写照。

文 / 李梦婷 龚嫣怡 陈廉（特邀）

人·物·简·介

何敏娟，83 岁，从事戏曲声乐科研和教学工作近四十余年，曾与上海戏曲学校的卢文勤教授共同创办了《戏曲声乐研究》刊物，她还曾受邀录制中央电视台戏曲频道《跟我学》栏目《何敏娟戏曲声乐教学》的专题节目，该节目被多次重播，收视率非常可观，在整个戏曲界广受好评，许多业内人士和机构也因此“慕名而来”。在何敏娟坚持不懈的努力下，她从一个初中就辍学的小姑娘，一步一步成为戏曲声乐专家，81 岁的时候，她还曾受邀赴海南讲学，为 400 多位戏曲工作者进行讲课，整个会场座无虚席，学员鸦雀无声，专注聆听。虽已年迈，但她对音乐的执着一直是她生命之中不熄的热爱。

何敏娟

孜孜不倦　锲而不舍地研究戏曲声乐

“我的原始学历不高，小时候因为种种原因错过了读书的机会，后来机缘巧合走上了研究戏曲声乐的道路，没想到就这么做了一辈子这方面的教学研究工作。”何敏娟老师笑着说。

看着眼前这位容光焕发、平静知足的长辈，很难有人相信她已经年届耄耋。尤其是在她开口与人交谈的时候，聊到自己的专业领域——戏曲声乐，情之所至还会情不自禁地哼唱一段，声韵优雅，中气十足，丝毫不见老态，思维十分清晰活跃，讲解起戏曲声乐的理论知识来还能举一反三、深入浅出，就算是外行也能轻松理解她所讲授的内容。

“住进养老院之后，我本以为可以休息休息，没想到还是有一些人因为看了我的视频教学前来找我进行戏曲声乐方面的切磋和研究。”何老师自谦地说，“我这个年纪已经不能给他们很精准的示范发声了，只能尽我所能将我所知道的倾囊相授，实在是愧对他们大老远地跑一趟。”

在旁观者看来，何敏娟老师的职业生涯用“桃李满天下”来形容也不为过。从幼儿教育起步，到主持音乐欣赏课程活动，再到大学进修声乐，最后与戏曲结缘，开始研究中国传统戏曲中的声乐技巧并形成理论系统，进行戏曲声乐教学研究，最后还受邀录制节目，在央视循环重播 12 次。在戏曲声乐研究领域，何敏娟这个名字也就传扬开来了。

何敏娟在电视节目中教授戏曲声乐

新中国成立初期，一个初中就辍学的小姑娘，是如何一步一步成为戏曲声乐专家的呢？故事还得从 20 世纪 40 年代说起。

音乐天分初显 想尽千方百计汲取知识

1936 年，何敏娟出生于上海，家中兄弟姊妹众多全靠父亲一个人养活。1949 年前，她一直就读于国民党创办的学校，聪明伶俐的她不仅学习成绩优异，更是对钢琴和音乐产生了浓厚的兴趣——只要老师不在，她就偷偷试弹学校礼堂的钢琴，就算是责罚也未能将这种热情熄灭。

“新中国成立后，学校换来了可亲的音乐老师，授课的时候他又要教舞，又要弹琴，很不方便，我就毛遂自荐要上去帮忙。那时候我很忐忑很紧张，生怕他又像过去的老师那样拒绝我。没想到这位老师不仅没有拒绝，还十分热情地鼓励我、表扬我，这让我有了更多的机会摸到钢琴，也更加的热爱弹琴和音乐了。”回忆往事，何老师脸上洋溢出甜美的笑容，仿佛又回到了小学课堂，与记忆中的那个满心都是音乐的小姑娘重合为一体。

放弃名校保送 错失上学机会无奈辍学

新中国刚成立时，成绩优异的何敏娟被学校通知保送到当时上海最好的中学之一，英国人办的格致中学。但因为父亲工作调动，举家即将北迁到天津，小小的何敏娟不忍与家人分离两地，拒绝了名校递过来的橄榄枝。却没想到，接下来的际遇竟让她就这样彻底错过了读书的机会。

到了天津之后，何敏娟面临着中学入学考试，一直以来她学习的都是国民党统治时期的教材，面对试卷上跟共产党和革命相关的知识点，她全都一问三不知，考试成绩也自然不理想，就这样她未能获得公立中学的录取资格。

家中八口人的开销全部依靠父亲一个人的工资，也没有多余的钱可以供她读私立学校，原本热爱学习、成绩优异的她就这样错失了上学的机会。小小年纪便辍学在家帮助母亲分担家务。

小何敏娟学会了全部家务活，虽然任劳任怨，但是她心里总觉得压抑，她知道自己还是想读书的。有一天晚上，压抑了很久的何敏娟突然爆发了，她在父亲睡的那张破旧的床板上使劲跺脚，就是不让他睡，跟爸爸扯着嗓子喊：“我要上学，我要上学。”任凭何敏娟怎么跺，父亲就是不回应，甚至都不出声。小何敏娟觉得奇怪，停止跺脚安静下来，却意外发现父亲正躺在床板上抽泣。一种强烈的内疚感突然撞击了何敏娟的胸口，父亲已经瘦得不成样子，每天早出晚归为的是家里八口人的口粮，自己却还如此任性。

爸爸语重心长地对这个大女儿说：“囡囡，你是我的孩子里面学习最好的，几乎每次考试都是第一名，爸爸妈妈如果有钱，会不让你上学吗？爸爸是真的没有办法了，真的没有办法了……”在煤油灯微弱的灯光下，父亲的脸显得格外苍老，何敏娟一下子就意识到自己太不懂事了。“爸爸别说了，我不上学了，我不再说这个了。”何敏娟擦了擦眼泪，“但是我能提一个小要求吗？”父亲也擦掉了眼角的泪：“行，你说。”“你能从你的公司里帮我借来几本书吗？我下午没有家务的时候想自己学习。”

从那以后，父亲经常会给何敏娟带回图书，包括《红楼梦》《西游记》《水浒传》《战争与和平》《钢铁是怎样炼成的》《红与黑》，巴金、矛盾、鲁迅等著名作家的全集。上午干活，下午何敏娟就利用休息的时间看书和抄抄写写。

名人大家的伟大思想借由文字的形式被灌输到小何敏娟的脑海里，对她产生了前所未有的冲击，一向乐于思考的她越发清晰地意识到：旧社会的女性之所以地位低下，就是因为没有机会去提升自己，新中国的女性一定不能这样，必须做到经济独立，自力更生，才能摆脱旧社会女性的悲惨命运！

“那些书深深地启发了我，尤其是巴金和矛盾笔下那些旧社会女性的故事警醒了我，我不能就这样坐以待‘嫁’，不能学习，我就去找工作，我必须劳动起来，创造自己的价值！”何敏娟说。

鼓起勇气应聘 承认谎言顺利就业

收拾完家务，她就利用下午的空闲时间去街上看招聘广告。因为年纪小、学历低，适合她的岗位极少，她挑来拣去最终看到了一则“幼儿师范速成班”的广告，实行“包干制”，包吃包住给零用，毕业包分配。14 岁的她离对方要求的学历和年龄（17 岁）还有差距，但胆大心细的她决定“铤而走险”试一试：一定要抓住这个难得的机会！

报名的时候，教导主任看着眼前瘦弱的女孩不相信她已经达到了规定年龄。才 14 岁多的何敏娟充分发挥出了自己骨子里的那份冷静沉着的“魄力”：谎称曾在名校“上海格致中学”就读，伪造了自己的求学经历和年龄。

“当时教导主任不相信我，但是看到我填写的报名表之后立刻就打消疑虑了。”何敏娟老师略带羞涩地告诉我们，“他说我的字写得好看，一看就是读过中学的。”

不久，她以第一名的好成绩顺利通过了入学考试。

可是内心的正直和善良，不允许她继续将这个“谎言”进行下去。于是，她再一次鼓起勇气走进了教导主任的办公室。“您好，我必须告诉您，我的年龄和学历都是伪造的，我欺骗了您，其实我只有 14 岁，我也没有上过上海格致中学。现在我榜上有名，您还要我吗？”虽然小何敏娟很想得到这个机会，但是她不想再继续隐瞒。

听完她的这番话，教导主任突然提高了语调：“何敏娟你是第一名你知道吗？我们能不要你吗！非常感谢你的诚实和忠诚，欢迎你！”

开学第一天的开学典礼上，教导主任特意把何敏娟叫了上去，当着全体师生的面说：“这位同学主动把隐瞒年龄和学历的事情向组织交代了，这就是对党的忠诚老实，我们都要向她学习。”教导主任非但没有责怪何敏娟，反而还把她当成了全校学习的典型，这对于何敏娟来说也是极大的鼓励，在之后的一年里，她非常刻苦地学习，终于在一年后以优异的成绩毕业并分配了正式工作。

事业辗转用心对待　多次获评先进工作者

1952 年，何敏娟从幼儿师范速成班毕业后，被分配到市内的一所顶级幼儿园，担任保育指导员。思维灵活的她在全新的岗位上做得风生水起，用创新思维进行教学，使班上的 25 个小朋友开开心心、认认真真、津津有味地听她讲课。

因为工作表现突出，她成了当时幼教系统学习的榜样。教育局多次邀请她进行示范教学，分享工作经验。

当时尚在天津办学的中央音乐学院听闻之后，向教育局要求把何敏娟调去组建他们正欲创办的幼儿园，她就用自己所学的营养学、师资培养、幼儿心理学等专业知识和对音乐兴趣的培养，一起融入幼儿教学之中，获得家长们的一致好评。

但命运总是让人难以预料，原本以为自己会一辈子都从事幼教事业的她又被调动到了中央音乐学院的唱片室。

放弃自己一手创建的幼儿园，去一个完全不熟悉的领域，何敏娟有点儿犯怵，但组织的安排不得不服从，向来不服输的她告诉自己，在哪儿她都能干好。于是，何敏娟就一头扎进了唱片室。中央音乐学院是中国的最高音乐学府，里面收藏了国内外的各种唱片，是当时中国音乐唱片资源最丰富的地方。为了能更好地管理唱片，何敏娟凭着自己在小学学会的简单英文，硬是把所有唱片的英文曲名和作者名全部记住了。后来，她还“啃”下了德语、意大利语唱片上的曲名和作曲家名。音乐学院的学生懂外文的不算多，所以有时候来唱片室查资料的时候，他们不太会使用外文借阅卡，但何敏娟早就熟悉了，不仅查阅速度快，还主动教给学生查阅方法，一下子就在学院出名了。“有人说，咱们中央音乐学院好大的福气，居然有这么厉害的唱片管理员，业务水平高，懂好几国文字。我就偷笑，其实我哪儿懂啊，我连半吊子都算不上呢。”何老师笑着说。

管理唱片期间，何敏娟对工作有了新的想法：因有些珍贵唱片不允许外借，可是好的音乐资源应该充分为教学服务，现在这些珍贵片不见天日的“藏”着，我要怎么做才能让更多的人都欣赏到这些优秀的音乐作品呢？

于是她灵机一动，策划主持了一系列音乐欣赏会。在不违反“唱片不外借”的规定下，借来教室播放唱片，还邀请了作曲系的高才生为观众讲解和赏析，让更多的人都能领略到音乐的经典之美。

这一举动再次轰动了全校，一时间在师生之间传为美谈，大家都在说，这个新来的唱片管理员真是善于创造性地劳动，不同凡响。

也正是因为这些心无旁骛的努力和不计回报的付出，帮助她赢得了领导和同事的认可，在职期间她几次获评“先进工作者”称号。工资也水涨船高，从刚参加工作的每月 18 块钱，四年时间就涨到 62 块钱，连涨了好几级，这样捎带着也大大提高了家庭收入。

初心难忘怀　仍想回到校园继续深造

虽然工作表现突出，但何敏娟心里知道，自己真正向往的，并不是这些。她想读书，想读大学，想要如饥似渴地去吸收知识，充实自我，实现自己的音乐梦想。

在她当唱片管理员的空余时间里，她就跟着学校的师生们学音乐，后来学校了解到她的需求，师生们都十分不舍这位特别“有想法”的唱片管理员，纷纷求院长阻拦，但是学校的院长在得知她的想法后，不仅没有阻拦，还非常支持她的决定，破天荒给了她三个月的假期，让她全力以赴参加高考。

何敏娟拿出了玩儿命的精神，三个月里疯狂复习，夜以继日地学习音乐专业所有课程，用很短的时间通读了初中和高中的全部教材，甚至一度严重失眠。皇天不负有心人，最后她同时考上了当时位于天津的中央音乐学院和位于北京的中国音乐学院，最后她选择了去北京，在中国音乐学院学习声乐。

那时候的大学毕业生是管分配的，她对自己很自信。谁知，毕业前的一次体检之后，何敏娟的肺部被查出有一块阴影，医生在诊断书上写了八个字：“严密观察，暂不分配。”

就这样，毕业后的她成了待业青年。

一向思维灵活的她没有闲着，毕业后的三年里，她凭借自己过硬的专业能力，为李波、王昆、王嘉祥等多位文艺界资深艺术家担任钢琴伴奏。

除此之外，她还替人抄写国内外音乐的乐谱，这是一项专业性很强的工作。在当时的舞蹈学院，有不少国际舞蹈交流项目，“交流舞蹈之前要先交流乐谱（那时还没有复印机），就得把我国的乐谱拿来工整地重新抄一遍，交给外国同行”。抄五线谱是有严格的专业要求的，不能有丝毫差错，她做到了，间接助推了中外舞蹈的交流和发展。

时代变迁 从干校到学校结缘戏曲声乐

20世纪六七十年代，何敏娟被下放到五七干校参加劳动达五年之久。由于出现了戏曲用钢琴伴奏和声乐教育的一些要求，何敏娟从五七干校被调回北京，到戏曲学院从事教学工作。

但那个时候的戏曲界是拒绝学声乐的人介入的，而何敏娟又对戏曲一窍不通，怎么办？不服输的她再一次拿出了自己那股子干劲儿，也正是这“奋力一搏”，令她和戏曲结下了不解之缘。

“那时候人们认为声乐是西洋的文化，戏曲是中国传统文化，两者是不能结合的，在国内也没有人真正系统地研究整理过相关资料，完全就是一片空白，但在我看来，戏曲的唱念做打舞里面，唱和念都要运用到声乐技巧，这是完全可以融会贯通的。许多专业戏曲演员和戏曲学院的学生把嗓子唱坏之后而改行的例子屡见不鲜，这与不懂科学发声有极大关系。”

可是何敏娟并不了解戏曲，要怎么开展教学工作呢？一向热衷于学习的她又一次发挥出“海绵精神”：不会的就去努力学吧！于是，戏曲学校的教室里，多了一位30多岁的旁听生。当时戏曲界的很多名家都在学校上课，何敏娟就挨个儿去旁听，到最后，京剧里生旦净丑的所有课程她都学会了。在以前，学戏曲可没有乐谱，老先生们也不识谱，都是口口相传的，何敏娟来了之后，把她在声乐专业学的知识也融入了进来，老先生们说，何老师，你说出了我们心里有而嘴上说不出来的道理。

从零开始，步步摸索，及时总结。

这十二个字似乎是何敏娟人生每一个阶段的真实写照，她辗转于多个岗位，都是抱定一股“不服输”的学习精神去努力钻研，最后取得突出成绩。面对戏曲声乐这门前无古人的学问，她也同样如此。

这个身材娇小的女子，体内似乎总有着一股韧劲和爆发力。她潜心钻研戏曲和声乐的联系与技巧，整理理论最终发表成文，得到业内人士的广泛关注和认可。学校直接安排她优先给中青年教师进行授课指导，将老师培训成功后再开展戏曲学院学生的教学工作。

前半生怀抱着对音乐的热爱，何敏娟在前进的道路上摸索多年，终于在戏曲声乐这里找到了自己的初心和梦想，成为她后半生的全部动力。

为中国戏曲声乐研究事业的发展奋斗终生

“声乐就是训练嗓音， 使其悦耳动听， 但动听又离不开风格韵味， 而这些又主要是通过被音乐化、艺术化了的‘语言’来表达。我们研究戏曲科学发声，如果离开了语言、感情和风格韵味， 也就失去了它在艺术中的作用。”何敏娟老师娓娓而谈，将戏曲声乐的概念解释得清晰明了，“就是既要有戏曲的韵味和特点，又要有科学的发声技巧，这些都是研究戏曲声乐的意义和价值所在。”

从 1974 年正式踏入戏曲声乐研究的大门直到现在，何敏娟发表过《唱京剧怎样吐字》《从戏曲发声的种种嗓音障碍，谈戏曲声乐训练的重要性》《我的戏曲声乐教学观》等多篇文章。为了更好地推广戏曲声乐这一文化，她还不辞辛苦地拜访全国各地的戏曲名家，进行学习。没有差旅费她就自掏腰包，没有介绍信她就拿着工作证毛遂自荐。

她还联络到知名京剧声乐研究者卢文勤教授共同推进戏曲声乐的研究和发展，为此他们决定开展全国考察学习，二人足迹遍布全国二十多个省市，在这个过程中，何敏娟老师逐渐掌握了各个剧种的特点，甚至不同地区的方言她也能信手拈来，两人还共同创办了《戏曲声乐研究》刊物。随着戏曲声乐研究工作的推进和发展，两人的成绩有目共睹，她和卢教授一度被业内人士尊称为“南卢北何”。

2017 年，81 岁的何敏娟受邀赴海南讲学，为 400 多位戏曲工作者进行讲课，整个会场座无虚席，学员鸦雀无声，专注聆听。海南的一位省领导人这样评价她：“我们海南琼剧需要的就是何敏娟老师这样的：既能讲其‘然’，又能讲其‘所以然’的好老师！”在这之前，她已经多次赴国内外进行讲学工作，国内各省也都有她的学生。

何敏娟在海南讲琼剧

“中国戏曲声乐艺术的传承，都是靠口传心授的方式代代相传，从未有过自己的完整理论体系，并且因为派系众多，学习研究和传播推广起来就会受到局限，这是不利于中国传统艺术的传承的，我研究戏曲声乐，本着‘古为今用、洋为中用’的原则，将戏曲声乐理论这门边缘学科与传统戏曲的规范要求相结合，让我们的文化能够广为流传，让更多的人可以学习和发扬我们的传统文化。”何老师告诉我们。

虽已年迈，但她对音乐的执着一直是她生命之中不熄的热爱，令她永远保持年轻时候的蓬勃与活力，退而不休，不遗余力地将中国戏曲声乐文化发扬光大！

文 / 叶晓彦　龚嫣怡

人·物·简·介

孟庆良，91 岁，曾在七七剧社、祖国剧团担任话剧演员，后进入国家话剧院，曾出演过《青春》《虎符》《李双双》《石油凯歌》等话剧作品。其中，孟庆良在《石油凯歌》这部话剧中出演主角王进喜，孟庆良也成为第一个扮演铁人王进喜的话剧演员。后又出演过多部影视作品，包括《水手长的故事》《万里征途》《风暴》《武生太斗》《爷孙俩》等。作为老一辈艺术家，孟庆良默默地为新中国的表演事业书写了可歌可泣的篇章。“儿时偶做梨园戏，未料粉墨竟一生。台前幕后都是戏，无怨无悔告晚情。”这是对孟庆良一辈子演艺生涯的最好总结。

孟庆良

第一个扮演铁人王进喜的话剧演员

“我仅仅是一个普通的话剧演员而已。”在与孟庆良交谈时，他对此强调了很多遍。电影、话剧，在舞台上摸爬滚打几十年，他先后在百余部古今中外话剧、电影中担任过主、次要角色，为国家一级演员。至于自己到底演过多少个角色，孟庆良自己也记不清了。哪个角色演得最好，孟庆良也谦虚地不好意思透露。他只是低调地说：“我仅仅是一个普通的话剧演员而已。”

说起孟庆良这个名字，可能很多人都不太耳熟，与他同一辈的老艺术家，还有蓝天野、苏民、李丁等，虽然这一辈人已经离我们渐渐远去，但他们给话剧艺术、表演艺术所带来的影响力始终流传在艺术界，不仅仅是他们的专业精神，更多的是他们的个人魅力、人格品质。

从七七剧社里走出来的小演员

孟庆良是怎么与戏剧结缘，又是如何走上话剧生涯的呢？在他的回忆文章《从七七剧社到祖国剧团》里，孟庆良提到，这要从新中国成立前他在北平弘达中学读书时说起。那是在 1946 年，可以说这是奠定孟庆良一生走什么道路的转折年。

1946 年的上半年，孟庆良在读高中二年级的第二学期。当时，他和同班的几个比较要好的同学已经形成了一个小圈子，因志趣相投经常“扎堆”在一起。在这些人中间较有号召力的是李守海（后来改名为李丁），他给孟庆良最大的印象就是会演话剧，而且在班上时不时会闹点笑话。

孟庆良记得，有一天上午第一节课，是校长兼的。已经点过名了，当校长面向黑板写字时，教室的门慢慢地开了，进来一个人，上身穿一马褂，下身穿学生制服，手提大皮包，头顶航空帽，正蹑手蹑脚地想溜到自己座位上去。同学们憋不住地笑出声，惊动了校长，校长回头一看便问：

“李守海！”

“到！”

“你的制服呢？”（当时学生一律着黑色制服）

“洗了！”

“你这是穿的谁的衣服？”

“我爸爸的！”

其实，是因为他头天晚上演《日出》中的潘月亭这个角色，穿的他爸爸的衣服。第二天早上，他怎么也找不到自己的制服上衣了，又怕迟到，就匆忙地穿戴了这么一身到学校来了。这是孟庆良对李守海的第一印象。

后来，孟庆良与李守海有了更多的接触，当年的暑假，由李守海牵头倡议，为欢送当年的毕业班，他们一同出演了话剧《狂欢之夜》（根据果戈理《钦差大臣》改编的中国剧本）。这个话剧的演员多是同班同学，李守海饰县长、方咸辰饰商会会长、崔乃福饰邮政局长、曹用礼饰卫生局长、马建青饰法院院长，假钦差一角由北大工学院剧艺社的张绍载饰演，县长的夫人和小姐由华光女中的吴咏云和梁百里扮演，而孟庆良当时在剧中演的是假钦差的仆人玲珑一角。

要演出就要排练，要排练就需要导演。于是李守海和马建青神通广大地请来了当时已经在话剧界颇有名气的祖国剧团团长郑天健。《狂欢之夜》在学校的教室里利用假日进行排练，并在放暑假的第二天，在北平长安大戏院上演。这是孟庆良有生以来第一次登台表演，完全是出于兴之所至，没想到这竟成了奠定他毕生事业的起点。

孟庆良说："起初，如果说我喜欢演戏，不如说我更喜欢这种无忧无虑的同学之间的纯真友爱的关系。"

在演出过程中，经郑天健介绍，请来了几位大专院校的戏剧活动积极分子，包括邓国封、王皇（蓝天野）、陈耀、陆须曾、陈方千等帮助化装及布置音乐效果。这场演出成功之后，更加激发了大家的兴致，这群志同道合的年轻人便想酝酿成立一个剧社。

剧社叫什么名字呢，因为开始排练那天，正是七月七日，有人提议，那就干脆叫七七剧社吧。于是，大家伙便借了邢铸家（和平门外东南园6号）的南屋，正式成立了这个剧社。当时，孟庆良还请人用毛笔写了"七七剧社成立大会"8个大字，李守海找人写了"追求真理，永不停留地去学习"。这天，几乎与他们演出有关的人员都来了，只有马建青没参加。李守海写了一条标语"我们不会忘记老马"。

说起老马，孟庆良说："他虽然是在高二才从别的学校转过来，却很快和我们'情投意合'，并参加了我们的演出，更由于他在我们这些人中间各门功课都是拔尖的，加之为人和善可亲，无形中他和李守海就成了我们的领头人和智多星。此时，我们谁也不知道，他已是中共地下党员，并秘密发展了李守海。"

爱戏剧胜过爱学习

那时候的年轻人可以说是热血澎湃。当时，在马建青的建议下，他们去了朝华、三联和中外出版社等进步书店买了几十册文艺、戏剧、诗歌及小册子。其中好多是解放区发行、国统区复印的，如赵树理的《李有才板话》《小二黑结婚》，臧克家的《挂红》，何其芳的《火把》《夜歌》，李季的《王贵与李香香》，以及鲁迅、茅盾、胡绳、艾青、艾芜、艾思奇等人的作品。在西单灵境胡同察哈尔同学会内、曹用礼所住的一间日本人遗留的、铺着榻榻米的屋子（剧社成员叫它“夜店”）里，成立了“七七读书会”。马建青对一些书做了介绍，并引导大家讨论艾思奇的《大众哲学》。

通过参加这些活动，孟庆良开阔了视野，让他接触到了好多他从来不关心的事物，比如自由、民主、解放……“这些本来在我头脑中总以为跟我没什么联系，但在读书会上，老马却能用他那平淡的语气，把这些概念渗透到他对时局、对学运以及对我们看过的戏、读过的书和体会理解中去，这引起大家的极大兴趣。”

孟庆良在演话剧上有天赋，但在学业上，用他自己的话来说，考试只能靠“对付”。尤其是那时和老马成了同桌，孟庆良特别高兴，即使是被老马“嫌弃”恨铁不成钢，但是只要有这个学霸在身边，他总是踏实许多。

说起自己的学业，孟庆良还闹过一些笑话。他回忆，有一天考数学，老马做答题时把卷纸竖起来在中间折一下。左边是1234，右边是5678，而他在抄的时候，就错误地把第一题和第五题抄在一起，当然就满篇全错。第二天老师拿了考卷敲着孟庆良的脑袋说：“你呀你，抄你都不会抄。”当时孟庆良全然不当回事，因为他的兴趣全都投入到演戏活动中。

从七七剧社到祖国剧团

后来，在李守海和马建青的带动下，七七剧社的成员几乎都参加了祖国剧团《青春》一剧的排练和演出。女二中的祁英丽（邸路）、赵培华（赵雪瀛）、王维华（王珏）也参加进来，从此，他们都成了祖国剧团的成员。

其实，祖国剧团是中共地下党城市工作部领导的剧团，负责人有石梅、石岚、郑天健等。此时李守海组织关系已转到祖国剧团。《青春》在北海后门附近教场9号北京剧社的三间南房排练，严格地说，孟庆良的戏剧生活应该是从这里开始的。这里有更多影响了他一生的朋友。

当时，《青春》这个戏的编剧是李健吾，导演是郑天健、石岚。故事发生在清末民初北方某农村，以反对封建婚姻为背景。演员有濮思洵饰田喜、祁英丽饰香草、郑天健饰香草父、王维华饰香草母、李守海饰罗举人、徐绪瑛饰田寡妇、马建青饰私塾先生、王皇饰红鼻子、赵培华饰香菊、弘达小学的曹家骐饰小女婿罗童生。孟庆良和方咸辰、虞积松等人在剧中扮演了田伙、佃农等。

1946年秋天，祖国剧团在北平灯市口建国东堂正式公演。排练和演出的凝聚力，加深了这些人的接触，增进了彼此间的感情。在马建青等人的倡议下，七男三女结盟为“十兄妹”：大哥梁绍鲁、二哥曹用礼、三哥李守海、四哥马建青、五哥孟庆良、六哥崔乃福、七妹王维华、八弟方辰、九妹赵培华、十妹祁英丽。

当时，这群人就这样亲切地称呼着，而且一直延续到今天。在这里，孟庆良还结实了年龄稍长的陈奇、贾滋（田明）、贾铨、邓国封、刘乃崇等人。

孟庆良说，这些无意的结合赋予了他生活的意义。如今60年过去了，每个人都留下了难忘的路，而最最难忘的，是十兄妹之间充满追求真理的情怀和共同经历的美好岁月。他们集会的地点除了教场9号，再就是二哥曹用礼的宿舍。成立“读书会”的同时，他们还办起了“七七壁报”。孟庆良和方咸辰担任排版和抄写，撰稿和组稿多是老马、英丽、培华。报头和插画多是由蓝天野、苏民画的。来稿由撰稿人随意写作，只要他们几个觉得好，就能上版。内容有诗歌、新书介联、漫画、报刊时事摘抄、话剧介绍、各校通讯等。壁报不定期，每期先在弘达中学大操场的玻璃公布栏里刊出。当下一期出刊时，这期则全部迁到女二中的校园里刊出。

他们还在东斜街陈奇的家里出版过油印刊物《剧坛一角》。主编和组稿是张真和陈奇。在这里，孟庆良还学会了刻蜡版。印刷装订是他们哥几个的事。这些活动吸引了孟庆良极大的兴趣和热情，寒暑假自不用说，大多数课外实践他们都会相聚在一起。有时候还会召开座谈会，如看了话剧二队演出的《夜店》《孔雀胆》等剧目的交流座谈、鲁迅逝世10周年纪念座谈会和恋爱座谈会等。这些活动使他受益匪浅，还使他知道了“解放区”是最理想的自由天地。

1947年夏秋之交，祖国剧团排练，演出了郭沫若的《虎符》。孟庆良又结识了一些新朋友，如北大工学院北工剧社的朱桐超、裴振德、韩世忠等，参加演出的还有北大农学院的王凤耀，女二中的师伟。如今，孟庆良还能回忆起他们不少演职人员的姓名以及各自饰演的角色。

孟庆良说，这是一出人物众多的历史戏，演出是在建国东堂，虽然是售票公演但所有的演员都没有报酬。如果谁没有吃晚饭，可以在郑天健的母亲处领取八千法币。唯有孟庆良和李守海、梁绍鲁因为被称作“大肚汉”，每人发一万五千元法币。“别人可以在灯市口东口一家小饭馆吃饺子。而我们三个，每人竟能吃一碗馄饨，四千块钱法币猪头肉和二十几个烧饼。我不知道那时候怎么会吃那么多。”孟庆良笑着说。

因为是售票公演，大家还是很严肃很认真的，但是也出过不少笑话。比如《虎符》戏里有一段：一个青年（张日真饰）与朱女在桥下相会，青年吹笛为朱女伴奏“来到夷门桥”。张日真不会吹笛子，每天由濮思洵在边幕替他吹奏。碰巧这天不知谁把笛膜碰破了，当张日真做吹奏状时，边幕旁的濮思洵却怎么也吹不出声来。这时的后台紧张得不得了。由于台上演员彼此适应得很自然，观众也没觉得出了什么问题，还真以为是笛膜破了、一场虚惊就此过去。又如在群众场面中，有人已经上场了，发现自己穿的是皮鞋，只好半蹲着走；还有人把“在城里吗？”说成“在北平吗？”幸亏是群众场面，这句走嘴的话，淹没在众人的声音里。虽然出现过这些情况，但是在演出中大家都是兢兢业业的，从来没有过迟到或误场的情况。所有的演、职员一律兼职、一起装台，一起卸台。

身边人、身边事的耳濡目染

这就是孟庆良话剧生涯的启蒙阶段，在那个大变革、大动荡的年代，他参加了七七剧社，更有幸进到祖国剧团，结识了当时就已经是中共党员的不少人，虽然不知道他们的身份，但他们确是孟庆良人生旅途当中的引路人。他们或多或少地给了他以启示和影响。

如 1947 年，剧社想排演话剧二队演出过的《三江好》，孟庆良便和方咸辰、曹用礼一起去找王皇。王皇此时已经参加演剧二队，他帮助他们找剧本，并请田冲给他们说戏，帮他们排练还指导演出。这戏的结尾是在“起来，不愿做奴隶的人们……”的歌声中闭幕的，而孟庆良也是在这时学会唱《义勇军进行曲》的。

孟庆良和弟弟舞台装扮留影

这中间，王皇曾借给孟庆良一本小说《七人集》，其中就有《第四十一》，他提示孟庆良："你说他们是什么军队？为什么打红旗？"孟庆良那时虽然很被那小说的内容所吸引，但对他们是什么军队，为什么打红旗，却一无所知。经王皇一说他才知道。

又如濮思洵，他不是十兄妹的成员，但是大家都叫他十哥，这是由他家兄弟之间排行而来。他为人诚挚、纯真、热情，乃至他的修养、气质，也的确是当之无愧的十哥。在演出和排练过程中，他一直是这群人认真、严肃、不断追求、探索的表率。在生活中的他平易、开朗、幽默，更增加了他的亲和力和语言渗透力。

孟庆良还记得，在教场9号，濮思洵主持的畅享自由、解放的座谈会，也记得在清华大学大礼堂演出《虎符》之后，两人住在后台看摊儿，天气很冷，两人在大衣上面又盖上好多服装。濮思洵就睡在孟庆良旁边。夜深了，十哥大概怕孟庆良冷，便问他："冷吗？"孟庆良说："不冷！"而濮思洵以惯常那种轻松、幽默的语式说："不冷就好。"接着他又对孟庆良说："你注意到没有，礼堂的墙上，有同学们贴的标语，除了'感谢祖国剧团来我校演出'，还有'看一部历史剧胜于上一堂历史课'，你能想到咱们的演出能起这么大作用吗？"这是十哥有意无意地引导孟庆良去思考他从没考虑过的课题。

对于自己世界观、价值观的形成，孟庆良就是受身边的环境慢慢熏陶而成。当时，孟庆良绝对算得上学生中的进步青年。他也早早地接触过地下党，便受到了影响，有了自己的判断，人生观、价值观、世界观也在慢慢形成。"一开始知道有国民党，后来又知道有共产党，共产党解救劳苦大众，我就毫不犹豫地拥护共产党。"

演铁人王进喜　与工人同吃同住

说到具体怎么演戏的，怎么排练的，孟庆良摆摆手笑着说，哪有什么专业的训练，都是草台班子，跑龙套。那时候有人问我：“你演过什么吗？我演过很多角色啊，皇上、国民党司令、黄世仁，好的坏的各种角色都有。”初期，要演好戏，更多的是靠模仿、学习，技巧也是不断磨炼出来的。有的技巧得靠自己悟，还得到处学习，向戏曲学，向音乐学，有音乐会，他们也会去听。而且刚进文艺团体，就得练基本功，压腿、吊嗓子，一个都不能落下。“刚开始上台也都哆嗦啊，后来就不哆嗦了，慢慢就能体会到，就这样，没有什么特别的门道。”不断地锻炼学习，最后熟能生巧，让孟庆良逐渐掌握了演戏的要领，演出的角色也都越来越重要，越来越好。

后来，祖国剧团撤回解放区后就分兵几路，他们有的到了平山党校宣传队。进城后，党校宣传队改称华北人民革命大学文工团。后来，华北大区撤制，改成华北话剧团，1954 年，孟庆良随剧团合并到中国青年艺术剧院，直到离休。

在中国青年艺术剧院时，中央有要求，有好戏就得到全国去演出。当时，演出团队到处跑，远的甚至去过新疆、黑龙江等地。孟庆良说：“你要是问我一生中有什么值得回忆的，那就是我有个好朋友——铁人王进喜。”1963 年国家宣布中国石油已基本过关。文化部组织慰问团去大庆油田，我所在的中国青年艺术剧院是慰问团的一支队伍，带去《李双双》《降龙伏虎》两剧。在大庆边演出边访问，边生活，用了将近两年的时间，创作了《石油凯歌》，我在其中扮演了以王进喜为原型的队长“郭宏”。

1964 年，这部戏就开始筹备，编剧开始创作剧本，一直到 1966 年，剧本还在不断完善。为了演好这个角色，孟庆良一直跟在王进喜的钻井大队，与王进喜一同生活。他还记得，王进喜本人带队的钻井队名叫 1205 钻井队，也是当时大庆的第二钻井队，王进喜担任队长。为了真实地表现故事原型，孟庆良天天与钻井队同吃同住。工人们去挑泥浆，孟庆良也跟着一同前去，不怕苦不怕累，工人们下井干活，孟庆良也毫不退缩。通过这样的方式，他慢慢摸索出这个人物形象的特征，也融合到自己的表演中去，让人物形象更加饱满。后来，这部戏在全国演了 20 多场，取得了圆满成功。

因为这个角色的演出，孟庆良和王进喜也建立了良好的友谊。王进喜多次来北京开会都多次与孟庆良相聚，他访问阿尔巴尼亚回来之后，在新侨饭店给孟庆良寄了一首他在阿尔巴尼亚写的诗："山鹰之国一片红，反帝反修打先锋。一手拿镐搞建设，一手拿枪保和平。个个高唱恩维尔，人人欢呼毛泽东。"

"此外，我没有当过兵，但是在拍电影《水手长的故事》时曾于1963年于北海船队的快艇二大队当过4个月的真正的水兵，这是我演艺生活的真'收获'。虽然在其他影视如《万里征途》《风暴》《武生太斗》《爷孙俩》等演过主要角色和次要角色，但都不如我在中国青年艺术剧院（现在的国家话剧院）留给我更多的回忆。"孟庆良说。

对于话剧，孟庆良有着自己的理解："现在什么都是专业化了，表演、舞美、音响等，各有分工，院校还设置了不同的专业，实现了专业化发展，但是他们凑在一起才能形成一个综合艺术。所以，话剧本身就是一个综合艺术，没有一个人能单打独斗，需要每一个人的密切配合。"

而对于表演，孟庆良也很有话说："以前为了演好一个角色，什么都愿意付出，多苦多累都不怕，除了跟王进喜在钻井大队体验生活，为了演好淘粪工人时传祥，我也曾经跟着他一起去背粪桶，背了三个月。"

孟庆良只是中国早期话剧演员的一个代表，但是他背后所折射出来的，是老一辈艺术家对话剧艺术孜孜不倦地追求，和对这份事业最真诚的赤子之心。他们也通过自己的言行举止，通过自己一辈子的艺术人生，默默地为新中国的表演事业书写着可歌可泣的篇章。

如今，坐在自己位于燕达金色年华健康养护中心的家里，总结自己一生的演剧生涯，孟庆良如此描述："70多年来我在上百出古今中外的话剧中，演过主、次要的人物，也跑过龙套。受益于七七剧社，启蒙于祖国剧团，专业于中国青年艺术剧院。直到我在80岁的时候，我给自己总结了10个字，即'果然茶呆傻，何苦抖机灵'。聊以自嘲而已。我的子弟们在我80岁生日时给我做的一张寿卡总结了我一生的演绎：‘儿时偶做梨园戏，未料粉墨竟一生。台前幕后都是戏，无怨无悔告晚情。’”

半个多世纪过去了，孟庆良没有一刻忘记祖国剧团和剧团里的朋友们。时不时，他还会翻出老友赠予的诗句细细品读，或是看看年轻时演出的剧照，回忆那段激情燃烧的岁月。

文 / 蒋若静

岁月拾贝

人·物·简·介

刘彦顺，86 岁，曾就职于中国外交部，中国前驻波兰大使。1954 年，他被指派到波兰留学；1957 年 1 月 11 日至 16 日，周恩来总理访波，刘彦顺以留学生身份，参与接待代表团的有关工作，并有幸成为周总理午宴翻译。回国后，他坚守中国外交一线四十余载，先后在中国驻革但斯克总领事馆、驻波兰大使馆、外交部苏欧司和欧亚司工作，历任随员、三秘、二秘、一秘、政务参赞等职务，是波兰沧桑变幻的见证者，也是中波关系发展变化的亲历者。退休后，他出版了《山河湖海话波兰》《波兰十月风暴》《白鹰美人鱼之国——波兰》《波兰历史的弄潮儿——雅鲁泽尔斯基》等关于波兰的著作。

刘彦顺

一朝入行　一世牵挂

第一次见到中国前驻波兰大使刘彦顺时，他正在校对一本尚未发表的《外交生涯往事》书稿。打印出来的书稿上写满了密密麻麻的朱批，有些地方甚至多次改动。“这是我一些未发表的书稿，拿出来看看。”刘彦顺平淡地说，随即招呼大家坐下。言谈文雅，举止得体，已经 86 岁的刘彦顺依旧保留着外交官的风采和气质。

生于东北战乱时期，刘彦顺幼时生活波折，曾一度辍学。但母亲告诉他，要刻苦学习，做对民族和社会有用的人，靠着这份执着，他考入了北京大学哲学系。此后，他被指派到波兰留学，留学归来，他始终奋斗在中国外交一线，成为一名外交“战士”，直至 1995 年年底，从驻波兰大使的职位上退休。

近 40 年的外交一线浮沉，留给他太多眷恋和不舍。他是波兰沧桑变幻的见证者，也是中波关系发展变化的亲历者，时至今日，刘彦顺依旧关心着中波关系，并对中波关系发展形势了然于胸。退休后，他先后出版了《山河湖海话波兰》《波兰十月风暴》《白鹰美人鱼之国——波兰》《波兰历史的弄潮儿——雅鲁泽尔斯基》等关于波兰的著作。“当你真正热爱自己的职业，它会成为你一生的牵挂。”

刘彦顺在燕达金色年华健康养护中心

影响一生的三个故事

对于刘彦顺而言，步入外交战线的契机，要从一次留学生选拔考试说起。1954年夏天，北大哲学系推荐刘彦顺参加留学生选拔考试，他顺利通过了考试，等待出国留学。“大的方向是去东欧社会主义国家，但去哪一个国家攻读什么专业，则由高教部根据国家的需要，统一安排，统一分配。”刘彦顺回忆，当时满怀报国的激情，迫切期待着到祖国需要他去的国度求学，学成后报效祖国。

刘彦顺被分配到波兰，开始了与外交工作的一世“姻缘”，也是在求学时期，发生了影响他一生的三个故事。这三个故事都与周恩来总理有关，“我第一次见周总理时的记忆，从未因时光流逝而减退。”时至今日，刘彦顺依旧记忆如新，娓娓道来。

1954 年 7 月，北京大学哲学系 54 届同学在校门前合影，欢送刘彦顺（左 3）刘瑞亭（左 4）崔仁舜（左 5）出国留学

在华沙的中国留学生秋游合影。后排右 5 为刘彦顺右 7 李惠娣

驻波使馆馆舍大楼工地，留学生参加义务劳动，左侧站立的为刘彦顺和李惠娣

1960 年秋格但斯克，文化部长、中波友协会长沈雁冰（茅盾）同刘彦顺合影

1957 年 1 月 11 日至 16 日，周恩来总理前往波兰访问。当时，刘彦顺正在波兰外交学院学习，由于随团工作的波语翻译人手不足，驻波兰大使馆动员留学生参与接待代表团的有关工作。刘彦顺被调派给随团的新华社和人民日报社两位记者当翻译，“非常荣幸，能跟随代表团全程活动，目睹周总理的风采，这个机会实在太难得了。”

访问期间，周恩来总理的精神风貌时刻影响着刘彦顺。一次午宴，让刘彦顺近距离接触到了周恩来总理。周恩来总理所到之处，都会见地方领导人并在群众大会上发表长篇讲话，为了适应周恩来总理快节奏和高效率的工作，随团的礼宾官员韩叙想给其他两位紧张工作的波语翻译安排一点休整时间。代表团到达罗兹后，韩叙突然对刘彦顺说：“今天中午宴会时，由你给总理翻译，让他们两人缓缓劲。”

“听到这话，我又紧张又激动。”刘彦顺内心做了些许挣扎：“能坐在周总理身边，给周总理当翻译，这是想也没想过的事。可自己还从来没有在外交场合担任过翻译，能行吗？万一翻译不好，破坏气氛，影响工作怎么办？”韩叙猜透了刘彦顺的心思，鼓励说：“根据日程安排，今天午宴周总理不发表讲话，你勇敢点，不要怕。”就这样，一个青年学生被推上了外交舞台。

翻译的开端并不顺利。当第一位罗兹市领导起立祝酒时，刘彦顺担心翻译不好，便轻声地对他说：“请讲的慢一些。”“问题就出在这个‘慢’字上了。”讲话人听了刘彦顺的话，好意地放慢语速，缩短语句，只说两个字就停下来，等着刘彦顺翻译。“中波两种语言的语法、语序不同，听了半截子话很难翻译。我等着那位领导人把话说下去，那位领导人还以为我在考虑措辞，就不往下讲。”空气刹那宁静，大使王炳南着急了，低声问：“怎么了，还不翻啊？”在刘彦顺不知所措的时候，周恩来总理的声音传来：“别急嘛，是不是对方的话还没有说完整啊。”

“周总理话音中的温馨，使我摆脱了困窘。于是，我向对方做了一个请他继续讲的手势。讲话继续下去，翻译也顺利完成任务。我觉得，是周总理鼓励帮助我闯过了做翻译的第一关。”刘彦顺说。

午宴中途，意外又发生了。“周总理说要我帮忙记录几句话，可我只带了钢笔，没有带笔记本，试图用餐巾纸代替，但立刻就被墨水浸透，无法书写。”刘彦顺叹息，“作为翻译，我没有做好应有的准备工作。”

这时，王炳南大使急中生智，拆开一包香烟，把内包装纸递了过来。“这一切，周总理都看在眼里，可他什么也没有说，也没有责备谁，而是等我准备就绪，才开始口述。”口述完毕，刘彦顺开始复述周总理说的话，却把“长远的利益”念成了“长久的利益”。“我说的是‘长久的利益’吗？我记得我好像说的是‘长远的利益’啊。当时周总理心平气和地这样问我，言辞和表情没有丝毫责怪。”刘彦顺看了一下笔记，发现是自己念错了，连忙说：“我念错了，是‘长远的’。”“我对自己的慌张和口误深感歉疚，但出现这样的问题，周总理首先想到是不是自己说错了，而不是认为我错了，让我看到了一位伟人的修养。”

记录结束后，发生了第三个故事。刘彦顺把用过的钢笔随手搁在了餐桌上，这时周总理马上递过一张餐巾纸，示意要把钢笔搁在纸上，并且说：“我们是客人，要是弄脏了这雪白的桌布多不好啊！”

“严于律己，宽以待人，谦虚谨慎，待人以礼。这三个故事让我有了深深的感悟。这是一堂让我终生难忘的课。”刘彦顺说，在以后的外交生涯中，他时常想起这三个故事，时常用这三个故事提醒自己该如何为人处世，如何做好外交工作。

永不停歇的学习之路

1957 年年底，24 岁的刘彦顺走出波兰外交学院的校门，成为中国外交战线的一名“新兵”。他先后在中国驻革但斯克总领事馆、驻波兰大使馆、外交部苏欧司和欧亚司工作，历任随员、三秘、二秘、一秘、政务参赞等职务。1992 年出任中国驻波兰共和国大使，成为中波建交以来第 11 任驻波大使。回忆外交往事，刘彦顺坦言这是一条永不停歇的学习之路。在风云变幻国际大舞台上，只能一边前进，一边学习。

刘彦顺懂得自省。每次外交活动前，他都会做充足的准备，结束后总结经验，又总觉得准备不够充足。他将不足之处悉数整理，为下一次外交活动积攒经验。赴波工作前夕，朋友们都认为对他而言是“驾轻就熟”。“我不是这样想的。”出发前夕，刘彦顺感觉肩上责任沉重，脚下的道路很陌生。

他认真思考了自己的现状：过去我在使馆工作，虽然学到了一些经验，但工作面不宽，仅涉足局部；在波兰学习和生活期间，虽然对波兰有所了解，但那早已成为过去，不足以指导现在；离开华沙五年，世界形势发生剧烈变化，二战后形成的雅尔塔体系在欧洲土崩瓦解，一大批新人走上了政治舞台，东欧各国的社会制度已经迥非昨日。“我必须熟悉新情况，学习新形势。”

刘彦顺擅长择师。“‘三人行必有我师，择其善者而从之，其不善者而改之。’我身边有许多优秀的老师。”刘彦顺口中的“老师”就是历任驻波兰大使。在刘彦顺之前的10位驻波兰大使中，有6位是他的直接领导，“这就是最好的老师啊，能在近处向他们学习。对于不能近处学习的老师，也可以远处研究他们的驻波经验。”

前任们是怎么理解大使职责的？怎样根据驻在国的实际情况贯彻和执行中央方针和政策的？怎样在两国关系友好或冷淡时期，驾驭使馆这一叶扁舟的？带着这些问题，刘彦顺在工作中曾多次往返华沙和北京，虚心求学。“有机会师从这么多的先行者，是我的幸运。”刘彦顺说，每一位外交工作者，都应该保有时刻学习的心态，学好外交政策，做好调查研究，这样才能在复杂的国际形势下，做出恰当的判断，不辱没国家形象和人民的利益。

在驻波使馆内，有一条石块儿搭建的长廊，一排石柱整齐地排列在长廊外侧，犹如长城的箭垛。刘彦顺时常站在这里思考问题。“我觉得这排石柱就像是一排驻守边防的哨兵，对于祖国而言，哨兵就是历任大使，肩并肩站在那里，为祖国站岗放哨，推动中波两国及两国人民的友好与合作。”刘彦顺深情地说，“站在这样的队列里，我很荣幸，正因为如此，我才要让自己不断充实强大，更好的护卫祖国和人民的利益。”

外交工作喜惊参半

在旁人眼中，外交官是光芒四射的。他们时刻都以美好的形象站在聚光灯下，令人艳羡。“外交官可不是你们眼中穿的光鲜亮丽，参加一下宴会，发表一些演讲那么简单。”刘彦顺说，外交工作时刻都是挑战和考验，在看到中外关系友好发展的欣喜背后，也会有突如其来的意外，让人心中一惊。“这些就是作为一名外交官应担当下来的责任和压力。”

刘彦顺讲述起驻波期间的一次突发事件。1993 年 9 月 30 日晚，驻波大使馆举行国庆招待会，宴会大厅沉浸在喜悦和友好情谊中。招待会尾声，主宾离席，客人陆续退场的时候，使馆办公室主任急匆匆地走过来，打断了时任驻波大使刘彦顺和客人间的谈话。

“华沙警察局接到匿名电话，说有人在使馆宴会厅放置了定时炸弹。警察局已经派出反恐专家来到使馆门外，请使馆同意并配合警方工作。情况紧急，怎么办，请大使指示。”

刘彦顺瞬时心中一沉，但作为驻波大使，他面无慌色。当时尚未离席的波兰外交部礼宾司副司长卡里诺夫斯基建议使馆应马上关闭宴会厅电灯示警。周围的空气似乎凝固了，刘彦顺必须当机立断，容不得半点迟疑。

刘彦顺心中有一个大概的判断，认为发生这种事的可能性不大。他在瞬息之间梳理了使馆对外交往的各种关系，联系到改革开放以来中国的对外政策和国际形象。“我们不搞霸权，不搞歧视，不树敌人，大到国家，小到使馆，我们从不做损害他人的事情。”即便如此，刘彦顺也担心：“不怕一万，就怕万一。”

可是，能采取“熄灯示警”的做法吗？他担心，突然熄灯或者灯管反复明灭，会在客人甚至自己人中间引起混乱，不利于人员的疏散。如果闹出什么笑话，势必影响使馆的声誉和形象。“有没有一种既可以避免混乱，又能示意客人招待会已经结束，并从形式上看起来接近正常的方式？”

“我指示办公室主任立即向使馆工作人员口头传达有紧急情况，要马上结束招待会。要求在前台的外交官立即终止和客人的谈话；服务员立即停止续上茶水，加速清理桌面，示意招待会结束，在做这一切的时候，要和颜悦色，若无其事，不造成紧张气氛；等客人离开宴会厅后，再请警方彻查。”刘彦顺要最大限度降低事件的负面影响。

前后台工作人员辗转相告，开始行动。客人们离去的速度加快了，气氛平静如常。“前后不过十几分钟，我的心里却像是煎熬了十年。”华沙警方进入宴会厅排查时，刘彦顺一步也没有离开，最后，警方在一个花盆底下，找到了一把废弃的钥匙。炸弹事件被证明是一场无聊的恶作剧。

“我讲这个故事，绝不是要提供什么经验。”刘彦顺强调，处理突发事件，本无固定模式，我只想告诉年轻的外事工作者，要时时刻刻，尤其是在喜庆时刻，切勿放松忧患和防范意识。

退休后的迷茫与蜕变

1995 年底，刘彦顺退休了。“忽然从忙碌的外交工作中抽身出来，一瞬间失去了方向。”刚刚退休的刘彦顺心绪激荡，失去了往昔的平衡和宁静。“‘老骥伏枥，志在千里’‘生命不息，奋斗不止’，这些话是我人生的理念和取向。”刘彦顺心中始终回荡着入党的誓言和母亲当年的教诲。他在想，总不能让生命的价值止于退休吧？

刘彦顺回忆说，我是一个从来都不失眠的人，没想到自己也会有睡不好觉的时候，在漫长的深夜中辗转反侧，早上醒来的第一个念头就是今天做什么？然后又整日无所事事，足不出户，困窘于斗室之中，徘徊在尺寸之地，无聊、无奈、烦恼。“那段时间，我反复抄写和吟诵普希金的《哀歌》。在残酷的命运的风暴下，我的灿烂的花冠凋谢了，我悲伤的孤独地生活着，我等待着是不是已经到了我的末日的时光……”

反复抄写和吟诵中，失落感围绕着刘彦顺，他丝毫没有感受到“乐龄”之乐。老伴李惠娣看到丈夫的样子，便开始开导他。“老伴说得很有技巧，没有说教，而是结合我们俩共同走过的道路，唤起我对过往的回顾和对未来的追求，鼓励我走出自我封闭的小圈子和做一点力所能及的事。”

刘彦顺、李惠娣夫妻俩同为外交战线上的战士，在平凡的岗位上，为祖国外交事业献身。“我们努力工作，不断向前，对于曾经没有遗憾。岁月流逝，青春不再，但我们心中还有理想、有信念、有追求，老伴帮我理性地认识到，退下来不是生活的终结，而是另一种生活的开始。”

刘彦顺摆脱了《哀歌》的羁绊，走出了封闭的自我。他在一个雪后初晴的日子，成为中国第一部《世界外交大辞典》编纂者之一。

1949 年 11 月 8 日，中国外交部成立之时，周恩来总理就提出了要把新中国的外交实践科学化和系统化的任务。“半个世纪过去，中国的外交积累了许多优秀的经验，现今编纂《世界外交大辞典》，可以说是响应周总理的号召，完成老一代外交家交付给我国外交界的一项光荣任务。每思及此，一种责任心和使命感油然而生。”

可是，全世界外交是一片汪洋大海，要把这一切浓缩在一本辞典里并不容易。“书到用时方恨少。”编纂过程中，刘彦顺只能边读书学习，边审稿校对，在书海和墨海中荡舟十余年，终于和团队一起完成了辞典的编纂工作。2005 年 3 月 30 日，《世界外交大辞典》在钓鱼台宾馆首发。厚厚的两卷本，洋洋洒洒 800 多万字，是主编、编辑以及众多作者的心血结晶，是十余年共同耕耘结出的硕果。

编纂辞典的十年艰辛历程，是刘彦顺始料不及的，但如今思来，他却满怀甘甜。回忆退休生活的第一个十年，刘彦顺感慨：“不言青丝变霜雪，喜庆人生又一程。”

结语：
来过，不曾离开

2006 年，年过古稀的刘彦顺迎来了退休后的第二个十年，此时的他，依旧对外交风云念念不忘，思绪时常回到波兰，回到负手而立的长廊，回到侃侃而谈的宴会厅。“我还是希望能为祖国的外交事业尽一些绵薄之力。”

刘彦顺开始伏案写作，将他近40年的外交故事，付诸文字，为后来者留下经验。

2006年，刘彦顺撰写了第一本书《山河湖海话波兰》。他从自己的视角出发，观察、思考和记述了波兰“十月事件”、“十二月事件”、团结工会运动及其后诸多事件的前后过程。“这些事件的某些片段和一些人物的某些言行，进入了我的视听，化成为几点或浓或淡的墨痕。是点滴，是侧影。”刘彦顺谦虚地说。

2008年，《波兰十月风暴》出版。刘彦顺说，他写这本书的目的是考证一个事实，纠正两种不正确的说法，并提出自己的理解和判断。2012年和2015年，他的第三本书《白鹰美人鱼之国——波兰》以及第四本书《波兰历史的弄潮儿——雅鲁泽尔斯基》分别完成。其中，刘彦顺将《波兰历史的弄潮儿——雅鲁泽尔斯基》视作《波兰十月风暴》的姐妹篇。“如果说，哥穆尔卡是人民波兰的开篇，那么雅鲁泽尔斯基则是其终结。”

如今，86岁的刘彦顺依旧笔耕不辍，正在潜心修改一本《外交生涯往事》的书稿。“这是我一些未发表的书稿，拿出来看看。”翻开《外交生涯往事》，从思念篇，到学习篇、见闻篇……刘彦顺思路清晰，细数过往的点点滴滴。在打印好的书稿上，红色的修改印记清晰可见，一字、一词、一句，都在反复斟酌，有的地方甚至多次修改。

退休二十余年，刘彦顺依旧心有波涛，注意力从未离开过外交战线。他对如今的中波关系如数家珍，看到中波关系稳步发展，不断向好，他心中欢喜；看到中国在世界外交舞台上，坚守独立自主的外交方针，不断强大，尽展大国风范，他满怀荣耀。“旧中国的外交是屈辱的，中国人跪在那里，新中国的外交是独立自主的，从最艰难的时刻走过，但中国是不会受任何人摆布和胁迫的。”谈及新旧中国的外交变化，刘彦顺眼中泛出泪花，或许是思及旧中国屈辱外交的辛酸，又或是对如今祖国自信风采的感怀。

1954年的夏天，命运将刘彦顺与外交工作相连接，这份缘伴随他走过了

65 个春秋。岁月如梭，不管是在外交一线辛勤耕耘，还是退居二线发挥余热，刘彦顺一直心系祖国外交，一直都是祖国独立自主外交政策的见证者。

他来过，就不曾离开。

文 / 魏昕悦

人·物·简·介

楼庆西，浙江衢州人，清华大学教授，清华大学古建筑研究所原所长。1952 年毕业于清华大学建筑系，师从梁思成先生，主要从事建筑历史与理论的研究。进入 20 世纪 80 年代，楼庆西对建筑的研究重点开始转移到了乡土建筑上，他的足迹遍布全国各地，拍摄和挽救了一批乡土建筑。在大学，楼庆西主要讲授《中国古代乡土建筑文化》等课程，并长期从事建筑历史的研究，近期主要著作有:《中国建筑艺术全集——建筑装修与装饰》《中国建筑的门文化》《中国古建筑二十讲》《中国建筑小品十讲》《凝视——楼庆西建筑摄影集》等。

楼庆西

匠心蕴诗意　薪火传师魂

清华建筑系求学、师从梁思成先生、清华留校任教……楼庆西老人的大半生，都与清华大学和建筑有着千丝万缕的联系。在清华任教期间，每逢建筑系新生入学，他的第一节课必讲梁思成和林徽因两位先生的传奇故事。在他看来，两位先生的爱国主义情怀和严谨治学精神，是每一位清华建筑生必修的功课，而在他的内心深处，这也是他一生践行的信念。

战火童年　求学清华

楼庆西是浙江衢州人，出生于 1930 年。7 岁那年，抗战爆发，他随家人逃难至川蜀之地，在那里度过了自己的童年。抗战胜利后，他回到杭州继续学业，就读于当时江南名校之一——杭州高中。

1949 年，杭州迎来了解放，楼庆西也迎来了他人生的新阶段——如愿考入清华大学。在目睹国家积贫积弱和老百姓饱受苦难的现状之后，楼庆西抱着建设国家的决心和梦想，选择了清华大学建筑系，成为梁思成先生的学生。

开国大典当天，梁思成先生站在城楼上，禁不住热泪盈眶。楼庆西和同学们站在城楼下面，看着五星红旗冉冉升起，所有人的内心都激动不已，思绪汹涌澎湃。新中国开国大典的第二天，梁思成先生将系内学生召集在一起，对所有人说：“你们生逢其时，要一辈子为人民服务。”梁先生的教诲，字字珠玑，楼庆西铭记于心，终生难忘。

新中国成立的日子，楼庆西还记得不少有趣的小事儿。1950 年 1 月 1 日，这是新中国成立之后的第一个元旦，楼庆西和同学们兴高采烈地合影留念，站好队伍，架好相机，结果因为太过兴奋，后排同学将前排同学推倒，大家滚作一团，嬉笑不止，而摄影师抓拍下这一精彩瞬间，留下了一张生动活泼的珍贵纪念，楼庆西保存至今。

留校任教　师承名家

1953 年，时值新中国刚刚成立，国家建设发展急需教育人才，23 岁的楼庆西提前从清华大学毕业，服从分配留校任教，进入建筑历史组。幸运地和自己的恩师梁思成、林徽因，以及刘致平、赵正之、莫宗江等我国“建筑历史学”第一代学者成了“同事”。作为一名年轻的助教，楼庆西在为清华学子传道授业的同时，还担任《中国建筑发展史》编写组的秘书，负责其中的插图绘制和图片拍摄工作以及一些组内杂务的处理，协助梁、林、刘、赵、莫等五位老师完成中国建筑史的整理汇编工作。

自己只是一名提前毕业的大学毕业生，面对梁思成、林徽因这样的“大家”，楼庆西特别珍惜能近距离学习的机会。在学校任教之后，他的主要工作是为新生教授建筑基础课程。为了教好建筑学专业最重要的制图课程，年轻教师必须先画出示范图，在经过梁思成和莫宗江两位老师的“指点审核”，通过之后才可以拿去进行教学。对于绘图这门技艺，梁思成有严格的要求，通常六年制的学业中头两年都在打绘图基础，采用的是“法国古典系统画法”，用素描捕捉建筑形制，再用水墨画法渲染建筑气氛，要求在黑、白两色间，准确描摹建筑的材质、色彩感、环境氛围。

楼庆西记得，梁思成先生的要求十分严格，“他要求建筑画线必须横平竖直，并且能用肉眼分辨出一毫米的误差。我们用鸭嘴笔绘制两条垂直相交的线条，梁先生会拿着放大镜一幅一幅地看，稍有出格或者稍有不足均要打回重画。”楼庆西朗然笑道：“今天的学生用电脑绘图，就少了很多玄妙的体味。”他是深谙这个过程中的乐趣的——专注地观察一个建筑体，准确把握其气韵，再付诸纸笔。在这种严苛的要求之下，楼庆西绘制一张教学示范图至少要花费一个月的时间。每次画完图，楼庆西都要交给梁思成先生审阅。有时候梁先生不在家，就由林徽因先生点评。

梁思成还曾对照片立下两个规矩：对于资料照片，越全越好。比如拍摄斗拱，得前后左右、细节和环境都要照全；另一规矩是，属于表现建筑的形态和气氛的照片，要求准确性和艺术性兼顾，需要表现出一种精准、朴实的美。因为涉及拍摄工作，楼庆西第一次接触到相机。“那时候用的相机是 20 世纪 30 年代‘营造学社’时期的相机，后来从一个华侨手里买了一台罗莱相机，再后来苏联、捷克的相机进来，开始使用 135 相机，改革开放之后，日本佳能相机厂到清华开展销会，我们才开始用日本相机。”20 世纪 80 年代末期，楼庆西开始调查乡土建筑，器材方面才有了很大改善，“一般用一套哈苏大相机照反转片，两套佳能 135 相机，照彩色反转片和副片，还有黑白片”。

“求知是一个漫长且艰辛的过程，正所谓取法乎上，仅得于中，梁先生是希望我们能够放宽视野，树立高尚目标，才能做到严于律己，取得佳绩。”楼庆西说，“中国有个成语，叫眼高手低。九层之台，起于垒土，建筑是靠一砖一木砌起来的，基础要打好，所以梁先生强调，眼高手低不行；但眼低手高也不行，如果境界不够，即便是技艺精湛，也创造不出流芳百世的佳作。建筑是一门要求眼高手亦高的学科。”梁思成先生严谨治学之风，让他受益终生。

对于林徽因先生，楼庆西也有很多珍贵的回忆。“林先生十分喜爱敦

20 世纪 90 年代，清华大学建筑学院乡土建筑研究小组在陕西（左四为楼庆西）

煌壁画，她跟我详细讲解建筑纹样装饰的起源和特点，分析铜器纹样和漆器纹样的区别，前者属于雕刻纹，棱角分明，硬实有力；后者是描绘纹，线条柔软，圆润飘逸。还有卷草纹样，这种纹样最早起源于古希腊，经由丝绸之路传入中国，后在中国工匠的二次创造、融合之下，形成一种充满民族特色的、本土化的新纹样，并在唐朝时期达到顶峰，所以又被称为‘唐草纹’……”楼庆西忆及往事，恩师音容宛在，“在林先生的影响下，我对建筑装饰的研究产生了极为浓厚的兴趣，直到现在依然如此。”而且到了后来，林先生已经卧病在床，身体健康状况极差，但她仍坚持在床上支一块木板，斜躺着看图，给学生指导，这个画面也让楼庆西印象深刻。

在清华任教期间，每逢建筑系新生入学，楼老的第一节课必讲梁林两位先生的传奇。在他看来，两位先生的爱国主义情怀和严谨治学精神，是每一位清华建筑生必修的功课。对这些满脸稚气的青年人而言，这种精神力量会成为他们学习和成长过程中的信念和基石，只有将对建筑的理想融入对国家和民族的热爱之中，才会飞得更高、走得更远。

情系乡土 调研 20 年

清华大学建筑学院有个规定，凡大三的暑假，学生必须随着建筑历史老师参观和测绘古建筑，将理论与实践相结合，进一步熟悉中国建筑的历史与文化。1989 年的暑假，楼庆西带领学生来到老家对浙江乡村古建筑进行测绘。

“到了那里之后，我的眼界顿时为之一开，为什么呢？”楼庆西说，“因为乡村建筑和城市建筑区别很大，乡村建筑与自然环境的融合接触更为密切，样式也更为丰富多彩，不受封建礼制的限制。”楼庆西打了个比方，在不同的地理环境和自然条件下，乡村住宅建筑各不相同：福建有土楼，河南、陕西有“地坑式”四合院，内蒙古有蒙古包，等等，这些都是当地劳动人民为了适应环境而发明创造出的特色建筑，充满了自由与智慧。楼庆西认为，劳动人民对功能的需求决定了建筑的样式，但建筑物主人的审美又赋予了建筑艺术功能，这种创造者的自我表现使乡土建筑充满了形式之美和人文内涵。

1989 年，清华大学建筑学院乡土建筑研究小组正式成立。陈志华、楼庆西、李秋香三位教授，前后带领 200 多名学生对中国 13 个省份 100 多个不同类型的村镇进行调查，用 3000 多张建筑测绘图纸和 40 多部关于乡土聚落的研究报告，记录下变化中的中国乡村。测绘拍摄，搜集整理，上山下乡，奔走各地……从花甲到耄耋，楼老的中国乡土建筑研究工作一做就是 20 年。

一旦涉及自己的专业领域，楼老就打开了“话匣子”，旁征博引，侃侃而谈。“乡土建筑文化的研究包含乡村住宅、祠堂、寺庙、整体村落等多种内容，同时也和传统服饰、饮食习惯、自然气候、风俗传说等内容息息相关，这些都有可能反映在建筑物上。以龙为例，明、清两代为了彰显皇权，北京市里除宫殿外均不能使用龙元素装饰，而宫殿建筑以木材为主，最惧火灾，龙主水，因此故宫的许多宫殿的屋顶正脊两端都会装饰龙头正吻，寓意避天火、保平安，虽大小各异，但形制单一。”

“这一传统到了乡村民间就不一样了，‘龙文化’远在皇权建立之前就已存在。”楼庆西说。人们在设计家园的时候，“龙文化”可以随意使用，不受形态限制，甚至并不局限于传统元素，他们在建筑装饰素材的选择上更为自由，不讲究规矩，而是更贴近生活、更生动、更多样，充满族群特色。屋檐的装饰也是如此。明、清两代宫殿屋脊上起镇宅和装饰作用的“脊兽”，也是有规制的，其内容应与官阶相匹配，否则就是僭越。而富有想象力的劳动人民却可以将自己生活的方方面面都体现在建筑装饰上，并不受限制。

“中国乡土建筑文化源远流长，那是劳动人民智慧的结晶，是历史的见证，那是中国人镌刻在骨子里的乡愁。随着城市化的加剧，中国许多的古村落正在迅速消失，我们只能争分夺秒地去‘抢救’这些宝贵的文化遗存。”楼老说起自己研究乡土建筑的初衷，“我的责任就是学习与传承，普及中国传统建筑文化，增强人们的保护意识，少数人的力量是远远不够的，要集众人之力，共同来挽救这些即将消失的文明。”

钻研古建“活化”古建

楼庆西说，梁思成先生早就明确提出：最有效的保护就是让国民知道其价值，以及在中国美术史上的作用和地位。只有大家都知道其可贵，才会自觉保护。要使我国古建筑得到有效保护，古建筑文化得到传承光大，首先就是要提高公众对古建筑文化和传统文化的认识，进而起到保护作用。

楼庆西认为，自己肩负着传承、普及、保护中国传统古建的重任，因此不遗余力地开展研究。楼庆西在研究中发现，古民居的采光、排污、修缮等“先天不足”的因素始终困扰居住者，很多村落古民居因此年久失修，处于“自生自灭”状态。即使是受保护的古民居，也因为居住环境的改善需要，导致不少房子变得“空心化”。“居民把屋内能拆的门片、花窗、花坊等木雕构件‘肢解’，剩下不值钱的空宅任其倒塌重建。”很多私人收藏家会到处收集这些被拆掉的古建筑，这些老建筑无论是亭台楼阁，还是大型古戏台，无论是散发着古老气味的老木头，还是华贵的牌匾，不可否认的是，它们从其他地方“搬迁”来后都得到很好的保管。

然而，并不是所有的人都看好古建筑异地迁建，有不少人担心，古建筑异地迁建，离开了它们的原生地和所在环境，历史文化价值无疑打了折扣。而楼庆西认为，在原地修复难以进行的基础上，这种古建筑的“重新组建”或者“整体搬迁”属于抢救性保护，在他看来是值得肯定的。

一次古建筑保护的会议上，楼庆西遇见周庄的老镇长。老镇长告诉楼庆西，通过发展旅游，周庄古建筑的硬件不仅没受到伤害反而保护得更好。楼庆西不相信，因为在那个时候，古建筑的旅游开发遭到许多人的非议。于是，他决定亲自去看一看，并且让老镇长不要陪同。

楼庆西选择了节假日和平日两次进周庄，一个建筑一个建筑地挨个儿看。经过详细调查，楼庆西发现，古桥、沈万三故居都被修缮得很用心。“都是修旧如旧，门梁甚至钉子眼都没有动过，破的地方都用古料填补过，就算找不到古料，用的也是从别的地方找来的相近材料……”楼庆西说。有人担心古建筑开发后，游客多了，双桥都会被人踩坏。可是他调研发现，只要过了双休日，不是在人山人海的时候去周庄，小桥流水般的宁静悠闲就恢复了。“在保护中开发，在开发中保护，对村落进行修葺，吸引游客前来观光，再通过旅游收入既提高了当地百姓生活水平，又弥补了保护资金的不足，”他说，在古建、古街、古桥这些硬件得到保护的前提下，这种“活化”古建筑是保护的趋势，也能够让“死”了的古建筑“活”起来。

秉烛传薪　桃李满天

在极速变化的城市化浪潮中，中国乡土建筑受到前所未有的冲击，诗意的家园离我们渐行渐远，为此，80 多岁高龄的楼老不辞辛苦，接过重担，为一场百万人参与的“中国古建筑摄影大赛”担任文化顾问和评委，活动共举办了八届，参与者甚众。八年间楼老评阅无数作品，身体力行，积极普及中国乡土建筑文化知识。他说，百万大军拍摄古建，至少会让百万群众认识到古建的价值，增加对古建的保护意识。

年逾耄耋的楼老还受邀录制建筑历史课程的课件视频，用于网络教学，让更多的人能够通过互联网的便利进行学习，将中国传统建筑文化发扬光大。此外，每年楼老还要在全国不同高校进行见面授课，联网直播，通过提问的形式传道授业，为学生们答疑解惑。

上了年纪之后，楼庆西夫妇俩动了住进养老院的念头。经过多方考察之后，他们看中了燕达金色年华健康养护中心。“我们因为年纪大了，身体都不是很好，儿女都不在身边，燕达医院离得这么近是我们搬进来的最大原因，几分钟的脚程，比我们住在清华园内去校医院还要近。”

楼庆西夫妇在燕达

桃李不言，下自成蹊。从事了一辈子教学研究工作，退休多年的楼庆西，即使住进了养老院，家中访客依旧络绎不绝。夫妇俩现在经常收到学生们从全国各地邮寄过来的小礼物，被楼老戏称为“不明来历的收入”。

后记

澎湃不息的华夏文明，赋予了我们开天辟地的力量和纵横千年的信仰。承古人之创造，还历史之真知，传文明之薪火，是梁思成、林徽因以及他们的学生楼庆西等几代教研工作者的责任与坚守。

作为一个研究者，楼庆西师承名家，潜心治学，奠基中国乡土建筑文化研究完整体系，为后来者的学习提供参考，将自己毕生研究的资料无私分享给需要的人；作为一个教育者，楼庆西身教言传，知行合一，在三尺讲台上孕育出无数建筑英才，积极参与到各项民间乡土建筑文化活动之中，宣传普及文化知识，点燃人们的保护意识，挽救那些渐行渐远的诗意与文明。

“经过工匠的精雕细琢，木头结束了自然生命，却获得了新的艺术生命，一种能让它们流传得更为久远的生命形态。”在燕达金色年华健康养护中心老年大学举办的《宾客讲坛》活动中，楼庆西作为主讲人，如是说道。

简短的一句话，概括了中国建筑的最大特点，同时也为建筑这一严谨的理工学科赋予了优美的画意与诗情。

为师者，当如园丁播种，将求知的幼苗根植于青年人心中，热血浇灌，精心呵护。楼庆西老人师承梁思成、林徽因等几位“大先生”，从他们那里，他掌握了全面的专业知识，学到了严谨的治学态度，继承了传火于薪的无私，并将中华民族的智慧之光和“大先生精神”传承给下一代。

其人可敬，其心弥坚，俯察时代，继往开来。

文 / 龚嫣怡　叶晓彦

人·物·简·介

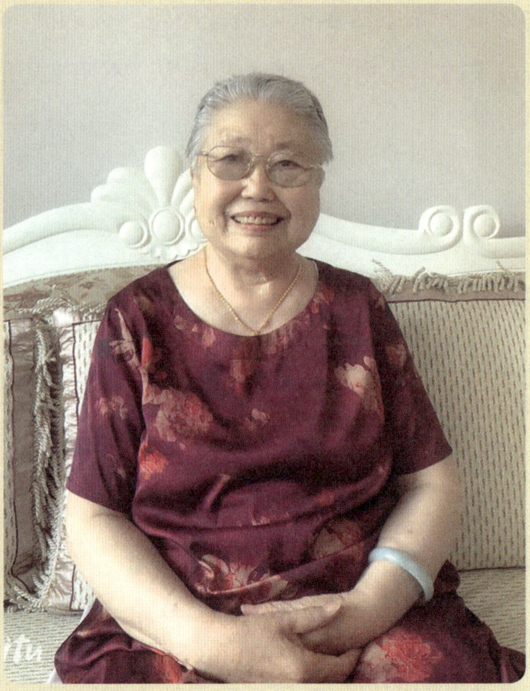

孙秀亭，87 岁，18 岁入伍当铁道兵，从部队退伍之后进入北京市总工会干部学校工作，后又相继任职于东城区工业局、东城区仪表局、北京外交设备三厂。孙秀亭为人刚正不阿，在北京外部设备三厂担任纪检干部期间，工作拔尖出色，认真负责，毫不含糊。1986 年赴四川宜宾出席电子工业部纪律检查工作会议并作工作报告。1986 年，《中国电子报》曾刊登了一篇题为《群众信得过的好书记》的文章，专门赞扬孙秀亭的先进事迹，她说："我是一名纪检干部，就要起到党的卫士的作用。"退休后，孙秀亭继续发光发热，坚持到所在的社区为居民们讲党课，将一名共产党员的初心坚持到底。住进燕达金色年华健康养护中心之后，孙秀亭的热心肠还在惠及他人，获得周围人一致好评。

孙秀亭

侠骨柔肠的孙秀亭

小姑娘演活老母亲　看哭一片小战士

铁面纪检干部　厂长有错也要批

燕达金色年华健康养护中心一期大楼里，电梯门一打开，迎面就是一盆五彩的丝网花，有红色和蓝色的玫瑰，粉色和黄色的牡丹，以及紫色的薰衣草，其间点缀着些许绿叶。这盆花的创作者是孙秀亭，1932 年出生的她如今已经 87 岁高龄。孙秀亭说，这是她在老年大学手工组学习的成果。心灵手巧的孙秀亭之所以有意要把这盆花放在电梯门口，也是别有用心，“一开电梯就能看见它，我就知道，我到家了。”

走进孙秀亭家里，才知道电梯口那一盆小花只是冰山一角。家里到处都是她的丝网花作品，兰花、牡丹、铁线莲、水仙、玫瑰，一大盆一大盆地放在阳台、茶几和餐桌上，让整个屋子显得生机盎然。对于自己到底做了多少盆花，孙秀亭摆摆手说：“早都不记得了，别人还拿走了好多，谁来屋里串门，看见了喜欢了，就免费送给了人家，随便挑。”

书桌上的一盆水仙花栩栩如生，仿若能散出香味来。孙秀亭的爱人李京华说，这是她做的第三盆水仙花了，其中两盆被老同志们看见了，觉得特别喜欢，就直接拿走了。“因为知道我特别喜欢水仙花，她就又做了一盆。”李京华说，孙秀亭对身边的人都很大方，心也善。仅从这两盆手工花，就能窥见她那阳光灿烂的内心世界。

部队经历心灵受洗
出演话剧感动众人

孙秀亭是河北唐山人，在 1950 年，18 岁的她便去入伍当了铁道兵。在部队里，令她印象最深刻的就是 20 世纪 50 年代初那场教育革命干部、挽救犯错误同志的运动。当时的孙秀亭只有 18 岁，一个年轻的小姑娘对于这样的运动似乎没有特别清晰的认知，但是当时一个司务长被抓的经历让她坚定了跟党走、干革命的信心和决心。

孙秀亭回忆，那会儿她所在的单位里有个管全体官兵伙食的司务长，利用自己的职务便利谋私利，这位司务长掌管着单位工作。于是，被人揪出来之后，单位里上下开大会，让这个人坦白自己的罪行。

还有当年轰动一时的刘青山、张子善案，这两人无论是在抗日战争还是在解放战争中，都曾进行过英勇的斗争，建立过功绩。但在和平环境中，却经不起资产阶级的腐朽思想和生活方式的侵蚀，逐渐腐化堕落，成为人民的罪人。“他们贪污抗美援朝的药棉花、绷带，赚黑心钱，就被枪毙了。在当时，这些现象不打击不行！”孙秀亭说。这些大大小小的事件却在她心里种下了一颗种子，那就是要好好跟党走、干革命，打击坏人坏事。

部队生活很快就要结束，当时军委命令，让女同志们从部队回到原单位，只有专业的技术兵种可以留下来。关于这个命令，领导一开始并没有告诉她，只是让她去演个话剧，叫《母亲的心》，如果演得好，领导就打算将她转到文艺组留在部队里。

“我哪儿会演戏啊？更别说当主角了。”丝毫没有表演经验的孙秀亭只能硬着头皮上。这出戏演的是一位母亲送儿子去当志愿军抗美援朝，抗击美帝国主义的剧情，孙秀亭演的就是这位伟大的母亲。“还好有导演和老师，天天排练，教我怎么表演，怎么说台词，还给我准备了一身黑色的中式衣裳，和一个假发套，上面我记得还插了一个簪子。”

别看是赶鸭子上架，这女主角竟也让孙秀亭给演活了。当时部队没有礼堂，士兵们都坐在操场上看，孙秀亭和搭档们就在操场用席子搭的舞台上表演了《母亲的心》。“没想到，当时演得特别成功，很多士兵们都哭了，还调动起了气氛，大家都在那高喊着‘打倒美帝国主义！打倒美帝国主义！’”孙秀亭一边回忆，一边举起右手，重温着那段青春历史。“当时演完之后，宣传部长上来就紧紧握着我的手，对我一个劲地肯定。哎哟，我当时还是个小姑娘呢，那个紧张啊。”孙秀亭笑着说。

一个从没有演出经验的人竟然也可以将一位深明大义的老母亲演得入木三分，她究竟是怎么做到的呢？孙秀亭笑了笑说：“嗨，我家附近老太太多得是，她们怎么走路、怎么聊天我早就了如指掌，很容易模仿出来。再加上我自己也有激情和觉悟，美帝国主义要是侵略咱们，咱肯定不干！”在那场演出里，聪慧的孙秀亭果然没有让大家失望。

直到演出结束之后，领导才把这场演出的真实目的告诉了孙秀亭，让她选择，是回家还是转到文艺组？结果，孙秀亭想都不想，当即斩钉截铁地告诉领导：“我想回家。”这个结果让领导十分意外，本以为这位天生的演员会选择留在文艺组，他们还给她做工作，试图劝服她留下来。结果，孙秀亭就是不干。从小，她就是一个坚持原则的人。

工作之余上夜校坚持学习 12 年
下放农村参加劳动鼓士气

虽然没有留在部队文艺组，部队将孙秀亭送到北京劳动局，她被分配到了北京市总工会干部学校。新中国成立初期，北京市缺乏干部，这个学校就专门给各企事业单位培养干部。因为在部队的时候有过类似的经验，她很快就适应了在干部学校的工作。“那会我的工作特别零碎，特别杂。”

干部学校的各种图书资料却成为孙秀亭继续学习的一片沃土，而且不脱产就能上学。在这里，她周一到周六白天工作，晚上就学习，一周只有星期天一天是空闲的，可这一天还得参加义务劳动。一得空她就埋头到书里，不断汲取营养，没有真正地为自己休息过。

“第一次上的是哲学，学了两年之后我又读了经济学，再过两年，又学了科学社会主义、党史，包括中共党史和苏共党史。后来我还学了文书档案管理、干部管理等工作。从 1952 年开始学习，到 1964 年，我才上完这个学，得有 12 年呢！学校的书记当时还调侃我，‘你上的学是最长的了’。”这些事儿没人逼着，都是孙秀亭自己坚持要学的。

在平时的工作中，孙秀亭不仅从事办公室工作，同时还管着资料室，后来学校图书管理员得了肺结核，孙秀亭又接过了图书管理的重任，每一样她都能做得井井有条。那时候，有人这么夸奖孙秀亭：“她有分身法，一会儿是这儿的，一会儿她又出现在了那儿，什么都能拿得起。”

资料室和图书馆工作干得熟练了，孙秀亭直接成了老师们的“参考书推荐员”。有的老师要给学生们讲劳动保护，有的老师讲劳动竞赛、有的讲组织工作等，只要是学校有的课程，她几乎都能立刻从书架上为老师们找出相应的参考书目来。只要拿了参考书给老师，老师们几乎都说：“这书挑得好，我们特别需要。”

在学校的经历，不仅让她的学识得到了充盈，更是收获了爱情。孙秀亭的爱人李京华也是干部学校的老师，教的是劳动保护。在当时支部书记的介绍下，孙秀亭与李京华喜结连理。二人携手相伴，互相扶持，度过了 60 多年。孙秀亭家里的书柜上，放着一张夫妻二人的合照，左边是笑得灿烂的孙秀亭，一头精致的短发，圆润的脸庞，年轻而美丽，紧挨着她的是帅气的李京华，浓眉大眼，嘴角微微上扬。二人衣着朴素，背景是十三陵水库，在这个他们曾经义务劳动过的地方，留下了这张珍贵的合影。

李京华、孙秀亭夫妇在曾经劳动过的十三陵水库合影留念

20 世纪 60 年代，党政机关干部、科技人员和大专院校教师都要下放到农村，接受贫下中农再教育。“那时候在学校大院里，领导动员大家上山下乡，得准备三五年或者十年八年的，后来市里的广大干部，都被下放到了周边的三区九县。”1968 年 5 月 29 日这一天，孙秀亭去了怀柔西庄公社东庄大队第三生产队，她说，度过了她一辈子都难以忘怀的一段时光。

在生产队，孙秀亭依然表现得非常“拔尖儿”。在她的带动之下，第三生产队的面貌发生了翻天覆地的变化。孙秀亭给这个生产队带去了怎样的力量？回忆起刚去生产队的样子，孙秀亭摇了摇头：“那时候要下地干活，社员们积极性都不高。我记得那时候有的社员家里养羊，剪羊毛带到地头不干活捻羊毛。还有的男同志躺在地上抽着烟不干活，整个队伍十分涣散。但是必须下地呀，否则没有工分就没有粮食，大家都不干活，哪里有粮食吃？他们不干，那我干！”

抱着这样的心态，孙秀亭就开始拼命干活，身体力行去带动大家。一开始有的人待着不愿意干活，孙秀亭便向他们讲道理作动员：“咱们就算是当农民，也不能让国家分配啊，基本的口粮得靠自己种出来呀。要是全国上上下下这么多农民都靠国家分配，那怎么行呢？”孙秀亭说，“人家看见我干得热火朝天，心里就会想：外来的都在干活，我一个本地的，待着多不好意思啊，不干不行啊。于是，所有人都开始埋头苦干。”

当时，孙秀亭负责撰写她所在生产队的新气象，公社的广播员大喇叭在村里一响，字字深入人心，生产队的社员们听了，心里也就热了，在不断的正向激励之下，社员们下地劳动的积极性自然就更高了。

不过，在干活的时候也难免有一些困难。从来没有下过地的孙秀亭，不知道怎么蹲下，于是她每每都跪在地里，一点点爬着干活，常年保持这样的姿势，导致她两个膝盖都变形了。有的玉米苗种得不整齐，间隔太大或者太小，她得重新挪；地里长出了杂草，她得定期拔草清理；冬天庄稼收割了，土地还得平整，她就拿着铁锹一铲一铲地平整泥土。

在地里干活的，老的小的、男的女的都有。有的劳动妇女常年在地里干活，手脚比较利索，不需要怎么帮忙一下子就理完了一垄地。但是有的老人腿脚不便干得慢，孙秀亭干完了自己的活就反过身来，从老人所在的那一垄地的另一头开始，与老人相对而行，帮老人把这一垄地的活干完。老人要是觉得累了，孙秀亭还主动让老人休息，自己帮老人把任务完成。

当时村里有的五保户，他们也得力所能及地干点活。对于这些相对弱势的人群，孙秀亭又动了恻隐之心，她完成了自己的工作，就跑到有的五保户老人家里帮人家干点活。看见别人家里被子黑了脏了，她就起个大早，帮老人把被子拆了，用水泡上，等中午下地回来，就用碱水给老人家搓洗、晾晒，到了晚上，晒干了之后又给老人把被子重新做好。这样，五保户老人就能盖上干净的被子。当时，孙秀亭是生产队出了名的好心眼。

一年四季，寒来暑往，秋收春种。在怀柔生产队的四年，孙秀亭与农民们同吃同住，用自己的奉献精神，让生产队的光景越来越好。第一年，他们还得靠国家分配粮食，到了第二年，这个生产队的粮食不仅能自给自足，还能把多余的粮食上交给国家。“我自己也非常高兴，从吃返销粮，变成了向国家交粮食。”四年后，当孙秀亭要回到城里时，生产队的人们个个都想挽留她，舍不得她离开。

主持纪检工作不敢松懈
就算厂长有错也要谈话

1973年，从生产队回到城里之后，孙秀亭被调到了东城区工业局。后来国家开展工业改革，孙秀亭又被分配到了东城区仪表局。到了1980年，孙秀亭在北京市计算机外部设备三厂一直干到了退休。孙秀亭在厂里主要负责的组织工作，搞干部管理。

当时厂里进了两条生产线，又调来一批新的技术干部，包括工程师、助理工程师等等，有学历有技术的就有将近300人，厂里共有12个党支部，200多名党员。这么多党员如何管理？她就主要抓各支部书记，因为支部书记直接归组织部领导。

此外，厂里这么多员工，哪里人，从哪毕业，学的什么专业等等，一系列基本信息孙秀亭都得心里有个数。厂里有干部要调进来，要接收党员，要写材料，还得组织活动，各种大大小小的杂事都是孙秀亭的分内之事。

孙秀亭到厂里不到三年，就开展了党委改选和纪委改选，在这个契机之下，她众望所归地当选了纪委书记。也就是说，她不仅要管组织工作，还得做纪律检查。“那时候还没有什么腐败行为，只是上边有个别领导上外头吃饭不交钱光记账。”

当时厂里有 12 个党支部，每个党支部都设立一个纪律检查委员。作为纪委书记，孙秀亭每三个月就要给全体党员上一次党课。“就算是去外头找老师，也找不到人，我就成了现成的老师，自己去讲课。当时，给大家讲党课就是要讲党的目标，党的性质，讲我们的党是什么样的党，讲党的作风，讲党是全心全意为人民服务的，讲党要遵守哪些纪律。”

孙秀亭说，全体党员还要定期做批评和自我批评，有则改之无则加勉，保证党员队伍的纯洁性。那时候，尽管她只是个纪委书记，但是厂里的党委书记、厂长都要坐在下面听她讲课。不管是厂里的大官小官，就算是厂长，只要有错误，孙秀亭这个纪委书记毫不留情，会主动找人谈话纠正错误。

1986 年 3 月，电子工业部纪律检查工作会议在四川宜宾举行，当时代表北京参会的只有两个人，除了北京市纪委书记，便是孙秀亭。她还在大会上做了报告，介绍自己的工作经验。

1986 年 4 月 1 日的《中国电子报》刊登了一篇题为《群众信得过的好书记》，写的就是孙秀亭的先进事迹。文章中写道：“孙秀亭在歪风面前敢碰硬，熟人面前不讲情，工作越干越出色，被同志们誉为行得正、立得直、信得过的好书记……从工作第一天起，她就给自己立了个规矩：凡事要求别人做到的，自己首先要做到，这样说话才硬，抓不正之风腰杆才直。在几年的工作中，她遇到的阻力是非常大的，其中也得罪了一些人，有的当面质问，有的背后谩骂，有的砸碎了检举箱，并在上面画上骷髅，打上红叉进行威胁恐吓，但是这些都没有动摇她做好纪检工作的决心。她说：‘我是一名纪检干部，就要起到党的卫士的作用。’”

在孙秀亭家里，一叠厚厚的荣誉证书记录了她的光荣历史。优秀党员、先进工作者、优秀纪检干部、优秀政工干部……这都是孙秀亭用自己的信念在丈量着人生。

退休后继续发光发热
好心肠总愿帮助他人

1987 年，孙秀亭正式从北京市计算机外部设备三厂退休。但是退休之后她也没有闲下来，还继续坚持到所在的社区讲党课。当时，社区、街道、居委会总愿意找孙秀亭，她就继续发光发热，义务去给党员们上课，讲党风党纪，讲党的知识。孙秀亭始终坚定着自己的信仰："我们的党是伟大、光荣、正确的党，腐败分子是个人问题，不是党的问题。"

就算是住进了燕达金色年华健康养护中心，孙秀亭那满肚子的热心肠还在惠及他人。跟她住在同一号楼的陈老太太一直都是独居的状态，儿子远在美国。有一回，这位陈老太太摔了一跤，把股骨头摔折了，住进了医院的老年病科。孙秀亭没事就会去看看她老人家。有一回，这位陈老太太拜托孙秀亭一件事，想让她找另一位老友王大爷帮忙打听助行器的价格，到底是网上买便宜，还是本院买比较便宜。

"我就想着，还得找人打听，还得买，来来去去的比较麻烦，我干脆就自己出钱给她买了一个，让工作人员小朴给陈老太太送了过去。而且特地叮嘱小朴，一定不要让陈老太太掏钱。"后来，陈老太太出院之后，在这个助行器的帮助下，陈老太太的行走能力逐渐恢复。

出院之后，陈老太太还得吸氧，但吸氧的地方在八号楼。"当时我就有一个制氧机，想着老太太来来去去的不方便，干脆又把这个制氧机给老人送去了。"

"后来，陈老太太出院后要给我钱，我没有要。"孙秀亭说。

慷慨的孙秀亭对身边人总是毫不吝惜。护士节到了，她给单元楼里的护士每人送了一条真丝围巾。在这个院里，只要有人提到孙秀亭，都会忍不住对她大加夸赞："孙奶奶人缘特别好，总是热心助人，跟她相处也非常愉快。"各种各样的褒奖总是不绝于耳，这也是她的人格魅力所在。

文 / 蒋若静

人·物·简·介

高尚戎，91 岁，先后供职于辽宁清原金铜矿、东北工业部有色金属管理局、冶金部等单位，主要负责物资采购工作。朝鲜战争期间，为支持抗美援朝，他曾千方百计保证 2850 吨杂铜供应造子弹，后在自己的工作岗位上默默奉献，保证各项物资采购到位。从 1948 年开始工作到 1993 年离开工作岗位，他为国家奉献了 45 年的青春，他的工作态度也换来了组织肯定，曾被评为东北工业部模范团员、东北工业部有色金属管理局甲等劳模、东北有色金属工业先进生产者、华东一级机关模范团员等多项殊荣。一丝不苟的工作态度，保证了他所负责的领域，国家财产不遭受任何损失。

高尚戎

一丝不苟的物资采购员
保证国家财产不受损失

高尚戎对自己的评价是："我是一个爱工作的人。"怎么个爱工作法？这么说吧，一年里，6个月以上的时间他都在外面出差，最多的时候，一年中有2/3的时间都在外地奔波忙碌着。当时，冶金部下属的所有大铁矿，不管是井下的矿，还是露天的矿，都留下了他的脚印，还有各地的钢铁厂，长江上的水泵站，黄河的水泵站，都留下了他的身影。不仅仅是爱工作就够了，作为一名物资采购员，到处奔走已经成为他的常态，恪尽职守，保证所购产品的质量，用好国家的每一分钱，供应好国家需要的每一份物资，他用了一辈子的时间践行着自己的原则。

初到上海负责物资采购　想尽办法买设备物资

高尚戎是辽宁本溪人，1948年开始参加工作，最初供职于辽宁清原金铜矿，主要负责管理矿里的总务事务，后来做了半年会计工作。1949年1月份平津解放。1949年10月1日新中国成立，百废待兴，国内的物资也非常匮乏。东北要搞大规模经济建设，需要大量的物资、材料、设备，而当时美国又对中国搞经济封锁。因为上海是当时国内最重要的贸易港口，有一些外国公司在上海有号，想要搞经济，就得通过上海与世界进行贸易，采买经济建设所需要的物资。新中国成立之后，沈阳成立了东北工业部，高尚戎就被调到了东北工业部有色金属管理局，刚到任的第三天，他就被派到了上海采购器材和物资，这时候开始，他就跟人学着做生意。

刚到上海，令高尚戎大开眼界。他回忆，1949 年的上海已经是一个繁华的花花世界，在当时被称为是“东方巴黎”，甚至比东京、中国香港还要热闹，到处都是灯红酒绿，到处都是霓虹灯。用高尚戎自己的话说，就是“从大山沟到了大城市，很多东西没见过，很多东西都不懂”。

每次单位设计出一个大项目，这个项目所需要的材料就会列成一个物资清单，除在东北能生产的之外，交由上海采购组负责采购。比如，当时要在怀仁建设一个铅锌矿，需要建设一座 3.5 万伏的变电所。变电所的设计图纸已经全部完成，高尚戎就拿着图纸，对照着上面要求的设备，在上海到处寻找相应的物资，全部成套采购齐全。

后来，单位又要建设一个 6.6 万伏的华铜铜矿变电所，当时设计任务完成之后也需要大量的建设物资，高尚戎同样在上海负责采购了所需设备。不过，这个变电所的物资采购可没有那么容易。当时国内条件有限，6.6 万伏电压的设备根本生产不了，光是这个设备的油开关就生产不出来。

新中国成立前，国民党有一个资源委员会，在上海有 10 个大仓库，里面存储了大量的器材。“我们就想办法去那里找。当时那个库存里的东西全都是英文的，有的名称勉强能看懂，但有的规格型号根本看不明白。这样找起来就非常困难了。我就给华东工业部提意见，想让他们给一些中文说明。”但他们迟迟也没有标明。

这可怎么办？最后，高尚戎只好给当时的中央财政经济委员会写信，最后中财委就把 10 个仓库都给接收了，接收单位接受了我的建议，把设备上的英文全都翻译成了中文，还做成了卡片。

当时，十个大仓库里有大量的设备物资，为了找到这一个油开关，他们只能挨个寻找，找了很久，最后在吴淞仓库里发现了他们需要的6.6万伏油开关，最后拉到上海当时的麦根路火车站运回了东北。建设这个变电站还需要避雷器，当时上海制造不出来这么高耐压的避雷器，高尚戎又通过上海的洋行向国外订货，在加拿大订到了66千伏的避雷器。但是因为当时美国对中国经济封锁，与外国通商非常不便利，中国又没有什么外汇，用人发、白菜等物资给香港换外汇，从香港到上海还要办理产品进口证，最后通过香港终于把这个避雷器给运回了内地。

保证2850吨杂铜供应造子弹

1950年6月，朝鲜战争爆发了。10月，中国人民志愿军赴朝作战，拉开了抗美援朝战争的序幕。在抗美援朝战争中，志愿军得到了解放军全军和中国全国人民的全力支持。而高尚戎也以自己的方式支持了抗美援朝。

“朝鲜战争爆发之后，我正好回去沈阳汇报工作，当时我还是共青团员，那时候叫中国新民主主义青年团，我也响应号召，我当时说我也要去参加。”虽然当时是出差刚回到沈阳，但高尚戎依然十分踊跃，想为抗美援朝出一份力，他还记得，当时还报名给志愿军炒面。可是只是去了半天，他就被叫回来了，上级说，你还有新的任务，得赶紧回上海去办。

什么新任务？原来，朝鲜战争一直在进行着，枪炮需要子弹，生产子弹又需要大量的铜料。当时沈阳冶炼厂缺乏铜原料，单位就要求采购科从各地调取杂铜3万吨，把铜运到沈阳的冶炼厂去。而当时高尚戎驻扎在上海，单位给他分配的任务是要调运2800吨杂铜。这个任务非常繁重，要把铜料从各地搜集来，再装车运到沈阳。

高尚戎记得，那时候是1950年末。日本战败之后赔偿了1450吨的铜钱，这些铜钱都装在破木箱子里存放在闸北的上海造币厂。高尚戎说，其实这些都是以前日本从中国搜刮走的，战败之后又赔偿还给了中国。高尚戎需要负责把这些铜钱从上海造币厂运到上海麦根路火车站，通过火车运到沈阳去。那 1450 吨铜料都是铜钱，质量特别好，都是紫铜，对于当时来说，已经是非常宝贵的铜料了。这么贵重的物资，一定不能出任何差错，他心里默默地想着。

从上海的闸北运到火车站，大概有 20 公里的路途，这些铜钱需要用汽车进行运输。当时的车辆都是敞车，车况也不是很好，车斗四周还有缝隙，加上道路不平整，车一走就颠簸，车上的铜板就叮叮当当往下掉。

掉地上怎么办？高尚戎想出了个“笨”办法，他雇了 20 个人，让这 20 个人拿着布袋子沿路帮助捡铜板，一个人捡 1 公里左右。这还得跟交通警察打好招呼，让警察沿路帮忙照应着，因为这可都是抗美援朝物资，绝对不能让别人给捡走了。到了火车站，还得跟车站的人交涉，尽快装够一个车皮就要马上往沈阳发货。高尚戎花了半个月时间，才把这 1450 吨杂铜给运回沈阳。

两地奔波协调　人力运送铜料 500 吨

上海的任务完成之后，高尚戎又带着沈阳冶炼厂的 7 个同事从上海坐了三天三夜的轮船赶到汉口的中南工业部。到了汉口之后，他们在中南工业部开始办手续。高尚戎一行的任务，就是有两个批次的杂铜需要调运；一批位于河南孝义，一共有 850 吨；另一批是 500 吨杂铜，存放于河南洛河孟庙附近的一个县里。他记得，那时候同事们需要坐火车坐到郑州，再转车到当时的河南省政府所在地开封。到开封办完手续之后，他们又乘坐火车前往一个叫孟庙的地方，这里存放着 500 吨铜料。当时几个人就在孟庙火车站，跟车站的人交涉，好不容易弄了一间房子，他们就在那里打地铺将就着住，直到任务完成。

另一头，高尚戎还要到河南孝义，负责那 850 吨杂铜的调运工作。“那

850 吨铜就存放在大山的窑洞里，虽然只是窑洞，在当时，那可是国家的仓库呢。而且人们在那里都住的窑洞，我也在窑洞里住了两三天。”到了当地之后，高尚戎就与当地的负责人接洽，来到窑洞查看杂铜的情况，并且一一点算清楚，随后，由国家物资局的同志负责运送到火车站装车运到沈阳。“我当时就跟他们强调，一定要保证这批杂铜的安全，这是抗美援朝的紧急任务，要做子弹用的，一定要重视起来！”

好在孝义的那 850 吨铜料都顺利运到了沈阳，但是河南孟庙那 500 吨铜的运送工作却异常艰辛。虽然有当地单位的大力支持，但要把这么多吨铜料运送出去可不是件简单的事情。因为地理环境不好，运送期间下了大雨，道路都给淹了。再加上路上全都是土，道路就变成了泥塘。

“那时候特别艰难，天有不测风云，雨水一多，到处一片狼藉，路上的泥浆都快没到了膝盖，而且那泥土带水，变得特别黏稠，人都走不动，一脚下去，腿都拔不上来，用力一拔，鞋子都能陷在里头。脚上粘着泥，泥又粘着草，腿上一大块，人都没法动弹。更别说车了，上面装着铜料，车子根本走不动。”铜料的运输成了难题。

第一次去，他们努力了半天都没有运送出来，什么办法都不行，这可怎么办？紧接着高尚戎又去了第二次，工作组与当地的县政府交涉，跟他一同研究对策，要想尽办法把铜料给运出去。“那时候真的很困难，当时抗美援朝任务特别紧张，又是新中国刚刚成立不久，面对如此艰难的处境，我们只能绞尽脑汁想办法。经过跟县里讨论研究，最后县长就下决心，发动广大农民，让农民一个个扛着这些铜料，扛到火车站去。”

500 多吨铜料，几百名老百姓，从仓库到火车站有 2.5 公里，老百姓们一点一点地扛，一趟一趟地走，最终，他们用了十几天的时间，终于把这些铜料全部安全送达火车站。全部完成这批杂铜的调运工作，他们足足花了一个半月的时间。

“因为我在上海还有很多紧急采购任务，所以期间我还得回上海处理工作，孟庙的任务不顺利，我一共两次去了孟庙进行协调。孟庙那小火车站特别小，只停车一分钟。我们住在那，就住特别简陋的小房子。我那些同事就在那住了一个多月。”在如此艰难困苦的环境下，高尚戎不断地沟通协调，同事们的不懈坚持，加上当地县长和老百姓大力支持，这批杂铜才顺利完成运送。这些努力也从背后支持了抗美援朝。

万事留心眼 仔细防奸商

采购工作虽然听起来简单，只是到处买买东西而已，但里面的门道可不少，而且总是有奸商偷工减料，可以说防人之心不可无。这不，刚到上海的第一单生意，我们就遇到了不诚信的老板。高尚戎回忆：“当时我们需要买电压表，找到了一家万昌电料行，我们就问老板有没有货，老板说有。很快我们就跟他签订了合同。当时合同里面明确了条款，规定要是有产品不合格，卖方就要按合同标的金额的50%罚款。”

交完定金之后，电料行的老板把10块电表送了过来。每次拿到产品，我们都要检验一番。我们把这些电表送到了上海轻工业电表试验所去检验。这一检验科可不得了，这10块电表竟然没有一块电表是合格产品。这可把我们给气坏了。我们立刻又回到这家电料行，找老板理论，吵了很多天，老板就是不肯赔钱。

“我们当时就说，合同里一开始就已经说好了，不合格就要罚款，不然咱们就上法院。”通过一番唇枪舌剑，最终，这家电料行老板乖乖交了罚金。“我们在上海经常遇到骗子，官司都打了不少，大概得有10来场吧。”为什么要跟这些骗子抗争到底呢？高尚戎说：“要按照政协共同纲领加工订货来办就是不能浪费国家一分一毫的钱，我得保质保量完成任务。”

类似的问题，高尚戎遇到过好多次。“还有一回，我们要采购一款高温计的套管，这套设备要插在炉子里承受1600摄氏度的高温，这个套管能保护高温计，非常重要。当时我们向一家北极公司采购了六个，但是送过来检验之后发现，其中有两个备品是不合格产品。我当时就不乐意了，拒绝接受这二个备品。”高尚戎坚持自己的原则，只要有不合格产品，他坚决不会要，最终他向国外订货，买到了合格品。

这些要小聪明的狡猾伎俩见得多了，高尚戎每次就都会多留一个心眼，顺便保留一些证据保护自己。有一次，他要给沈阳冶炼厂采购一批抽 SOR 烟气的抽风机，这机器需要的不锈钢材质的外壳，而且叶轮要求是 8 ∶ 18 的合金比例。这里头涉及一些耐腐蚀的化学知识，他也不太懂，为了了解这些、更加严谨，不上当受骗，他当时就买防腐蚀方面的书来看，抓紧现学，研究这些材料的原理和性能。

找到相应的供应商之后，在生产环节里，高尚戎还特地跑去工厂观察。“那会在工厂里，正在做风机外壳的浇铸工序，我就在旁边看，浇铸完冷却之后，我就特地捡了两块材料带回到住处，我把这材料放在窗台上，任其风吹日晒雨淋，就想看看它们会不会生锈。”这个试验又让他发现了其中的猫腻，他发现材料根本耐不住环境的考验，很快就生锈了。最后，高尚戎又找到了供应商，说他们的料有问题，供应商一开始还矢口否认，但是高尚戎拿出了那两块锈迹斑斑的材料。

“那会儿，那个资本家还不认账，我拿着证据就跟他去了法庭，结果当场法院就把他给扣下了。这材料明明就是不合格产品，他非得说是合格的，怎么能行呢？”高尚戎通过不断学习，用专业知识武装自己的头脑，做事有理有据，才没有被奸商坑骗。

在上海负责采购的 6 年时间里，高尚戎采买了大量的物资，小到玻璃仪器、灯管，大到油开关、避雷器，不管是采购还是运输，他认真负责地采购，每次买设备回来都要非常仔细地检验，每一项任务高尚戎都圆满完成，没有出现任何一点产品事故。高尚戎对于工作要求非常严格，他采购的每一个产品都一丝不苟。他对自己的要求就是，不能出任何问题。“我坚持产品质量必须是第一位的，不然东西拿到了东北开展大工业生产，万一出了事故，事情可就大了。”高尚戎自豪地说：“我经手的东西一件都没有坏过，也一件都没有丢过。”

远赴重洋采购物资　不惜跨国打三个月官司

因为有的设备国内没有，到国外采买也是常有的事情。改革开放以后，高尚戎去过很多个国家，光是日本就去了四次，还有美国、加拿大、墨西哥、法国、意大利、德国、瑞士等，他总在外面奔波着。

与外国人做生意也不是一件简单的事情。1980 年，日本新日铁一家公司与上海宝钢一期合同是中技公司与日本新日铁公司签订的关于设备检验条款：“卖方及时提供设备检验的所需一切图纸资料”，在检验中日方又提出：“检验人员到厂时马上提供为及时。”

高尚戎在墨西哥采购球磨机时留影

“当我们检验到高炉阀门制造厂（大久保厂）才给了一个图纸，上面画了一个大圈，简单地写了个尺寸就拿过来了。我当时就说这个图纸不能用，没有公差。但日本公司坚称公差那是专利数据不能提供，只能提供简单的一些数据。”没有公差，高尚戎就没办法进行产品检验。为了顺利完成产品检验，高尚戎就一直跟这家公司耗着，打官司他也不怕，跟他们纠缠了三个月的时间。

最后，这家日本公司实在耗不过，就只好将机械方面的部件图、机械设备组装图、部件组装图、版面布置图、易损零件制造图、接线图等全都如实提供。通过这件事情，在与日本其他公司打交道时，高尚戎就设定了一个规矩，为了交货之后顺利检验设备，卖方必须提前半个月将产品的相关材料如实提供给买方，这也保证了后续工作的顺利开展。

最后高尚戎补充道：“在冶金部工作期间，我曾负责首钢 850/650 初轧机设备方面的工作，也为首钢建设 4 号高炉 1400m^3 蹲点首钢建设。首钢当时 4 号高炉虽然不大，但炉顶上料系统采用卢森堡新技术旋转布料器，当时是很先进的。”

“当首钢矿不够，经国家批准要改造水厂铁矿，冶金部让我负责这个项目。北京市委由杨寿山、刘靖清主任负责。我向水厂供铁矿建设，先后到过迁安水厂铁矿 13 次，冶金部部长杨殿奎、赵岚、军代表朱户宁也去过，特别是中央很重视这个项目，李先念同志也去督促检验工作。我作为陪同带一机部部长周子健和冶金部副部长杨殿奎参观这个项目。所以这个项目如期顺利建成了。这个矿山矿石品位不高，但颗粒大，好磨、好选，选出精矿品味我记得 64% 还多，这样入炉品味可以保持 55%—56% 以上，高炉利用系数就可以提高。采矿：穿孔机、4m^3 挖掘机、25 个上海翻斗汽车、大型挖土机及铲运机等。选矿设备有：初破碎机中、细碎被碎机、浮选机、过炉干燥机等。这是当时首钢供应水厂铁矿用的主要设备。运输方面，国家批准修一条由迁安到北京首钢铁路专用线。”

正是他这严谨的工作态度，也换来了组织对他工作的高度肯定。1950 年，高尚戎就被评上了东北工业部模范团员，第二年又评上了东北工业部有色金属管理局甲等劳模，1952 年当选东北有色金属工业先进生产者。1954 年在上海被评为华东一级机关模范团员。高尚戎无愧于自己的岗位，更无愧于他身上肩负的满满殊荣。

高尚戎在养护中心园区休憩

1928 年出生的高尚戎如今已经 91 岁高龄，虽然已经满头白发，但住在燕达金色年华健康养护中心的他每天还能坚持游泳，身体硬朗的他精神矍铄，步伐矫健。他的双手虽然已经满是皱纹，与他握手时，依旧能感受到其中的力度和掌心的温度。回忆起自己的过去，高尚戎脸上写满了自豪，从 1948 年开始工作到 1993 年离开工作岗位，他为国家奉献了 45 年的青春，他觉得，这一辈子不仅没有白活，而且活的有价值、有意义。“我买东西可不是随便买，因为我保证了国家的财产不遭受任何损失。”

文 / 蒋若静

人·物·简·介

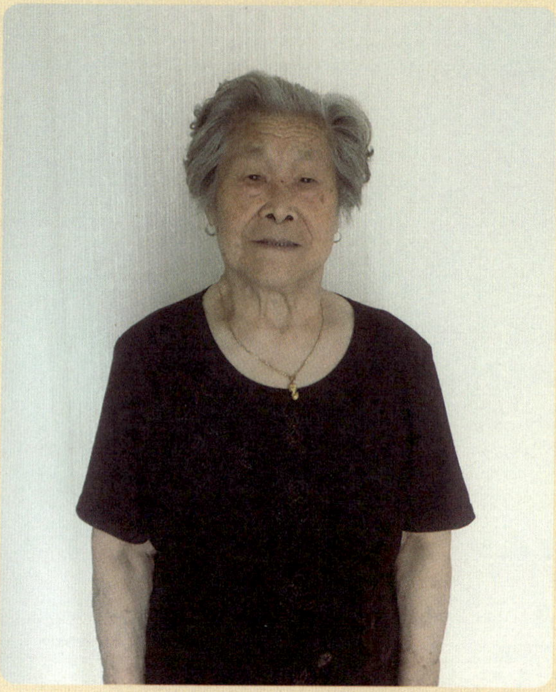

谷翠兰，90岁，北京红星酿酒集团退休职工。20世纪40年代，时年14岁的谷翠兰成为民兵，参与了一场战争。当年，在炸弹来袭的轰鸣声中，她带着村民上山逃难。此外，她还肩负抬担架运伤员的任务。在战争中，谷翠兰与死神有过三次交集。“干革命怎么能害怕死？我当时什么都不想，就想着我还能干些什么。”这就是谷翠兰参加革命的质朴想法。

带着这样的革命精神，谷翠兰在基层辛苦操劳了一辈子。不管是当化工厂工人还是在酒厂刷酒瓶，谷翠兰都要求自己比别人付出更多。在冬天，为了洗酒瓶时更利索，谷翠兰毅然剪掉新婚时买的棉袄的袖子，穿着半截袖棉袄工作，双臂冻得通红。

退休后，谷翠兰申请当北京志愿者，直到80岁干不动了时才愿意颐养天年。

谷翠兰

献身革命工作
当了一辈子的好大姐

虽然已有90岁，记忆的轨道不易准确与实际生活经历对接，但谈起年轻往事，谷翠兰精神抖擞，手舞足蹈地描绘着一个个细节，仿佛昨日的年轻人从未老去。尤其是谈起她在14岁时经历的一场战争时，她依旧记得带着村民上山逃难的勇气，记得看到年轻伤员时心疼的心情，记得埋地雷时的细心与谨慎。讲到忘情时，谷翠兰甚至不允许女儿插嘴补充。因为，这是她人生的荣光时刻，哪怕忘记了岁月的流逝，也不会忘记那段经历的每一个细节。

带着这样的革命精神，谷翠兰辛苦操劳了一辈子。不管是当化工厂工人还是在酒厂刷酒瓶，谷翠兰都要求自己比别人付出更多。即便退了休，她还不甘人后地申请当了北京志愿者，直到家人不放心她一人上街才请辞。“我的母亲当了一辈子的好大姐，不计付出，永远只想着能为别人做什么，这对我们子女影响深远。”谷翠兰的女儿这样总结母亲传承下来的家庭精神。

14岁埋地雷、扛伤员 数次与死神擦身而过

谷翠兰是山东威海人，她14岁时，父母早逝，家里只剩下了80多岁的奶奶和两个六七岁的弟弟，这样的家庭经历让谷翠兰从小就与普通女孩子不太一样。艰苦的生活让她模模糊糊地揣摩到一个道理：要想承担起照顾家庭的重责，就必须要让自己变得强大起来。

20世纪40年代，谷翠兰参与了一场战争。“看着村里的男兵不够用，我想着家里只有奶奶和弟弟，我可以报名参加民兵团。”带着一股天不怕地不怕的倔劲，谷翠兰投身革命。这影响了她的一生。

回忆起那段经历，谷翠兰说，她依旧记得天上的飞机、四射的炸弹、人们逃跑时的惊叫。“那时的我总是不知道自己身处何方。”她说，人虽然老了，记不准太多事，但战争的事情，她永远不会忘掉。

当问起印象最深刻的事时，谷翠兰回忆起了一个傍晚的经历。晚上6时，天上的飞机低空飞过，村子的半空中到处是飞机发动机的轰鸣声，敌人的炸弹又将来袭。天空中只属于火和硝烟，战壕外只属于恐惧与死亡。

村民们都吓得不知如何是好，情绪都被惶恐占据。身为民兵的谷翠兰反而挺身而出，紧急召集村民，带领大家跑到山顶躲避危险。胆战心惊地走了一宿后，他们终于到达山顶，谷翠兰顾不了个人安危，赶紧将村民们分散到树下，确保每个人都能隐藏在安全地带。村民们安全了，神经紧绷了一夜的谷翠兰这才发现，奶奶和两个弟弟还在家里。

但是她已来不及愧疚。直到第二天早上7点，警报解除，谷翠兰带村民下山。回到家里，谷翠兰见到了奶奶和弟弟后才如释重负。她才发现，奶奶和弟弟都已经饿了两天，奄奄一息了。这是她一辈子以来反复回想的镜头，她试图用一辈子的回想来弥补愧疚。

战场上，枪支如林，子弹如雨，谷翠兰与死神有过三次交集。“有几次飞机来了，我把村民安置好了后，自己没地跑了，子弹就打在我身边的土地里，

就差那么一点点。”说到这时，谷翠兰没有紧张感，脸上反而浮现出一丝骄傲的神情。“我妈这一辈子就是心大、命大，不怕死。”谷翠兰的女儿补充说。“对，我就是那样的人！”谷翠兰回应着女儿的话。

“干革命怎么能害怕死？我当时什么都不想，不怕困难不怕死，就想着我还能干些什么。”这就是谷翠兰参加革命的质朴想法。不掺杂私人情感、不惧怕流血牺牲……战乱流离的日子，彼时 14 岁的谷翠兰也许不太懂自己的所作所为，也不明白自己不惧死亡的勇气从何而来，她只是知道，自己已将个人命运和国家命运紧紧连在了一起。

有战争就会有流血和牺牲。谷翠兰当时还肩负抬担架运伤员的任务。“每次运伤员时她都很伤心，不忍看伤者。”谷翠兰说，年轻伤员流的每一滴血都让她心疼，让她更加期待战争早日取得胜利。“那么年轻的人，和我差不多大，不能死啊，我们不能放弃。”就这样，即使营养不良，谷翠兰也用她瘦弱的肩膀赢回了伤员们的一线生机。

她还记得一个画面，有一次，她扛着伤员在山里河道里走，硌脚的小石子、冰冷的溪流，让她弱小的身材有些顶不住了。看到伤员们面无血色时，她和同伴们在河道边支起了锅，煮了一点大米和小米，自己不舍得喝多少，也要让伤员多喝一点。

谷翠兰还主动请缨送军粮和照顾军属的任务。“那年冬天下大雪，我想着军属们的家门口肯定堆满了雪。”早上 5 点，天还未亮，谷翠兰一人拿着铁锹赶到军属家门口，想在军属醒来前，将他们家门口的雪清理干净，不影响他们的正常生活。到了 8 点，谷翠兰终于扫完了雪，全身冻得直哆嗦，手脚已经僵硬。“军属为革命牺牲了太多，我得照顾好他们。”这种多为他人着想的人生理念贯穿了谷翠兰的一辈子。谷翠兰细小的行为，感动了军属，这是他们在天寒地冻之中收到的最大的温暖。

说到埋地雷，谷翠兰骄傲地说：“我可是一把好手。”谷翠兰比画着手指介绍，埋地雷要挖一个四方坑，两边拉的线要对称，要让敌人找不到。

每次埋完后，她和队友们会相互检查。每逢检查结束时，谷翠兰都能得到表扬，“老师说我埋得最好！”谷翠兰一直认为，遇事不能胆怯，做事就要拼尽全力。

白驹过隙，岁月奔腾，往事随风飘逝，但总有一些记忆细节能历经沙石洗刷，永远流淌在人生的河道里。76 年过去了，90 岁的谷翠兰依旧记得 14 岁时自己的模样。食不果腹、衣不遮体，年仅 14 岁的她，肩膀上陆续扛过了家庭生活的重担、村民安全的重责、革命必胜的重任。

那时的谷翠兰，虽懵懵懂懂，不经世事，但将所有的激情和热血都贡献给了革命事业。无数个像谷翠兰这样的人在战争中发挥了中流砥柱的作用，他们用自己的血肉保卫着国家的完整，一寸山河一寸血，这是对中华大地的真实守护。

夕阳西沉，14 岁女孩单薄的背影总会在不经意间浮现在谷翠兰的心头。反复的回忆会将特定人生片段牢固地钉在记忆版图里，时光也无法将其磨灭。谷翠兰的女儿说，他们听着母亲的这些故事长大，从年少时的不懂到如今期待母亲多讲几次，他们一家人都小心翼翼地呵护着母亲的独家记忆。就算母亲记不清了，他们也要帮母亲讲出这段故事。

成为劳动好手 谁家有困难都要帮一把

1951 年，因丈夫在北京务工，谷翠兰从山东来到北京，经营起自己的小家庭。21 岁的她进入化工厂工作，做硫酸提纯工作。进厂工作之前，谷翠兰从未接触过和化学有关的东西。来不及胆怯，她将革命精神用在工作上，一心想快速学习技术，在厂里做出成绩。

“我也不怕苦不怕累，干的都是跟男生一样的工作。”谷翠兰说，作为女性，她本可以选择轻松一点的工作，但出于内心的责任，她还是决定先干好这份工作。

由于是化工行业，厂里总是弥漫着一股难闻的化学味道，闻着都呛人。在这样的环境下，谷翠兰也坚持“三班倒”，下班主动加班，从不喊苦喊累。

“当时硫酸提纯需要人工来测量和调节温度，要保持在25度，而且要精准把握时间，刚开始工作时，她就每天自己琢磨和学习。”在这样的工作态度下，谷翠兰得到了很多工作奖状，贴满了家里的一面墙。但因为职业关系，谷翠兰逐渐患上了支气管炎等病。

就是凭着不怕苦不怕累的精神和在成千上万次实践中磨炼的技术，谷翠兰慢慢走上了管理岗位。走上管理岗位后，谷翠兰的工作更忙了。“我们当时还小，只有爷爷照顾我们，我从没见过我妈准点儿下班回家。”谷翠兰的女儿说，总是在她睡觉时，隐约听见脚步声，才知道妈妈回家了。当时的她太小，不明白为何自己的妈妈为什么和别人的妈妈不一样，一天到晚都不在家。

即使回到了家，谷翠兰也没法休息一会儿。公公照顾几个孩子已经很辛苦，老公也要忙工作，她自然也要给家里出份力。于是，她回家后就会收拾一大家子人的脏衣服，将脏衣服放在大盆子里，自己坐在一个小板凳上不停地搓洗，用这样的做法来弥补对家庭的不足。现在回想往事，谷翠兰的孩子们印象最深的是妈妈回家后不停洗衣服的身影。

当谷翠兰逐渐老去，反复给孩子们讲起年轻时候的事情时，孩子们对谷翠兰没有一丝埋怨。“妈妈为人处事的方式都深深烙在我们心里，对我们有潜移默化的影响。”谷翠兰的女儿说。

谷翠兰不仅在工作上尽心尽力，在生活上也会无私帮助同事们。不论谁家出了什么事，她都是第一个赶到的人。“有一次，一位同事生病了，在西单住院，我们的单位在东五环，来不及多想了，我一个人骑车赶到西单。40公里的路也不记得骑了多久。”直到看到同事身体无恙后，谷翠兰才匆匆赶回家，回家时子女们都已经睡觉了。

谷翠兰一家三口合影留念

这就是谷翠兰的“好人”原则，不能看见身边任何一个人遇见难题。有难题就得帮人解决，做人就是要无私，谷翠兰这样的精神在当代显得更为珍贵。

每年的大年初一都是一家人团聚的时刻，而这时的谷翠兰也将自己的小家放在一边，先去照顾“大家”。每年大年初一的一大早上，谷翠兰就出家门给同事们拜年，看看哪家需要帮助。

“我妈那时一出门就是一天，本以为她会吃饱了回来，我后来才知道，她每次都是饿着肚子回家。”谷翠兰的女儿说，妈妈一直说身为党员，不能吃群众的饭、拿群众的一针一线。“当时，谁家粮食也不多，得养着一大家子人，我要是吃了人家的粮食，人家就不够用了，那还怎么生活？”谷翠兰说，凡是都得多为人想，党员尤其要带头起榜样作用。

平时，谁家有个“红白”事情，谷翠兰都会积极帮忙。就连单位小姑娘要结婚了，谷翠兰都会从工资里挤出一点钱买点布料，给小姑娘做条新裙子，让小姑娘感动得直掉眼泪。

在计划经济时代，谁家也不富裕，谷翠兰也没想着怎么让自己和家人过得更好。反而是好不容易从牙缝里挤出了东西，就会拿去帮别人，也不管自家孩子穿得好不好。

谷翠兰近乎执拗地认为，干部就是要奉献，要将工作做在大家的心坎里，先解决大家的生活问题才能解决工作上的问题。这是一种工作担当，也是一种处事智慧。

1962年，由于化工厂关闭，谷翠兰进入酒厂工作，成为洗酒瓶流水线上的一名工人。在普通的工作岗位上，她不曾有过一丝抱怨，也不让自己有任何松懈，选择脚踏实地地从头开始。

一个洗酒瓶的大水池子就是谷翠兰接下来20年的奋斗地。工人们围在池子边，清洗回收回来的红酒瓶，即使只是重复性的劳动，谷翠兰也希望能做得更好。经过她手的酒瓶，都十分干净。

在密闭的小房间里，夏天炎热，冬天寒冷，工人们要干大量的活。尤其是冬天，房间里寒风刺骨，水池里是凉水，人只是坐在边上就会全身发抖，更别提还要伸手进去干活了。谷翠兰最不喜欢冬天，因为她觉得冬天让自己的劳动效率降低了，厚重的衣服让自己洗瓶子的速度变慢了，袖子总是会沾上池子里的水，胳膊里面总有一股“穿堂风”，寒冷与汗水糅合在一起，这种滋味比单纯的冷还难受。

为了提高工作效率，谷翠兰做了一个艰难的决定，她咬着牙，十分不舍地把自己结婚时穿的棉袄的袖子剪了，成天穿着一件半截袖的棉袄工作。就连剪下来的袖子，她也不舍得浪费，用来给孩子做了衣服。于是，每天工作结束后，谷翠兰的手臂都是通红通红的，而且布满冻疮。她的这个疯狂举动也让不少工人觉得惊奇，本来已经够冷了，这个劳动“疯子”为了工作却非要让自己变得更冷。

“冬天蹲在池子边洗瓶子，袖子总是沾湿，脱了又冷，不脱又影响工作，我当时就只能想到这个笨办法了。”谷翠兰觉得，认真的付出能让自己忘记寒冷。谷翠兰伸出自己的一双手，上面布满了岁月的痕迹，关节已经变形，肤色黝黑黝黑的。“洗了那么多年的瓶子，我现在都有关节炎、风湿各种毛病啦。”谷翠兰轻描淡写地说。在这简单的一句话后面，却是谷翠兰长年累月不为人知的付出。

人只有献身于社会，才能找出那短暂而有风险的生命的意义。对于生命的意义，谷翠兰自有自己的答案。

谷翠兰的这一双手接触过太多东西。伤员、地雷、化学品、酒瓶……无论是战场还是车间，不管在哪个岗位上，不管做着多么微不足道的工作，她就是凭着这样一双手在人生岁月里“淘沙”，淘出的沙子也许不够显眼，但每一粒都闪耀着她真善美的品质。

谁有历经千辛万苦的意志，谁就能达到任何目的。谷翠兰的目的十分单纯，那就是能照顾好身边的每个人。因此，哪怕自己再苦再累，哪怕家里事情一件接一件，她也要让身边的人过上好日子。能与谷翠兰共事的同事们是幸福的，这样的幸福在当今的社会里是难以找寻到的。

退休后当上北京志愿者 直到 90 岁也闲不下来

1986 年，谷翠兰退休。家人松了一口气，以为她终于可以好好休息，为自己活一回，谷翠兰却谁都没告诉，自己偷偷报名参加了北京志愿者，一直干到了 80 岁。在当志愿者的日子里，即使年龄最大，谷翠兰也按时到社区值班，参与社区清洁工作。

谷翠兰享受被人需要的感觉。最脏最苦的活都能见到她的身影。只要有人需要，她就会提供帮助。“我可是闲不下来的人。”谷翠兰直到现在都用革命精神要求自己。看见楼道玻璃脏了，谷翠兰会从家里拿出布，仔细擦一擦；逢年过节，谷翠兰煮腊八粥、包饺子、包粽子后要送邻居们尝一尝，小区里的人都知道身边有一个热心的老奶奶。

“我妈就是宁愿自己吃窝窝头或饿着，也要借钱给别人的人。”谷翠兰的女儿笑着说，“我妈尽管着别人了，弄得我们兄妹几个人八岁就会做饭，都是靠自己长大的人。”听到女儿的“吐槽”后，谷翠兰也跟着笑了起来。

有一天，谷翠兰说自己身体不适，女儿带她去买药，回家时转眼发现她不见了。女儿着急忙慌地找了一圈后发现妈妈在擦路边脏着的栏杆，当时真是又好笑又可气。

对人来说，最大的欢乐，最大的幸福是把自己的精神力量奉献给他人。而这已是谷翠兰一种习惯和本能的反应。不是每一个人都要站在第一线上，即使退休，谷翠兰也在倔强地做自己所认为的分内的工作。

这些小事，谷翠兰有的已记不完整，听到能想起来的事时，她会点点头。“没办法啊，年纪大了，有些事确实想不起来了。”正是意识到自己有点犯糊涂后，谷翠兰主动提出住养老院。“几个孩子都有工作，不仅要管伴侣家里的老人，还要管孩子，我就跟他们说别管我了，把我放养老院就行。”很少有老人有谷翠兰的这股豁达精神，“我帮人帮习惯了，不喜欢给人添麻烦，也不想让子女为难。”

在燕达金色年华健康养护中心谷翠兰的家里，有两张孙女的照片。每逢节假日，子女们也会过来看她。要说不孤单，这有点假。谷翠兰会经常看看孙女和一家人的照片，看着看着就会出神。她也期盼着子女休息时来看看她，聊些陈年趣事。随着年龄的增长，她已记不清一些生活细节，过往的日子成为一块块碎片，有些碎片能拾起来，有些碎片只属于岁月了。

即使住在养老院，谷翠兰也不愿找人帮忙。每天会有人来帮忙清理房间、丢垃圾，但谷翠兰坚持亲力亲为。“我刚下去丢了垃圾袋。”谷翠兰的女儿听到这句话时有点生气。“你都这么大年纪了，万一出去有个什么事可怎么办啊？”面对女儿的质问，谷翠兰像小孩子做错事一样，笑笑后也没说什么。

现在的谷翠兰喜欢和一切认识的人聊过往，即使聊着聊着想不起来了，她也觉得无所谓。但是只要提起人生的闪光时刻，她会清晰地记得每个年份。战争、结婚、工作，这些她所经历过的人生大事儿，她能清楚说出几几年干了什么事。

“没有我们的付出，就没有你们的今天。”这是谷翠兰常对子女们说的话。有时候，一家人坐一块聊天，她说着说着就会讲起自己 14 岁时的故事。以至于她讲出第一句话，家里人就会接上后面的故事。

听到自己的故事将会被写下来，谷翠兰紧张了好几天，努力回忆往事。“我呀，其实也没干什么大事，只是把每件小事都认真干好了。”谷翠兰说这句话时有些害羞。

一点一滴，一字一句，也许不够波澜起伏，但这正是谷翠兰的独家人生。没有后悔，没有遗憾，只有真心付出和脚踏实地后的问心无愧。

一个人总得慷慨一点，才配受人感谢。带村民逃难、送军粮、帮军属、帮同事邻居……谷翠兰收到的感谢已太多太多。她不在意这些赞美，永远只在意自己还能为他人能做什么。尽管已是90岁高龄，谷翠兰也如此认为。

文 / 李梦婷

图书在版编目（CIP）数据

峥嵘岁月　往事记谈 / 燕达金色年华健康养护中心编.
-- 北京：新华出版社，2019.8
ISBN 978-7-5166-4801-8

Ⅰ. ①峥…　Ⅱ. ①燕…　Ⅲ. ①人物－访问记－中国－现代
Ⅳ. ①K820.7

中国版本图书馆CIP数据核字(2019)第169113号

峥嵘岁月　往事记谈

编　　者： 燕达金色年华健康养护中心

责任编辑： 丁　勇　张　程　　**封面设计：** 刘宝龙

出版发行： 新华出版社
地　　址： 北京石景山区京原路8号　　**邮　　编：** 100040
网　　址： http://www.xinhuanet.com/publish
经　　销： 新华书店、新华出版社天猫旗舰店、京东旗舰店及各大网店
购书热线： 010－63077122　　**中国新闻书店购书热线：** 010－63072012

照　　排： 六合方圆
印　　刷： 三河市君旺印务有限公司

成品尺寸： 170mm×240mm　1/16
印　　张： 18　　**字　　数：** 250千字
版　　次： 2019年9月第一版　　**印　　次：** 2019年11月第二次印刷

书　　号： ISBN　978-7-5166-4801-8
定　　价： 58.00元